国家社科基金
后期资助项目
GUOJIA SHEKE JIJIN HOUQI ZIZHU XIANGMU

先进制造业
竞争力研究

Research on the Competitiveness of
Advanced Manufacturing Industry

刘　进　著

社会科学文献出版社
SOCIAL SCIENCES ACADEMIC PRESS (CHINA)

国家社科基金后期资助项目
出版说明

  后期资助项目是国家社科基金设立的一类重要项目，旨在鼓励广大社科研究者潜心治学，支持基础研究多出优秀成果。它是经过严格评审，从接近完成的科研成果中遴选立项的。为扩大后期资助项目的影响，更好地推动学术发展，促进成果转化，全国哲学社会科学工作办公室按照"统一设计、统一标识、统一版式、形成系列"的总体要求，组织出版国家社科基金后期资助项目成果。

全国哲学社会科学工作办公室

目　录

绪　论

随着经济全球化和技术不断进步，制造业的生产方式发生了历史性变革，催生了具有创新、高效、绿色、产品附加值高等特点的先进制造业。2009年，《国务院关于推进上海加快发展现代服务业和先进制造业建设国际金融中心和国际航运中心的意见》强调现代服务业和先进制造业发展水平，是一个国家综合实力、国际竞争力和抗风险能力的集中体现。2017年，党的十九大报告再次提出"加快发展先进制造业"和"培育若干世界级先进制造业集群"，以此推动互联网、大数据、人工智能和实体经济的深度融合，建设制造强国。然而，我国制造业与世界先进水平相比还有较大差距，面临着传统制造业转型升级和跨越发展的紧迫任务，加快先进制造业的升级发展，是提升我国综合国力的有效路径。

一　研究背景与意义

（一）"双循环"新发展格局的要求

党的十九届五中全会指出，要加快构建以国内大循环为主体、国内国际双循环相互促进的新发展格局。顺应新发展格局的时代要求，工业和信息化部公布2021年（第一批15个、第二批10个）和2022年（20个）共45个先进制造业集群。从生产要素替代的角度来看，机器人代替强度过大和单调重复的劳动，能推动企业发展和促进经济增长，国际机器人联合会（IFR）在《2020年世界机器人报告》中指出，截至2019年底，世界各地工厂运行的工业机器人达270万台，较上年增长了12%，其中中国的运营存量增长了21%，达到78.3万台。构建新发展格局要优化资源配置，增强经济发展的内生动力，而从制造业来看，一般产品供给过剩，高端产品供给不足，关键零配件和基础元器件等还存在进口依赖的情况，产业协同关联性低，数字化、智能化水平不高。在日趋激烈的国际化竞争中，以互联网为代表的新一代信息技术和制造业不断融合发展，先进制造业智能化建设能形成产业协同正向溢出效应，对于构造先进制造业与其他产业协同综合体有明显的助推效果，能够加快促进制造业嵌入全球产业链分工体系，逐步使我国制造业实现从全球价值链低端向中高端的递进升级。

（二）制造业融入全球价值链

为了加强各国之间的经济沟通与友好交流，国家主席习近平在 2013 年 9 月访问"一带一路"相关国家时提出，中国愿与共建"一带一路"国家一道努力，共同建设"丝绸之路经济带"，加强国与国之间的经济沟通与交流。"一带一路"倡议的提出，有利于彰显我国对外开放的基本国策，为我国企业"走出去"创造了新契机。"一带一路"是"丝绸之路经济带"及"21 世纪海上丝绸之路"的简称，总共连接共建"一带一路"国家 65 个，是我国推行的国际开放性倡议。

"一带一路"倡议借助中国与相关国家的双边和多边合作机制，推动各国间的经济、文化交流，促进人类的共同进步与发展。自该倡议提出以来，我国制造业发展与它的融合效益与正向协同促进作用日益显现。商务部等部门联合发布的《2019 年度中国对外直接投资统计公报》显示，制造业在我国总体对外直接投资存量中的占比从 2013 年的 6.4% 上升到 2019 年的 9.1%，其中 2019 年装备制造业存量 1035.6 亿美元，占制造业投资存量的 51.7%。中国与共建"一带一路"国家基于要素资源互补的特性，开展了充分的合作，不断提升自身创新能力与效率，把在国内发展的产业融入"一带一路"产业链之中，拓宽发展渠道。在全球经济一体化的时代背景下，"一带一路"倡议为我国企业"走出去"提供了良好机遇，搭建了一个与外界互联互通的平台。企业积极开拓海外市场，境外业务持续扩展，国际竞争力不断增强。随着跨境并购的价值凸显，我国企业在全球价值链、产业链、供应链中的地位持续攀升。根据沪市上市公司 2017 年的数据，我国已经成功实施重大跨境并购共 17 起，涉及金额近 1400 亿元，与新技术、新产品相关的制造业作为实体经济的重要基础，成为并购的主要对象。资本存量丰富国家的资源能够被先进制造业企业通过"走出去"战略整合利用，从而增加企业的研发投入，推动企业自主创新，加速企业与全球价值链融合的进程。

（三）科技创新引领产业升级

科学技术是国家的第一生产力，已经日益渗透到经济建设、社会进步和人类生活的各个领域。因此，科技创新在推动产业迈向中高端、增添发展新动能与提高发展质量中起着核心引领作用。在动能转换时期，制造业企业纷纷将技术创新、信息技术与人工智能等作为新动力，给自身创造新的发展机遇。2019 年，习近平总书记主持召开中央全面深化改革委员会第七次会议，会议审议通过了《关于促进人工智能和实体经济深度融合的指导意见》。在当前科技创新驱动的时代背景下，研究先进制造业竞争力与创新投入情况，对于更好地推动制造业升级具有重要的理论意义与现实价值。

共建"一带一路"国家对铁路、港口、机场、电信、公路等基础设施的需求十分庞大，但同时资金与技术又相对缺乏。这将推动我国电力设备、工程机械、钢铁、建材等行业通过对外 PPP 项目投资进一步发展（孙南申，2018）。此外，共建"一带一路"大多数国家和我国同属于发展中国家，有较强的产业互补性和巨大的市场潜力，产能合作的空间十分广阔（廖萌，2015）。我国经济发展进入新常态，传统行业也面临技术创新转型升级的挑战。为此，我国企业以购买先进技术、成熟品牌为目的，"走出去"的趋势不减，同时积极进行对共建"一带一路"国家的跨境并购，从而提高我国对外贸易水平和国际竞争力。

（四）制造业智能化建设

制造业作为国民经济的主体，是立国之本、兴国之器、强国之基。面对大数据、云计算、全面智能化的大浪潮，制造业的创新改革与转型升级迫在眉睫，各国纷纷采取应对策略：德国提出"工业 4.0"战略，美国倡导"工业互联网"，日本提出"机器人进化与产业价值链"，等等。德国"工业 4.0"的内涵即是以数据驱动的互联、互动的智能制造体系。其中，"智能制造"又包含"智"和"能"两个层面的内容。"智"是智慧，意味着"工业 4.0"时代的机器像人一样能够进行感知、记忆、判断和决策等活动；"能"指能力，是对机器"智慧"的有效执行，使机器的能力达到最大化的拓展。只有机器的"智"与"能"有效结合，才能实现智能制造。虽然我国已印发部署全面推进实施制造强国的战略文件，但我国制造业目前的发展水平参差不齐，如果按照德国的标准进行衡量，总体介于"工业 2.0"和"工业 3.0"之间，少量接近"工业 3.0"，但也有一部分甚至连"工业 2.0"都未达到，中国制造业的水平仍处于世界第三方阵。

（五）国内外对先进制造业竞争力的理论研究缺乏

本书以先前国内外学者对制造业竞争力的有益探讨为基础，虽然目前有一些关于制造业竞争力的文献，但总体来看，还是鲜有学者探究如何高质量发展具有国际竞争力的先进制造业，相关理论和实证研究仍值得进一步探讨与完善，主要体现在以下方面。一是现有对先进制造业的研究多从单个影响因素入手，对多个因素综合影响的机理还缺少深入研究，可从内外在驱动因素角度，构建"双循环"新发展格局下先进制造业竞争力的影响机理模型，丰富现有理论研究。二是现有对先进制造业的研究还较多是全国全行业的研究，还较少结合省份特点和行业特征来进行典型案例研究，可采用定量和定性研究方法，选择典型省份和城市的先进制造业案例，深度剖析其影响因素和发展路径，为现有理论研究提供经验证据。三是现有先进制造业相关政策影响效果的研究还较少，缺少相关综合效果检验。先进制造业国际竞争力的评价如何、影响因素有哪些，以及从企业、行业和政府层面如何更好地提升先进制造业基地的国际竞争力，仍需理论和实证研究的回答。

综上分析，本书对先进制造业竞争力的研究意义重大。

二　相关研究回顾

国内外有关先进制造业的研究主要集中在以下方面。

（一）制造业国际竞争力的研究

国内外学者对制造业国际竞争力的研究主要集中在评价、影响因素与提升对策三个方面。

1. 制造业国际竞争力的评价研究

国外学者主要围绕产业竞争力的评价展开研究。迈克尔·波特（Porter，1990）提出的"钻石模型"从生产要素、需求状况、竞争对手等六个方面分析一国产业如何在国际市场上建立竞争优势。Nemcova（2006）从欧洲产业政策的变化入手，分析评价欧洲制造业的竞争力现状。而 Fukao 等（2016）通过国家与国家竞争优势的比较研究，构建经济发展结构或水平相近国家的产业国际竞争力比较评价体系。国内学者

主要围绕制造业和先进制造业国际竞争力的综合评价展开研究。李金华
（2022）概述了中国制造业发展现状，指出中国对世界制造业增加值的
影响力系数居世界之首，制造业国际竞争力已居于第一方阵。而制造业
竞争力提升的根本原因是中国已逐渐拥有由高质量劳动要素、配套基础
设施与良好的合作开放氛围等形成的竞争综合优势（裴长洪等，2021）。
金碚等（2007）通过构建国际竞争力综合指数，分析得出加入 WTO 后
中国制造业的国际竞争力有很大的增强。邹超和王欣亮（2011）从整合
能力、核心技术和核心产品三个主要方面评价与分析企业竞争力。孙晓
（2015）运用层次分析法对中、美、日、韩在互联网、通信产业方面的
国际竞争力进行了综合评价。杨勇（2019）采用全球价值链（GVC）要
素收入分解方法来构建制造业竞争力评价体系，并分行业、分要素分析
制造业全球价值链竞争力的动态变化。生产性服务业与制造业的产业融
合能对价值链进行分解和整合，技术创新是产业融合的内在动力，产业
融合能促进制造业竞争力提升（马千里，2019）。明星等（2020）从产
业投入、产业产出效益、产业市场绩效和产业潜力四个维度，采用聚类
分析法来建立装备制造业竞争力评价指标体系。制造业竞争力在国际贸
易领域往往强调出口竞争力，会用人均制造业出口额来衡量（胡国良、
邢宇，2022）。丁纯和陈腾瀚（2021）对比中、美、欧制造业竞争现状
发现，美、欧对华竞争主要集中在中高端制造业领域，但在细分市场中，
其竞争并无绝对优势。陈虹和李赠铨（2019）采用主成分分析法综合分
析各国先进制造业的国际竞争力。中国在与货物相关的服务、建筑服务、
ICT 服务以及其他商业服务方面已经具备比较优势和竞争优势，但在金
融、知识产权部门的竞争力与美国相比仍存在差距（牛欢、彭说龙，
2021）。成新轩和杨博（2021）采用 RCA_L 指数测度产业国际竞争力，
结果表明，中国制造业国际竞争力在 2008～2016 年呈逐渐下降趋势，而
且自贸区成员的增多对中国制造业出口竞争力增强的作用并不显著。

　2. 制造业国际竞争力的影响因素研究

　　国外学者主要从内部和外部因素来研究竞争力的来源。Hidayati 等
（2011）强调无形资产、人力资源和财务资源等是企业竞争优势的主要
来源。Wren（2001）指出产业政策作为竞争力政策的内容，与政府效率
密切相关。Dou 等（2021）通过面板回归模型分析不同因素在不同国情

下对制造业国际竞争力的影响程度，发现运输服务对发展中国家的制造业影响最大、知识产权只对发达国家产生显著积极影响，而信息技术在所有国家均发挥重要作用，而且在发达国家更为有效。Masso 和 Vahter（2012）针对欧洲地区的产业集群进行分析，发现产业集群的知识外溢效应对制造业劳动生产率产生动态影响，从而影响区域竞争力。Olczyk 和 Kordalska（2017）以捷克为例，从国内外需求、劳动力成本、部门创新强度等入手，分析其对贸易平衡的影响程度，进而探究影响制造业国际竞争力的因素。生产性服务业所内含的知识资本、技术资本和人力资本可以大幅度提高制造业的附加值，进而推动制造业国际竞争力的提升（Low and Lee，2014）。Yu 等（2021）研究发现，发达国家通过开放生产性服务业获得比发展中国家更显著的制造业竞争优势，以及通过加强服务业与制造业一体化、减少外国直接投资进入限制增强国际竞争力。国内学者主要从技术创新和产业位势等方面展开研究。宋玉臣等（2022）指出，创新是企业获得竞争优势的主要途径。孙少勤和邱璐（2018）依照传统方法，将中国分为东部、中部、西部三个区域，指出东部制造业竞争力受到研发投入、外商投资等因素的综合驱动；中部主要依赖外资支持；而西部竞争力的形成则受人力资源驱动。曹桂珍（2010）运用主成分分析和因子分析相结合的方法，指出影响我国制造业国际竞争力的主要因素有制造业企业的生产率、外商直接投资和要素禀赋及要素创造能力。李拓晨和丁莹莹（2013）研究 FDI 技术溢出的四个维度对中国高技术产业国际竞争力的不同影响。谢子远和张海波（2014）引入四个潜在中介变量探究后发现，产业集聚对资本密集型制造业国际竞争力产生负面影响，但总体上对制造业国际竞争力有显著的促进作用。产业位势理论认为创新能力位势和管理水平位势是影响中国先进制造业竞争力的关键因素（谭蓉娟等，2015）。技术进步和规模经济融合是影响中国高技术产业国际竞争力的关键因素，中国高技术产业应该发挥渐进式创新、集成式创新、产业融合优势（魏守华、周斌，2015）。在新工业革命行动背景下，中国制造业在生产效率、生产能力以及创新驱动能力方面还落后于世界制造强国，它们成为先进制造业发展的明显障碍（李金华，2017）。王恕立和吴楚豪（2020）基于不同企业技术水平的分组检验发现，高技术企业的服务水平能够显著正向影响企业的出口竞争力。新兴市场国家的制造业发展易受汇率因素的影响，汇率升值将能有效提升其国际竞争优势（余博等，2021）。此外，国内学者结合具体国情，从人口结构入手，系统剖析老龄化对中国制造业国际竞争力的影响（袁辰等，2021）。

3. 制造业国际竞争力的提升对策研究

国外学者多以具体国家、区域为例，探究增强制造业国际竞争力的对策。Stavropoulos 和 Foteinopoulos（2018）以中国制造业发展历程为例，提出严格的环境法规可以更好、更快地促进创新，以提高产业竞争力。Phusavat 等（2012）从泰国与东南亚其他邻国的工业综合体与经济发展关系入手，提出企业需要与大学和商务部的其他政府机构进行更紧密的合作。Dong 等（2020）通过对劳动生产率与国家竞争力关系的衡量指出，越南制造业竞争力提升应侧重于人才方面，通过改革教育制度加强思考与创新能力、培养多元且灵活的工人并制定吸引人才的政策。Julin（1998）针对欧盟 20 世纪 90 年代末的发展状况提出，欲提高制造业竞争力，必须超越立法、标准化和认证，加强单一市场和必要的优质基础设施建设、建立意识形态支持政策。Johansson 等（2019）聚焦中小制造业企业，为其制定提高能源效率的政策和方案。Goonatilake 等（1998）通过试点案例分析得出，适当的计算机应用将会提高发展中国家的工业竞争力。国内学者主要从制造业集群、全球价值链、企业创新能力以及政策颁布等角度展开研究。中国必须继续坚持对外开放、大力增强民族产业竞争力、改革和完善科技投入与评价体制，促进科技成果的转化并建立良好的市场秩序，在技术、战略、结构、金融以及管理等方面加大改革力度（金碚等，2007）。罗义成（2006）提出要依据企业自身的管理能力、产品研发能力、资本运营能力与服务能力形成不同类型的企业竞争力。周五七（2018）从发展潜力、资源竞争力和技术竞争力来研究长三角不同城市制造业的综合竞争力，并提出对发展潜力弱的城市需重点建设技术创新服务平台和科技中介机构，对资源竞争力弱的城市要引导企业参与"一带一路"的跨国合作，对技术竞争力弱的城市要大力推进信息化和制造业的融合，引导制造业智能化和高端化发展。2010～2020年，与制造强国相比，我国人均制造业增加值偏低，在建设制造强国过程中要加快推行优质、智能制造，提升制造业竞争力（李金华，2022）。关注高端制造业全球产业链整合，提升整合深度与广度，并加大创新研发投入，激发创新型人才活力，能够提高企业国际化程度，抓住全球价值链重构的有利时机实现价值链攀升（杨成玉，2018；孙少勤、邱璐，2018）。高艳等（2019）以河北省为例，发现制造业集聚发展对国际竞争力提升效果明显。陈虹和李赠铨（2019）利用实证方法和波特的"钻石模型"进行分析，指出加快发展相关产业和支持产业、提高行业内科研投入、增加外商直接投资额以及加强政府政策引导和支持是提升中国先进制造业国际竞争力的重要措施。世界级先进制造业集群主要是通过创建集群组织、搭建工业互联网平台有效推进工业化与信息化的融合，实现先进制造（张佩、赵作权，2020）。宣善文（2020）研究发现，中国的服务贸易无论是整体还是各部门在全球价值链中都处于低端，为此，应当加快发展与完善中国服务贸易价值链，提升中国服务贸易国际竞争力。刘奇林（2008）从创新能力角度入手，提出通过提高企业技术、管理制度与市场营销的创新能力，实现企业竞争力全方位的提升。促进先进制造业与现代服务业融合发展，以及产业链合作，能够提升产业的国际竞争力（杨新洪，2021）。刘朝阳（2008）指出企业竞争力的提升必须配以实施相应的支持政策，需要不断完善国内现有的公平竞争政策、产业政策、自主创新政策等，以企业为主体，重视中小企业的发展，缓解企业竞争力的外部约束。

（二）先进制造业的发展战略研究

1. "双循环"新发展格局下先进制造业发展要求

"双循环"新发展格局下，中国已经由被动者逐渐蜕变为全球化的主要塑造者，需要通过多行业全方位的变革实现高质量的发展，融入世界市场与世界工厂并占有一席之地（王义桅、廖欢，2022）。供给侧结构问题是制约"双循环"的一个突出因素，从制造业来看，高端装备和基础元器件等高端产品供给不足，还依赖进口，一般产品过剩，这就需要重点提升科技创新能力，突破核心技术，并切实加强基础研究（王昌林，2021）。汤铎铎（2022）认为中国应该先通过大力发展先进制造业构建起坚实稳定的国内循环，再逐步发展外部循环。要着力提升制造业发展质量，重点突破一批"卡脖子"的关键共性技术，在数字经济和智能制造业等重点领域的技术实现突破发展（盛朝迅，2020）。陈昌兵（2022）通过数据测度分析发现，从数量角度出发，国内循环的主体地位基本确立,国际循环也已较为充分地实现了对全球资源的利用,但内外部依附高技术创新的驱动机制尚未形成,目前需要加大创新投入,实现双创发展新格局。我国先进制造业发展处于"工业强基、运营优化、模式创新和结构调整、产业衔接"的内循环和"引进来、走出去"的国内国际相互促进状态(周凯歌、庄宁,2020)。董一一和宋宇(2022)指出经济复杂度对"双循环"发展产生正向促进作用,但当前我国企业生产结构未达到驱动"双循环"发展的程度,先进制造业需要进一步转型升级,提升自身发展的生产运营复杂度。实施深度工业化战略促进"双循环"要扩大先进制造业占比,提高先进制造业效益(李金华,2020)。"十四五"时期,构建"双循环"新发展格局,重点要积极增加先进制造业供给、扩大内需,破除数字经济发展障碍和合理布局新基建(韩晶、陈曦,2021),加快企业智能化转型、突破关键技术、培育创新与领军企业,加快建设先进制造世界级产业集群(李金华,2021)。张金若和隆雨(2022)指出面对构建国内国际"双循环"新发展格局中国要加快先进制造业转型,企业需加强成本管理、对资源进行科学配置。"双循环"新发展格局下要求企业关注资源配置问题,提高行业间资源配置效率,实现经济高质量发展与"双循环"的内外部支撑(李苏苏等,2022)。此外,陆江源等(2022)从马克思主义经济理论出发,提出国际循环的创新牵引力与需求力不足,"双循环"发展不平衡,需要破除阻碍,大力发展先进制造业,实现创新与需求的双向发力。

2. 先进制造业发展战略与对策研究

国内外学者从不同方面展开对于先进制造业发展战略的研究与探索。陈楠和蔡跃洲(2020)基于全球金融危机与新冠肺炎疫情背景,全面分析美、德、英、中等几大经济体先进制造业的发展战略定位,发现它们存在极大的趋同性与相似性,指出中国先进制造业未来发展需要以"一带一路"为纽带,将大力研发并推进核心技术作为关键,培养自身产业优势。美国的"先进制造伙伴关系"计划指出,通过企业、高校与政府的合作加大研发投入、创造高质岗位,提升美国先进制造业实力;《确保德国制造业的未来——对实施"工业4.0"战略计划的建议》中提出,先进制造业的后续发展将围绕网络与智能化展开;日本发布的《第五期科学技术基本计划(2016—2020)》明确提出,日本将灵活运用信息通信技术与物联网系统，以制造业为核心，打造"超智能社会"（5.0 社会），引领世界潮流；而中国也明确提出了制造强国"三步走"战略，制定了于 2049 年进入世界制造业强国前列的目标。

此外，部分学者从区域、人才、创新以及先进制造业与现代服务业的融合等方面对先进制造业的发展战略提出建议。在区域方面，上海社会科学院经济研究所课题组（2014）指出要以创新驱动上海先进制造业发展，助力上海"四个中心"建设。周荣荣（2010）认为在长三角打造国际先进制造业基地，统筹发展，才能逐渐摆脱制约因子的约束，推动整个地区的长足发展。而浦东地区协调发展，形成"双核四轴五片"的空间发展结构必须整合完善南北地区先进制造业的发展（黄卫东等，2010）。在人才方面，中国教育科学研究院课题组（2016）指出，我国人才结构断档，高端人才严重不足，需要构建人才交叉培养平台，实施先进制造业工程师计划，培养多学科复合型人才，贴近国际发展标准。蒋选和周怡（2018）指出，发展先进制造业，人才是根本，要进行人才的交流引进、建立标准的人才培养体系、健全长期的人才保障和激励机制、传承工匠精神。张富禄（2018）指出，人才队伍的培养应该成为先进制造业的主攻方向，培育区域的人才技能优势。在创新方面，林苍松和张向前（2018）提出优化以创新引导的生产要素配置与政策制度体系，构建具有国际影响力的先进制造业基地。Hilmola 等（2015）基于中小企业所处现状分析，发现必须制定先进制造业高质量发展战略，保证中小企业拥有足够的创新投入。王德显和王跃生（2016）通过总结德国、美国的先进制造业发展经验，提出需要建立可持续的创新驱动发展模式。在先进制造业与现代服务业的融合方面，先进制造业需探索新的业态融合形式，实现与现代服务业的深度融合，推动制造业与服务业的协同高质高效发展（洪群联，2021）。刘佳等（2014）指出，应该通过制造技术、模式、组织等产业联动协调，依托研发与制造互联网、物联网促进先进制造业与现代服务业的深度融合。

（三）先进制造业智能化建设的研究

1. 先进制造业的智能化程度评价研究

对于智能化程度评价现有研究主要从发展阶段、智能化内涵和行业特征等角度来构建评价体系。智能化发展的三个阶段为数字化制造、网络化制造和新一代智能制造（Zhou et al.，2019a），在发达经济体中，企业按顺序升级战略以适应先进技术，但基于中国多元化技术基础和实现技术反超目标的现状，其智能化极有可能出现新的升级路径（Zhou et al.，2019b）。吴敏洁等（2020）构建智能制造五维内涵特征模型，对中国区域智能制造发展水平进行测量。Zhou 等（2019b）指出智能制造已经走过了数字化制造和网络化制造的阶段，正在向新一代智能制造演进，而中国的大多数先进制造业企业仍处于数字化制造阶段，与其国际竞争对手差距较大，信息技术、核心技术创新能力有限，依赖性局面没有根本改变，面临重大挑战（李金华，2021）。李健旋（2020）从智能技术、智能应用和智能效益三个层面评价中国制造业智能化程度和省际制造业智能化程度差异，发现中国制造业智能化程度虽逐年稳步提升，但存在"东强西弱"的区域异质性。Ma 等（2020）提出基于能源密集型行业需求响应的数据驱动智能制造框架。Zhou 等（2020）提出一个由知识驱动的数字孪生制造单元的通用框架，用以支持制造业企业的自主制造。Wan 等（2021）则提出了由人工智能（AI）驱动的定制智能工厂的体系结构。对智能化转型的测度可以用智能化指数反映"量"，用智能化程度来反映"度"（岳宇君、顾萌，2023）。年报文本分析法在智能化水平测度中开始采用，主要是在以数字化为主题的吴非等（2021）文献做法基础上，再结合政策文件中的特定关键词，对特征词库进行扩充的方法（刘进、万志强，2023）。倪一宁等（2023）采用主成分分析法，从智能化基础建设和生产应用、企业绩效和政策环境维度来构建企业智能化发展水平指标。

2. 先进制造业智能化的影响因素研究

国内外现有研究主要集中在创新投入、产业布局、技术融合和产业促进等方面，近年来人才引进与区域差异成为研究热点。从创新投入方面来看，创新和创造力已成为维持有效价值链和工业竞争力的基础（Youndt et al.，2004），世界经济已经从资源转向创新，国家财富和工业竞争力来自新思想、创造力以及产品和服务开发（Hervas-Oliver et al.，2011），提高技术创新投入是夯实智能制造基础的重要举措（史永乐、严良，2019）。创新柔性体现企业对外部环境的适应能力，有助于推动制造业企业向智能化转型升级（孟凡生、赵刚，2019）。从产业布局方面来看，要通过扩大先进制造业占比，实现先进制造业的规模经济效益

（李金华，2020），并且与智能制造模式相匹配的用户服务策略和终端布局有助于推动智能制造体系构建（朴庆秀等，2020）。从技术融合方面来看，运用大数据分析、AI与云制造等技术相互结合，能够极大地促进先进制造业在设计、生产、运营和维护等方面的创新（Yang et al.，2020）。孟凡生等（2019）基于数字化视角分析，发现先进制造业智能化转型中博弈双方的策略演化结果显著受到数据采集分析水平、平台化水平、生产过程数字化水平和转型成本的影响。从产业促进方面来看，Yang等（2020）发现技术密集型制造业通过实施智能制造提高创新数量，反过来又会提升企业的智能化水平。孟凡生和于建雅（2019）研究新能源智能化发现，外部环境直接负向影响智能制造发展，企业能力直接正向影响智能制造，管理水平间接影响企业能力。从人才引进方面来看，Zhang等（2020）指出，有效的知识管理是保证产品质量、缩短新产品适应市场时间的重要手段。宋旭光和左马华青（2019）发现中国智能化发展迅速但内驱力不足，缺乏技能型人才，其储备与制造业高质量发展不匹配，需要加强顶层设计，加大技能型人才的培养力度。从区域差异方面来看，刘军等（2022）指出制造业智能化具有明显的空间异质性，呈现东部、中部、西部依次递减的梯度分布态势。季良玉（2021）得出相似的结论，并且进一步分析地区内部各省份之间的位次差异，发现省际差异也较明显，表现为不同的变化态势。

3. 先进制造业智能化的经济结果研究

众多学者将目光聚焦于制造业智能化带来的经济结果，主要从企业绩效、企业社会责任与劳动力等视角展开。张树山等（2021a）分析得出，智能制造通过直接与间接两种渠道提升企业绩效，但滞后性显著，且促进作用随时间变化而逐渐增强。此外，智能制造的试点政策具有行业内溢出效应，试点数量越多，绩效提升越明显。陈金亮等（2021）发现智能化对于企业创新绩效存在双向影响效应，研发投入的增加会提升企业的信息处理能力，强化二者的关系，而组织结构复杂性则呈现反向效应。李婉红和王帆（2022）指出智能化转型可以有效降低企业成本粘性，进而提升传统制造业企业的绩效水平，并且对于劳动密集型企业的转型影响相较资本密集型企业的转型更为明显，国有企业相较非国有企业更明显。Yang等（2020）指出智能制造的实施对提升制造业企业的财务绩效和创新绩效具有重要作用。Tan（2020）对智能制造业企业的财务绩效进行评估，指出基于模糊神经网络和数据生成技术，智能化有助于提高企业的竞争优势，实现可持续发展和变革。池仁勇等（2020）聚焦中小企业，发现不管是从制造维度还是从智能维度，智能制造对中小企业的绩效均有显著的正向影响，并且企业组织变革情况与智能制造维度的匹配程度越高，影响越显著。李倩和潘玉香（2020）认为实现智能化转型企业的无形资产质量更高，而无形资产对经济绩效的促进作用远大于固定资产。Liu 等（2021）指出智能政策对经济绩效的影响随时间变化而逐渐显著，并且在智能化程度低的地区，智能政策对制造业经济绩效的积极影响更为显著。黄键斌等（2022）指出智能制造政策引导企业增加研发投入，并且相较企业的无意义研发，企业的有效发明与专利数更多，总体上能够有效提升智能制造领域的企业全要素生产率。智能制造通过提升客户与供应商的集成度进而提高民营与非高新技术企业的创新技术投入，进一步提高企业的创新绩效（张树山等，2021b）。国内学者探究数字化转型对企业社会责任的影响机制，也为探究企业智能化转型提供借鉴。肖红军等（2021）指出数字化对企业社会责任具有明显的赋能效应，并且对非国有产权、政治关联度高与市场化程度低的企业的改善效应更加显著。赵宸宇（2022）发现，数字化转型一方面增强企业整体创新尤其是绿色创新；另一方面推动企业服务化转型，使企业专注于产品质量与品牌形象，提升企业履行社会责任的能力。此外，沈洋等（2022）指出智能制造作为中介变量通过赋能数字经济缓解劳动力错配。但制造业的智能化却进一步扩大了我国高低技能工人的收入差距（刘军等，2021）。徐晔等（2022）认为智能制造通过协同中高级技能劳动力和替代低级技能劳动力优化劳动力技能结构，推动制造业出口技术复杂度的提升。智能制造会改变企业的生产方式，抑制企业的成本粘性（权小锋、李闯，2022）。数字经济可以发挥创新、协同和普惠效应来推动共同富裕的实现，但智能平台的垄断性也存在加大"马太效应"的风险（袁惠爱等，2023）。智能化会影响企业产能利用率和盈利能力（宣旸、张万里，2021），并提高运营效率（温素彬等，2022）。

　　4. 先进制造业智能化建设的对策建议研究

　　学者主要从数字化、集成平台建设和政策引导等角度展开对策研究。

从数字化方面来看，数字化是先进制造业实现智能化的第一步，利用信息技术提高传统产业的创新能力和效率（中国社会科学院工业经济研究所课题组，2020），建成基于工业大数据和"互联网"的智能工厂（李金华，2020），为先进制造业建立工业云、支持融资租赁业务的优先服务、实现数字化赋能，从而促进先进制造业高质量国际化发展（郑瑛琨，2020）。李金华（2021）提出通过数字化技术的灵活应用促进整条产业链之间、不同规模企业之间的融通创新，建设国家层面工业互联网大数据中心与公共数据共享交换平台，推动大数据、人工智能在高技术领域的广泛应用。依托互联网技术与人工智能，实现制造业与多行业的互联，形成新的制造业发展格局（于乐乐，2021）。马述忠等（2018）认为要通过数字贸易推动消费互联网向产业互联网转型并最终实现制造业智能化。从集成平台建设方面来看，Ghalayini 等（1997）提出整合公司的三个主要领域，即管理、流程改进团队、工厂车间，为提高产业竞争力开发集成动态性能测量系统（IDPMS）。Bonnard 等（2021）强调新的云计算平台的开发与实施，提高智能化水平。Udo 和 Ehie（1996）依据美国成功实现智能化转型公司的经验提出，企业进行智能化建设要注重三重"C"因素、内务管理因素、自我利益因素和素养因素。Al-Ahmari 等（2016）构建综合决策支持系统，对用于替代的先进制造技术进行系统完整的分析，帮助制造业企业做出最优投资抉择。先进制造业还要强化新产品开发，不断推进先进制造技术的突破和深度应用，并且加强专利保护（李金华，2020）。黄俊等（2018）针对中国汽车制造智能化转型企业分析，将此类企业的转型分为自动化—信息化—智能化三个阶段，提出通过以企业柔性化建设为转型核心来实现企业的智能化。从政策引导方面来看，政策导向要坚持标准先行，各项产业政策相互配合以促进产业加速融合（王茹，2018）。政府需营造良好的政策环境、建立创新体系、健全企业基础数据库（韩美琳等，2020）。此外，人才是先进制造业智能化转型的关键因素，李卫军等（2021）提出，要为特色的人才培养新模式和自动化类学生培养提供系统的教学改革方案。

（四）相关研究成果简要评价

综上所述，国内外学者对制造业国际竞争力与先进制造业智能化建设已展开有益探讨，并且取得了具有一定价值的研究成果，为本书提供了较好的研究基础。但总体来看，先进制造业竞争力研究尚处于逐渐显现阶段，相关理论和实证研究仍值得进一步深入与完善，主要体现在以下方面。（1）现有对"双循环"新发展格局下先进制造业竞争力的研究多从单个影响因素入手，表现为学者们大多从技术创新、人力资本与产业政策等单一角度研究影响制造业竞争力的因素，探索先进制造业竞争力的内外在驱动机理与具体路径已经成为研究的发展趋势，对多个因素综合影响的机理还缺少深入研究。（2）现有对先进制造业竞争力影响机理的研究还较多是理论分析，虽然国外学者对欧洲及个别国家的案例进行了探索分析，但还较少结合我国省份特点和行业特征来进行典型案例的研究，对于独特性的研究还不够深入，因此某些特定省份和行业制造业竞争力的研究缺乏相应的理论基础。（3）现有构建先进制造业竞争力水平评价体系的研究还不够深入，仅有少数学者通过国家竞争优势的比较构建国际竞争力比较评价体系，缺少一个可供借鉴参考的在行业内适用性和准确度都较高的竞争力评价标准。（4）现有先进制造业相关政策影响效果的研究还较少，缺少相关综合效果检验，国内外学者对企业层面应该采取何种决策来提高自身的竞争力、国家和政府层面应该采取何种政策帮助先进制造业提高竞争力提出了一系列建议，对于这些决策和政策会带来的经济结果等研究涉及不多。"双循环"新发展格局下我国先进制造业现状、竞争力评价、影响因素，以及从企业、行业和政府层面如何更好地提升先进制造业竞争力与促进经济高质量发展，仍需理论和实证研究的回答。

三　研究目的、思路与内容

（一）研究目的

本书专门针对先进制造业发展过程中投资支出、创新效率、国际化和智能化等问题，对我国先进制造业竞争力问题进行理论和实证研究。随着经济全球化的发展，各国制造业格局面临重大调整，同时国内经济的发展环境也呈现一种新态势，为中国加快缩小差距并实现赶超创造了历史性机会，也为中国利用全球要素资源、加快培育国际竞争新优势创造了有利条件。本书以"双循环"新发展格局下我国先进制造业为研究对象，运用管理学、经济学和统计学等多学科的理论及方法，主要解决以下问题。

第一，我国先进制造业发展的现状如何，以及有哪些问题？先进制造业竞争力的理论基础是什么？国内外学者研究的贡献以及可拓展研究的空间有哪些？

第二，国内外主要国家先进制造业发展的规律与经验是什么？先进制造业竞争力的测度体系是什么和评价方法有哪些？我国先进制造业竞争力异质性有哪些？

第三，先进制造业竞争力的内在驱动因素有哪些？其中主要的驱动因素是什么？还受到哪些外在驱动因素的影响？这些内外在驱动因素的作用机理是什么？

第四，如何从企业、行业和政府层面提升先进制造业国际竞争力？可以通过哪些路径来实现？

（二）研究思路

围绕上述问题，本书遵循"测度—驱动—路径"的逻辑分析框架，对先进制造业竞争力的理论基础、中国先进制造业发展现状分析、先进制造业发展的国际比较与经验启示、先进制造业竞争力测度与评价、先进制造业竞争力的内在和外在驱动机理、先进制造业竞争力的典型案例和提升路径等进行理论和实证研究，为企业、行业和政府更好地提升先进制造业的国际竞争力提供理论层面方向性的指导和实践层面的参考。

（三）研究内容

本书主要包括以下研究内容。

绪论。本部分首先对"双循环"新发展格局的要求、制造业融入全球价值链、科技创新引领产业升级与制造业智能化建设以及国内外对先进制造业竞争力的理论研究缺乏进行分析。其次对制造业国际竞争力、先进制造业的发展战略和先进制造业智能化建设方面研究的国内外文献进行回顾，并进行文献评价。最后提出本书的研究目的、思路与内容，研究方法与创新。

第一章是先进制造业竞争力的理论基础。本章首先在企业竞争优势的外生论和内生论分析基础上，对企业竞争力的内涵进行阐述。其次从先进制造业的内涵、特征入手，对先进制造业的行业进行界定。最后对与产业竞争力来源相关的理论，即比较优势理论、要素禀赋理论、新贸易理论、产业集群理论和政府干预理论进行梳理总结。

第二章是中国先进制造业发展现状分析。本章首先从整体层面分析了我国先进制造业的发展情况及面临的优劣条件。其次将研究视角聚焦于"制造业强省"江苏省，对其先进制造业行业分布、创新效率、智能化程度和经济效益方面的特征进行剖析。最后为进一步比较不同城市先进制造业的发展差异，选取苏州、无锡和深圳这三个"制造业强市"进行横向对比分析，以期明确不同城市先进制造业的发展现状和存在的问题，并且为其他省份和城市发展先进制造业提供经验和借鉴，为产业科技创新决策提供支持。

第三章是先进制造业发展的国际比较与经验启示。本章主要分析德国、日本、美国、中国四个国家的制造业发展进程，总结了这四个国家关于先进制造业的经验，以期为我国未来的先进制造业发展提供借鉴。

第四章是先进制造业竞争力测度与评价。本章首先对因子分析法、主成分分析法、数据包络分析法与层次分析法等主要竞争力评价方法进行梳理。其次按照先进制造业竞争力评价指标体系的构建原则，建立本书研究的评价指标体系。最后运用我国先进制造业上市公司的数据对竞争力指数进行测算，根据竞争力指数的大小，从区域、行业、产权、生命周期、企业战略等方面对我国先进制造业的竞争力进行评价分析，探讨我国先进制造业竞争力水平的异质性。

第五章是先进制造业竞争力的内在驱动机理。本章首先从企业资源和企业能力两个维度剖析先进制造业竞争力的内部影响因素，并以企业的投资支出为切入点探讨先进制造业竞争力的内在驱动机理，在对先进制造业投资支出与竞争力进行理论分析的基础上进一步实证检验先进制造业投资支出对企业竞争力的影响。其次基于创新视角，对先进制造业创新投入与竞争力进行理论分析，并从定量角度刻画先进制造业创新投入对企业竞争力的影响。最后，进一步分别深入考察先进制造业劳动投资和企业社会责任对企业竞争力的影响。

第六章是先进制造业竞争力的外在驱动机理。本章首先结合学者的研究和先进制造业的实际情况，基于 PEST 模型，从政治、经济、社会和技术 4 个宏观角度进行外部环境分析，构建先进制造业竞争力的外部影响因素框架。其次着重检验税收优惠、政府补助对先进制造业竞争力的影响机理，"一带一路"倡议对我国制造业竞争力的政策效应，以及产业智能化对先进制造业竞争力的影响。

第七章是先进制造业竞争力典型案例研究。本章首先基于组态视角，将模糊集定性比较分析（fsQCA）方法应用于先进制造业的研究中，对影响其竞争力的前因变量进行组态构型，着重考察其与企业竞争力的关系，可有针对性地为先进制造业竞争力的提升提供理论依据。其次进一步深入剖析江苏省无锡市物联网集群、广东省深圳市先进电池材料产业集群和湖南省长沙市工程机械集群，以及重点集群企业的发展现状。最后选取江苏省内三家有代表性的先进制造业企业，分析其核心竞争力、研发创新和财务指标等方面的现状。

第八章是"双循环"新发展格局下先进制造业竞争力提升路径。本章从企业、行业和政府三个层面，研究如何凝聚三方合力提升我国先进制造业的国际竞争力。企业层面，先进制造业竞争力提升路径为提高资本投资效率、提高研发投入与创新效率、提升人力资本积累、履行社会责任以及构建"智能＋绿色"发展模式。行业层面，先进制造业竞争力提升路径为产业集聚形成规模效益；构建技术与人才合作平台；构建全产业生态链，提升产业链韧性；发挥龙头企业引领作用，完善制造业标准体系。政府层面，先进制造业竞争力提升路径为在研发补贴、税收优惠、优化营商环境等方面提供综合集成的政策支持，推动制造业主动型对外开放，搭建国家级制造业创新研究网络，完善人才引进与专利保护制度，促进产业东西部联动发展。

四　研究方法与创新

（一）研究方法

本书立足先进制造业发展与竞争力相关理论，采用理论分析法、案例研究法与实证检验法相结合的方法。

理论分析法方面，在文献和案例访谈的基础上，采用规范分析的方法，运用经济学、管理学和技术创新等有关理论，分析"双循环"新发展格局下先进制造业竞争力的内在驱动因素、外在驱动因素以及作用机理。

案例研究法方面，采用实地调查和 fsQCA 等方法，通过利用企业年报和公开数据、行业数据库等建立本书研究的数据库，分析典型先进制造业企业创新资料，对先进制造业竞争力影响因素进行组态分析，提炼出典型化事实和理论解释，为相关政策建议提供理论基础。

实证检验法方面，在理论分析和案例研究的基础上，采用虚拟变量、主成分分析、PSM-DID 和工具变量等实证计量方法，在充分考虑选择性偏误和内生性问题的基础上，对先进制造业竞争力、内外在驱动因素与政策效应进行实证研究。考虑到研究中可能存在的内生性问题，用合适的工具变量和 DID 等方法对工具变量的有效性和模型设定的合理性进行检验。

（二）研究创新

1. 在学术思想方面的创新

在学术思想方面，从先进制造业发展和竞争力评价视角，研究国内外先进制造业竞争力评价与比较。着眼于内外在驱动因素对先进制造业竞争力的影响，从先进制造业竞争力评价和驱动机理方面丰富现有研究。

2. 在学术观点方面的创新

在学术观点方面，本书认为在"双循环"新发展格局背景下，先进制造业通过创新投资合作、优势互补，可加快实现制造业从全球价值链低端向中高端递进升级；建立科学的先进制造业竞争力评价模型，根据先进制造业竞争力水平的异质性，政府制定出财税激励政策，金融机构提供科技金融产品，多方合力优化先进制造业创新投资合作，提高创新效率与国际竞争力。

3. 在研究方法方面的创新

本书考虑到先进制造业竞争力水平的异质性，综合运用多案例分析、理论模型逻辑推导：一是采用文献分析和 fsQCA 等方法，通过公开统计年鉴数据、企业年报、企业访谈和行业数据库等，分析典型先进制造业竞争力资料，提炼出典型化事实和理论解释；二是采用案例研究和多种计量模型方法，全面检验先进制造业竞争力的多维度提升路径与政策效应。

第一章　先进制造业竞争力的理论基础

首先，本章分别从企业竞争优势外生论和内生论两个理论学派的角度阐述企业竞争力的内涵，并且在综合考虑国内外学者观点的基础上对本书先进制造业企业竞争力的内涵进行界定。其次，本章描述了先进制造业的内涵、特征与行业界定。最后，本章详细剖析了产业竞争力来源的五个相关理论，即比较优势理论、要素禀赋理论、新贸易理论、产业集群理论和政府干预理论，这对后续理解分析我国先进制造业企业竞争力的发展现状与方向具有重要的理论基础作用。

第一节　企业竞争力的内涵

一般而言，企业竞争力是指企业提升市场占有率以及为自身带来利润和价值的一种综合实力。国内学者金碚（2001）认为，企业竞争力是指相对于竞争者，企业自身能更高效地为消费者提供产品或服务，从而获取利润以及维护自身发展的一种综合能力。邹超和王欣亮（2011）将企业竞争力归纳为整合能力、核心技术和核心产品三个主要方面。目前学者们对企业竞争力的定义存有一定差异，关于企业竞争力（或竞争优势）的来源主要包括外生论和内生论两个理论学派的不同观点。其中，外生论学派认为企业竞争力取决于外部因素；相反地，内生论学派则认为企业竞争力取决于企业自身要素，它又可以继续分为两种观点，即资源观和能力观，内生论学派通常从企业自身所拥有和掌握的资源和能力的视角来讨论企业竞争优势。

一　企业竞争优势外生论

企业竞争优势外生论的支持者认为企业本身差别不大，但可以从外部获取不同的竞争优势，产业环境、行业结构、市场地位、体制与制度、竞争对手等外部因素是企业竞争优势的源泉（Porter, 1990; Spanos and

Lioukas，2001)。Hannan 和 Freeman (1977) 提出自己的观点：在某种程度上，企业之间进行竞争是为了适应市场经济环境的要求，使得企业组织可以更好地生存发展，否则会被淘汰。其中，竞争优势外生论主要以新古典经济学的梅森 - 贝恩范式和波特的产业分析理论为代表。

(一) 经济学中的竞争优势外生论

在新古典经济学中，企业被视作同质技术上的投入产出系统。根据完全竞争假设，市场中的各个企业终究均是同质的，便没有所谓的竞争优势，但真正经济市场中不同企业的销售以及盈利等多种能力却明显存在个体差异。鉴于此，新古典经济学对原来假设的前提进行更正，在不完全竞争市场结构的假设前提下重新分析了行业市场，认为是不同的市场结构导致企业之间具有不同的盈利能力。或许，政府的保护与限制政策、产品差异化会影响企业的获利能力。因此，美国的梅森和贝恩提出基于"市场结构 - 市场行为 - 市场绩效"的 SCP 梅森 - 贝恩范式，该范式强调企业竞争优势的差异是由市场的结构与行为导致的。正是因为市场的结构与行为是企业外部因素，因此该理论认为企业竞争优势是外生的。

(二) 战略管理学中的竞争优势外生论

在战略理论中，波特提出的处于主流地位的竞争战略理论认为，竞争能力是企业成败的关键因素。竞争战略的选择涉及两个关键问题：首先是如何从长期盈利能力和决定因素来识别各产业所具有的吸引力；然后是如何在特定行业获取企业的优势竞争。可以看出，产业结构影响着竞争规律和企业战略的形成。

波特于 20 世纪 80 年代初提出"波特五力模型"，指出企业竞争力的影响因素包括潜在加入者威胁、供应商的讨价还价能力、替代品的威胁、买方的讨价还价能力和现有竞争者的竞争能力。并且，波特于 1990 年通过研究精密产业提出了影响国家与产业集群竞争力的"钻石模型"，倾向于剖析企业外部的市场结构。波特的"钻石模型"认为生产要素，需求条件，相关与支持产业，企业战略、企业结构与同业竞争是影响企业竞争力的主要因素，政府与机会则为辅助因素，并且各要素之间相辅相成、相互作用，构成一个动态化的竞争体系。其中，波特的"钻石模型"见图 1-1。

1. 生产要素

生产要素主要指企业内所具备的人力、知识、资本以及基础设施等。

2. 需求条件

需求条件指的是市场需求，强调国内市场对该产业的需求状况。在需求条件方面，主要考虑了市场的性质和空间、客户的需求、市场份额增加速度、从区域市场需求转化成全面市场需求的能力等方面的影响。

3. 相关与支持产业

相关与支持产业即与本产业相关的上下游产业以及互补产业。产业要想获取并保持竞争优势，不能独立于市场，相反应当与国内其他具有较强竞争优势的产业相互合作，最终形成产业集群。因为产业集群构建过程中各子单元的相互融合有利于分摊成本，从而大幅度降低产业风险，提升产业价值，对制造业的发展十分关键。

4. 企业战略、企业结构与同业竞争

企业战略要素总体涵盖产业内企业的前期建立、组织结构、管理控制质量、竞争企业的实力和结构，以及其组织与管理形态。企业只有通过制定目光长远的战略，才能够保持自身在市场中的竞争优势。激烈的市场竞争会激励企业加快创新，以此促使企业细分市场来获取比竞争对手更多的顾客群体。

5. 政府

政府可以依靠政策扶持、金融支持、税收优惠等相关财政方式引领制造业发展，促进区域产业的优化升级。特别是当某特定地区的相关制造业企业正处于转型发展的关键时期，政府可以为其创造良好的社会环境，通过环保立法、产业政策引导等方式去除落后产能，重点优先发展地区优势产业和先进产业，并以此带动其他相关产业的发展，最终加强整个产业的竞争优势。

6. 机会

机会主要来源于企业的外部环境，具有随机性和不可预期性，机会可能会反过来影响其他几大要素的发展。在产业的发展过程中，倘若政治环境、战争、国内市场需求、基础发明、技术等方面发生重大变化，那么外部环境中就很可能存在机会。

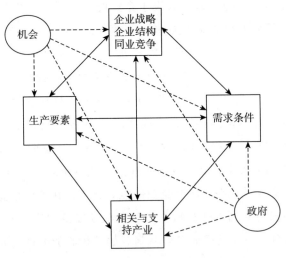

图 1 - 1 波特的 "钻石模型"

资料来源：Porter（1990）。

二 企业竞争优势内生论

（一）资源基础理论学派

资源基础理论学派强调企业竞争优势的关键来源是无形资产、人力资源和财务资源（Hidayati et al.，2011），即企业自身资源是企业竞争力的基础。Chamberlin（1933）同样认为在不完全竞争的状况下，企业拥有独特的能力或资产是其获得经济租金的关键因素。Wernerfelt（1984）提出的 "资源基础观" 认为，企业是内部资源的集合体，内部资源又可以分为有形资源和无形资源。Grant（1991）认为虽然企业无法控制变化莫测的外部环境，但可以通过掌控自身的资源获取利润，并指出进入壁垒、垄断、垂直讨价还价能力、成本优势和差异化优势为影响企业竞争力的五个重要维度。同时，Barney（1991）在前人研究的基础上延伸并完善了企业竞争力来源的资源观，指出资源包括企业可以控制的组织过程、信息与知识、资产等，具体细分为物质、人力和组织资源。此外，Collis 和 Montgomery（1995）强调，企业应该通过与竞争对手进行对比，探索出自己所拥有的重要资源。

（二）能力理论学派

能力理论学派则主要认为并非企业所有内部资源都为企业竞争优势

来源，企业竞争优势绝大部分取决于企业配置、开发与保护资源的相关能力，尤其强调企业核心竞争力的最主要构成因素为自身技术能力。Stigler（1983）和 Teece 等（1997）均指出企业竞争力具有动态变化的特点。Prahalad 和 Hamel（1990）指出企业竞争力可以看作核心能力，而核心能力的本质是"能力的集合体"。Teece 等（1997）认为，动态能力是企业为了适应变化迅速的环境，从而要求自身不断地对企业内外部资源进行整合、构建和重新组合的一种能力。尤其，动态能力和企业的竞争优势呈显著正相关关系，其有助于企业持续获得所需的竞争优势。

企业能力理论关键在于研究企业的能力分工，并指出企业内部存在能够保证其以自己特有的方式从事生产经营活动以及解决障碍的智力资本。目前关于企业能力理论的研究已经从最开始的核心能力理论和能力基础竞争理论逐步发展成动态能力理论，坚持认为能力是企业的智力资本，是企业具备的关键技能和进行战略决策、研发创新的源泉。其中，动态能力对先进制造业的主要作用表现在有助于企业持续不断地进行产品与流程的创新和战略资源的创造与扩张，促进企业获得源源不断的竞争优势。因此，动态能力理论和其他战略分析相关理论的区别在于它侧重于在企业内部维持动态能力的资源结构和能力结构。可见，企业只有顺应趋势并高效地整合、完善企业的内部资源，不断提高自身动态能力，才可以更好地满足和适应市场发展的产品与服务需求，使企业保持竞争优势。

综上，对比并归纳关于企业竞争力来源的外生论和内生论两个理论学派观点，具体见表1-1。

表 1-1　关于企业竞争力来源不同学派的观点

不同学派		代表人物	主要观点
企业竞争优势外生论	经济学领域	梅森和贝恩	企业竞争优势的差异是由市场结构和市场行为导致的
	战略管理学领域	波特	企业竞争的五种力量是产业竞争者、供应商、买方、潜在加入者和替代品
企业竞争优势内生论	资源基础理论学派	Hidayati；Chamberlin	企业竞争优势主要来源于无形资产、人力资源和财务资源
	能力理论学派	Stigler；Teece	企业竞争优势绝大部分取决于企业配置、开发与保护资源的相关能力

资料来源：笔者根据收集资料自行整理而得。

三　先进制造业企业竞争力的界定

综上，基于以往学者的综合研究，可见企业竞争力是指处于竞争市场环境中的实体企业比其他竞争者能够更加高效地整合和重构内外部资源的一种能力。第一，企业竞争力是一种全面且系统的比较能力，与作为企业生产要素的各类资源有很大的差异；第二，企业竞争力的概念不等同于比竞争对手更强的竞争力，与竞争对手的综合能力对比存在不确定性；第三，企业竞争力是基于生产经营过程产生并且在竞争的市场经济环境中体现的动态结果。先进制造业的特点在于技术、产业、生产组织方式和管理方式的先进性，注重科技研发投入，同时先进制造业更加要求和重视可持续发展模式，因此在综合目前国内外研究学者观点的基础上，本书定义的先进制造业企业竞争力具体为在市场经济环境中先进制造业企业向市场提供产品时所展示出的强于竞争者的生产经营能力、先进的管理能力、创新能力与可持续发展能力的总和，用以表征先进制造业竞争力。

第二节　先进制造业的内涵、特征与行业界定

一　先进制造业的内涵

制造业是指对采掘的自然物质资源和工农业生产中获得的原材料进行加工或再加工的行业总称，"先进制造业"这一概念是于20世纪90年代工厂技术被广泛地应用到制造业的背景下相对于传统行业提出的。目前国内外学者对于先进制造业的内涵并没有形成统一的界定，而是主要从先进制造技术、管理和产业、生产模式等不同的角度对先进制造业的内涵进行研究，大致包括多因素融合论、技术核心论、生产模式论等观点。通常狭义的先进制造业是指在信息化动力作用下，制造业生产系统对技术、管理和制度创新的集成，由高新技术产业化和传统产业高新化相互交织形成的制造业，传统制造业的改造升级正是先进制造业形成的关键渠道之一。而广义的先进制造业是指在社会生产力和社会生产关系的作用下，先进制造业产业系统结构趋向复杂化和高级化的产业形态。

本书主要采用现任中国机械工业联合会副会长朱森第的观点，认为先进制造业是在传统制造业基础上，将机械、信息、生物、能源及现代管理等先进技术综合应用于产品研发、生产、营销以及售后服务的全过程，实现"高附加值、低消耗、低污染"的良好经济效益、社会效益和市场效益的现代制造业。它是采用了先进制造模式、广泛应用先进制造技术、拥有先进市场网络组织的工业生产系统，呈现数字化、智能化、集群化、服务化、高端化、模块化、垂直化、绿色化、虚拟化与平台化的特征形态，是依据"新型工业化"发展理念成长起来的科技含量高、经济效益优的制造业。

先进制造业大致包含两类：第一类为由高科技主导的战略新兴产业和新一代信息技术产业，这类先进制造业在产业结构中经常处于顶端位置，具有产品附加值高、成长速度快的特点；第二类为将先进制造技术与传统制造业相结合，以高科技应用为主要环节的传统产业改造所形成的先进制造业，其目的是获得制造业价值链的高质量发展。在社会生产力和社会生产关系的作用下，先进制造业产业系统结构不断趋向复杂化和高级化。

二 先进制造业的五大特征

（一）技术先进性

数字化、智能化是未来科技发展的必然归宿，先进制造业企业对数字化以及智能化的建设需求往往高于其他行业。先进制造业通过技术创新驱动产业发展，将信息技术、新材料技术、新能源技术和现代管理技术互相融合，实现制造业的信息化、自动化、智能化、柔性化和生态化生产。通过数字化和智能化，先进制造业企业可以用数字定义产品标准，同时利用大数据分析出企业发展存在的问题，为未来企业发展方向提供量化依据。先进制造业通常将改造升级后的先进技术投入企业的生产制造，从而可以节约投入的资源和减少能耗、提高产品的产出能力、增加产品的附加值，使生产过程更符合国家环保要求。

（二）产业先进性

通常而言，先进制造业细分行业在整个产业体系中处于相对顶端位置，因此产品技术含量及其附加值一般比较高，并且产品具有较强的市场竞争力，从而将满足市场消费者日益增加的多元化需求。相比于传统制造业，先进制造业通常属于世界生产体系中的新型产业和热门产业，涵盖高技术产业和战略新兴产业以及传统产业中高技术的部分行业，例如智能制造装备、新能源、前沿新材料等行业。

（三）制造模式先进性

先进制造业通过将精益生产模式（LP）、虚拟制造模式（VM）、柔性制造系统（FMS）等制造模式相结合来提高产品质量、市场竞争力，实现数字化设计、网络化经营、信息化管理的综合目标，集中体现了知识要素高度密集、装备与工艺水平先进、网络协同能力强、全要素生产率高的优点。先进制造业通过该模式来达到提高市场竞争力和生产规模的效果，是一种为完成特定生产任务而采取的有效生产方式和生产组织形式。

（四）管理先进性

先进制造业企业一般具有更加完善的公司治理架构、组织结构、内部管理和控制制度，能够运用更加有效的信息传递方式，采用企业资源计划、制造执行系统、供应链管理等先进信息化管理系统，借助网络和通信等信息技术优化配置各类生产要素，从而不断提高企业管理的系统化、智能化水平。先进制造业企业管理的先进性可以通过不断完善自身的内部控制、构建现代科学化的治理架构、营造良好的文化氛围，减少管理成本并提升管理效率。

（五）生产组织方式先进性

与传统生产组织方式不同，先进制造业采取外包、合约生产和联盟式创新等多元化生产组织方式，以成本管理、创新多元化与专业化分工为导向，不断提升企业的生产组织效率。全球化的制造网络已经成为先进制造业企业的常态表现，在寻求资源或者进行市场营销方面，先进制造业都着眼全球，其生产包括集中生产的零部件、专业化生产的工艺以及外包生产的非核心业务。由此可见，先进技术企业的生产效率更高，能够应对市场需求变化，追求更加灵活和满足个性化要求的生产组织方式，致力于通过产品创新和先进技术的运用确保先进制造业生产方式的不断完善。

三 先进制造业的行业界定

目前学者对先进制造业行业界定的方法总体可以概括为两大类：第一类是直接采用高技术行业部门进行研究，例如高新技术产业、战略新兴产业或者新一代信息技术产业；第二类是为了降低对先进制造业的统计误差，避免高估或低估先进制造业所占比重，大多采用综合指标体系评价法，结合定性和定量分析方法对现有各个制造业行业的先进性和具体发展水平进行综合评价，进而识别并选取综合测评得分高的行业作为具有先进制造业特征的行业。

郭巍和林汉川（2010）从技术、管理、模式、经济效益和社会效益五个方面选取 22 个指标构建了北京市先进制造业的行业评价体系，运用主成分分析法对北京市制造业中 28 个行业评价其先进性程度，确定了电气机械和器材制造业、交通运输设备制造业等 10 个先进制造业细分行业。黄晖（2011）结合宁波现有的优势产业以及先进制造业的综合评价指数，确定了石油加工业、电气机械和器材制造业、通用设备制造业为宁波首选的先进制造业。李凌雁和刘丽娟（2018）选取了经济、管理、科技和环境四个方面的 13 个指标来衡量河北省先进制造业各细分行业的综合发展水平，明确了符合先进制造业发展标准的行业为医药制造业、黑色金属冶炼和压延加工业、金属制品业等 10 个行业。

由于不同学者对文献资料和数据的查询及采取评价方法和指标体系的不同，先进制造业的行业界定存在差别。有鉴于此，在国家统计局划分先进制造业重点产业的基础上，同时参照了简晓彬和陈宏伟（2018）的做法，本书确定的先进制造业细分行业总共包括 8 个，具体见表 1 - 2。

表 1 - 2 先进制造业细分行业

先进制造业细分行业	行业代码
石油加工、炼焦及核燃料加工业	C25
化学原料和化学制品制造业	C26
医药制造业	C27
专用设备制造业	C35

先进制造业细分行业	行业代码
汽车制造业	C36
铁路、船舶、航空航天和其他运输设备制造业	C37
计算机、通信和其他电子设备制造业	C39
仪器仪表制造业	C40

第三节　产业竞争力来源的相关理论

产业竞争力的概念是从竞争力、国家竞争力的概念逐渐衍生而来的，它是众多影响要素共同作用后形成的有机结合体，其本质目标就是争夺市场资源以及提升市场占有率。基于前人的研究并结合本节的研究视角和先进制造业的现状，本节将产业竞争力定义为某一产业在拥有资源要素、提升生产效率、提供市场需求以及获得经济效益等方面具备的强于其他产业的整体性和综合性能力。本节依次剖析了关于产业竞争力来源的五个相关理论：比较优势理论、要素禀赋理论、新贸易理论、产业集群理论和政府干预理论。

一　比较优势理论

大卫·李嘉图的比较优势理论指出，国际贸易的基础实际上是不同企业之间生产技术和成本的相对差别，而不是绝对差别。每个国家都可以遵循各自的比较优势原则实施分工与交换，从而使每个国家获得的利润大于单独生产得到的福利。比较优势理论的发展特点为阶梯递进式，首先是绝对优势理论奠定了基础，然后是比较优势理论对绝对优势理论进行了补充和完善，同时也为后面要素禀赋理论的出现与发展奠定了基础。

比较优势理论的发展具体分为两个阶段。第一阶段为传统比较优势理论，该理论认为参与国际贸易的国家理应集中生产并出口该国相对处于优势的产品，相反地，进口相对处于劣势的产品。因此，对于先进制造业企业的发展来说，应当主要发展当地有资源优势的产业，提升相对于其他企业的比较利益。第二阶段为贸易理论，该理论进一步将技术、规模经济等因素引入作为比较优势，强调即使国家之间没有资源禀赋的差异，但倘若出现规模经济不同的情况，同样也会形成贸易差异，从而能够获得比较利益。因此，先进制造业企业要兼顾发挥其资源比较优势和技术与规模优势。

比较优势理论认为企业只有根据竞争对手选择自身存在的相对生产优势，才能够提升自己在市场环境中的综合竞争力，解答了绝对优势理论难以回答的疑问，即一个国家应如何依据自身劳动生产率决定生产和交换何种产品。绝对优势理论的假设前提是企业具有绝对有利的生产条件，并且产品是特定的，因此每个国家交换的便是最大竞争优势的产品。然而，在现实经济活动中，一些在各种产品的生产上都具有绝对优势的发达国家与另外一些不具有绝对优势的国家之间也可能会发生商业贸易行为，因此"绝对优势"这种极端化的理论并不十分合理。虽然比较优势理论相较于绝对优势理论得到了进一步的发展和完善，但仍然存在一定缺陷：一是未能深层次剖析造成各国劳动生产率不同的原因；二是所提出的各国会遵循其比较优势的原则实施完全专业化生产的结论与现实情况并不吻合。

二　要素禀赋理论

在绝对优势理论和比较优势理论的基础上，赫克歇尔和俄林于1933年提出了要素禀赋理论（H-O理论），给产业竞争力理论打下了坚实的基础。要素禀赋理论的主要观点为，国际贸易的基础是各国间要素禀赋的相对差异以及生产各种商品时运用要素强度的差异，该理论将比较优势的存在归因于资源禀赋差异的存在。要素禀赋理论假定国家处于相同的技术水平，但由于在不同生产要素的丰富程度上存在差异，并且不同的产品在生产过程中需要的要素存在差异，因此两国成本也会存在差异，从而出现了贸易往来关系。显而易见，倘若某国的某种产品使用的是该国相对丰富的资源要素，本国的生产成本便相对较低，因此产生了竞争能力。根据H-O理论，可知一国应出口密集利用其要素丰富的产品，进口使用其要素稀缺的产品，随着国际贸易的发展，各国生产要素的价格将趋于相同。因此，一国或地区可以通过投入和使用自身具有相对竞争优势的要素资源，获取相对较强的产业竞争优势。

三　新贸易理论

以保罗·克鲁格曼为代表的经济学家们于 20 世纪 80 年代初提出了新贸易理论，该理论观点为虽然一个国家不可能涉及所有产业，但可以通过参与国际分工和贸易来获取国家自身最大利益。新贸易理论弥补了传统贸易理论的逻辑空白，主要发展成以规模经济和不完全竞争市场为两大支柱的经济理论体系。该理论主要提出了关于国际贸易的原因、国际分工的决定因素，以及最优贸易政策的思想和观点。

首先，新贸易理论完善了比较优势理论的内涵，指出比较优势不仅包括生产要素相对价格差异，规模经济、不完全竞争、产品差异化也是形成比较优势的主要因素。例如，在实际产业内贸易模式中，规模经济的作用远大于传统的比较优势，因此各国反而偏好生产产业内的差异化产品并通过贸易来满足彼此的需求。其次，新贸易理论挑战了要素禀赋理论，弥补了传统贸易理论对发达国家之间发生的贸易现象缺乏解释力的不足。要素禀赋理论认为国际贸易的基础来自国家之间的要素禀赋相对差异，然而新贸易理论却认为国家之间的贸易基础可以来自规模经济，而不是技术差异或者资源禀赋差异形成的比较优势。新贸易理论强调，在企业参与国际贸易后，由于市场需求扩大和规模经济出现，生产成本会大幅度降低并形成国际竞争力，这成为企业专业化生产和出口的前提。例如，在实际商业往来中，尤其对于技术密集型和资本密集型产品贸易，只要存在规模经济，资源禀赋完全相同的国家仍然可以进行贸易活动，可见发达国家之间的贸易并不都是建立在要素禀赋差异之上的。

四　产业集群理论

产业集群理论产生于 20 世纪 80 年代，产业集群通常定义为在一个特定区域，集聚着一群联系紧密的公司、供应商、产业，通过区域集聚形成有效的市场竞争，使得企业能够共享资源与环境，从而形成规模效应和区域竞争力。1890 年，新古典经济学派代表人物马歇尔最早提出并研究产业集群，提出了"外部经济"的概念，为产业集群的研究奠定了理论基础。随着韦伯的集聚经济理论和佩鲁的增长极理论的发展和完善，同时波特的集群竞争理论和钻石理论（即"钻石模型"）、克鲁格曼的新经济地理理论的出现，产业集群理论正式确立，可见产业集群理论对探究和剖析产业竞争力起着重要作用。

其中，1890年，马歇尔提出了"产业区"的概念，并且同时用"外部经济"概念来进行科学严谨的解释，指出企业通过产业集聚能更好地获取外部经济提供的利益和便利，并且认为产业集聚本质上为一种特殊的经济形式，对产业获取竞争力具有重要意义。1950年，法国经济学家佩鲁提出了增长极理论，该理论强调增长不是同时出现在所有地方，而是以不同强度最早出现在一些增长极上，并通过不同的途径向外扩散，最终影响整个市场经济。1966年，保德威勒进一步将经济增长的内涵拓展到虚拟空间经济领域，从而使增长极的概念理论化，并强调了政府对产业集群的显著助推作用。可见，每个国家或地区可以借助产业在增长极上不断向外扩散并且最终形成产业集聚，从而实现区域经济的大规模快速增长，并且政府同样起着关键作用。1990年，波特将企业的集群与国家或者地区竞争力进行联系，提出了钻石理论，强调一国产业的国际竞争优势来源于生产要素，需求条件，相关与支持产业，企业战略、企业结构与同业竞争，政府和机会。同时该理论认为同业竞争促进了生产要素的有效配置和需求条件的改善，企业集群在一定程度上加强了前四项因素之间的相互作用，因此企业可以凭借横向和纵向联系形成一条极具竞争力的产业链，可见产业集聚对企业获取和提升竞争力会产生关键作用。

五　政府干预理论

从以凯恩斯为主要创始人的凯恩斯主义到以斯蒂格里茨为主要创始人的新凯恩斯主义，所谓的政府干预理论渐渐地出现了。古典经济学家认为，市场之所以被称为一只"看不见的手"，是因为它有自我调节能力，使资源配置能够达到最佳状态。但经济危机出现之后，人们开始意识到市场不能解决一切问题，所以就需要政府适当的调控手段来解决市场失灵的问题。凯恩斯认为市场机制难以自动实现供给和需求的相对均衡，若出现供求关系失衡则需利用政府实施的具体财政政策来缓解。20世纪80年代，以斯蒂格里茨为代表的新凯恩斯主义学派进一步丰富了政府干预理论，进而给出了市场失灵的原因，并且明确指出市场失灵普遍存在，同时提出以下观点：在市场不完备、竞争不完全的情况下，市场机制并不会自动达到帕累托最优。这让学术界更加坚信政府干预理论存在的价值。

政府具有强制性、垄断性和权威性等特点，能够让一个国家或地区在市场失灵的情况下利用宏观调控，针对问题制定法律法规，以缓解市场失灵现象。企业在进行融资活动时很容易出现信息不对称的问题，从而造成企业融资难、融资贵问题的发生，进而影响中小企业的生存与发展，这就是市场失灵的情况之一，这个时候就需要政府对企业的发展进行帮扶。特别是在中国制造业创新能力不强、产业集群竞争力不强、行业发展不均衡的大背景下，市场失灵的情况很可能已产生，此时需要由政府制定相关的产业政策、财政政策来帮扶和调控，使制造业企业合理配置资源，增强制造业企业的综合竞争力。由此可见，政府干预手段对一个国家或地区的经济和产业发展可能产生非常关键的作用。

综上，对比并归纳关于产业竞争力来源的五个相关理论：比较优势理论、要素禀赋理论、新贸易理论、产业集群理论和政府干预理论（见表1-3）。

表1-3 关于产业竞争力来源的五个相关理论

相关理论	主要代表人物	主要内容
比较优势理论	李嘉图	强调有选择性地确定自身的生产优势，如果这种生产优势是相对存在的，便可以形成一定的竞争力
要素禀赋理论	赫克歇尔和俄林	一国或地区可以通过投入和使用自身具有相对竞争优势的要素资源，获取相对较强的产业竞争优势
新贸易理论	克鲁格曼	虽然一个国家不可能涉及所有产业，但可以通过参与国际分工和贸易来获取国家自身最大利益
产业集群理论	马歇尔	企业通过产业集聚能更好地获取外部经济提供的利益和便利，并且认为产业集聚本质上为一种特殊的经济形式，对产业获得竞争力具有重要意义
政府干预理论	凯恩斯和斯蒂格里茨	政府具有强制性、垄断性和权威性等特点，能够让一个国家或地区在市场失灵的情况下利用宏观调控，针对问题制定法律法规，以缓解市场失灵现象

资料来源：笔者根据收集资料自行整理而得。

第二章　中国先进制造业发展现状分析

在新一轮科技革命和产业变革的背景下，先进制造业作为一个国家或地区制造业综合实力和产业核心竞争力的集中体现，必然会成为推动未来经济发展的重要力量。为了更加深刻地了解先进制造业发展的现状和基本特征，本章首先从规模和结构、主要经济效益指标、创新能力、智能化程度和税收负担五大方面详细地分析了我国先进制造业的总体情况，并概括了我国先进制造业发展的有利条件和不利条件。其次将研究视角聚焦于"制造业强省"江苏省，对其先进制造业行业分布、创新效率、智能化程度和主要经济效益指标方面的特征进行剖析。最后为进一步比较不同城市先进制造业的发展差异，选取苏州、无锡和深圳这三个"制造业强市"进行横向对比分析，以期明确不同城市先进制造业的发展现状和存在的问题，并且为其他省份和城市发展先进制造业提供经验和借鉴，为产业科技创新决策提供支持。

第一节　我国先进制造业总体情况

目前国内先进制造业发达省市以上海、广东、江苏、浙江、山东为代表，基本形成了长三角、珠三角、京津唐三大先进制造业基地，这些地区以生产性服务业为抓手加强对全国的辐射，促进了全国先进制造业的发展。

一　我国先进制造业总体情况分析

针对本书界定的先进制造业八大细分行业，本节主要采用《中国统计年鉴》和国泰安（CSMAR）数据库等的数据，依次从规模和结构、主要经济效益指标、创新能力、智能化程度和税收负担五个方面对我国先进制造业的总体情况进行了全面分析。

（一）规模和结构

从总体规模来看，2012～2018年国内制造业增加值在不断增长。由

图 2 - 1 可见，制造业增加值从 2012 年的 169806.6 亿元增长到 2018 年的 255937.2 亿元，年均增长 7%，但每年的增长率波动较大，2015 年增长率最低，为 2%；2017 年增长率最高，为 12%。

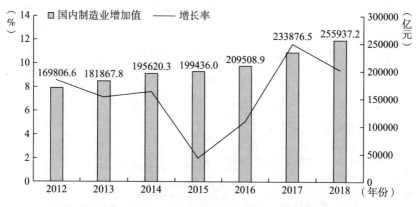

图 2 - 1　2012 ~ 2018 年国内制造业增加值及增长率

资料来源：历年《中国统计年鉴》。

同时，从图 2 - 2 可以看出，2015 ~ 2019 年国内先进制造业八大行业

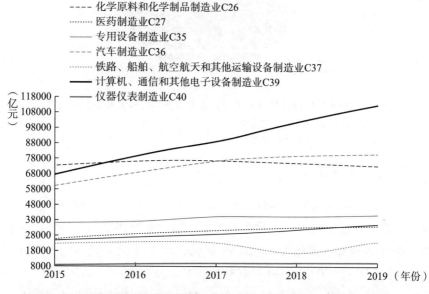

图 2 - 2　2015 ~ 2019 年国内规模以上工业先进制造业各行业的资产状况

注：统计范围为规模以上工业企业。

资料来源：历年《中国统计年鉴》。

的资产大致呈增长趋势。然而，各行业资产规模的大小存在较大差异，先进制造业中资产规模最大且增长速度最快的是计算机、通信和其他电子设备制造业，2019 年资产高达 112957.9 亿元；其次是汽车制造业、化学原料和化学制品制造业；资产规模最小的是仪器仪表制造业，2019 年资产为 10225.2 亿元。

由图 2 – 3 可知，截至 2019 年国内先进制造业企业主要分布在化学原料和化学制品制造业，计算机、通信和其他电子设备制造业，专用设备制造业。综上表明，近年来国内先进制造业总体发展比较迅速，但八大行业的发展存在非均衡性。

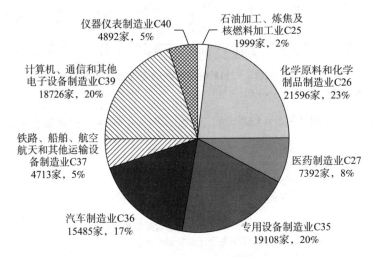

图 2 – 3　2019 年国内规模以上工业先进制造业各行业的企业数量及占比

注：统计范围为规模以上工业企业。

资料来源：《中国统计年鉴 2020》。

（二）主要经济效益指标

从主要经济效益指标来看，如图 2 – 4 所示，2015 ~ 2019 年国内先进制造业的主营业务收入、主营业务成本、利润均整体呈先上升后下降趋势，2017 年利润达到峰值 28320.99 亿元，2017 年之后成本上升的速度大于收入，导致 2018 ~ 2019 年利润不断下滑。

从表 2 – 1 可知，2015 ~ 2019 年先进制造业各行业的利润总体呈先上升后下降趋势，基本在 2017 年达到峰值。但先进制造业各行业获得的利润存在明显差异，利润最高的是汽车制造业，2017 年高达 6890.92 亿

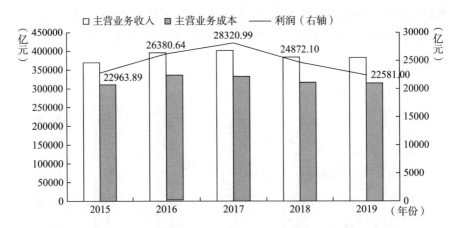

图 2-4　2015~2019 年国内规模以上工业先进制造业主要经济效益指标

注：统计范围为规模以上工业企业。

资料来源：历年《中国统计年鉴》。

元；其次是化学原料和化学制品制造业；利润最低的是仪器仪表制造业，2017 年为 887.40 亿元。

表 2-1　2015~2019 年国内规模以上工业先进制造业各行业的利润状况

单位：亿元

行业	2015 年	2016 年	2017 年	2018 年	2019 年
石油加工、炼焦及核燃料加工业 C25	732.49	1884.97	2205.28	2270.8	1255.6
化学原料和化学制品制造业 C26	4669.98	5180.3	5840.59	5146.2	3797.5
医药制造业 C27	2717.35	3114.99	3324.81	3094.2	3184.2
专用设备制造业 C35	2186.65	2280.04	2481.57	2035.1	2323.7
汽车制造业 C36	6243.25	6853.77	6890.92	6091.3	5099.9
铁路、船舶、航空航天和其他运输设备制造业 C37	1106.68	1175.7	948.76	673	791.7
计算机、通信和其他电子设备制造业 C39	4563.74	5070.17	5741.66	4781	5373.6
仪器仪表制造业 C40	743.75	820.7	887.40	780.5	754.8

注：统计范围为规模以上工业企业。

资料来源：历年《中国统计年鉴》。

（三）创新能力

从创新投入来看，如图 2-5 所示，2015~2019 年国内先进制造业

R&D 经费和 R&D 人员投入数量均逐年增加，尤其在 2018 年先进制造业 R&D 人员投入增加量最大，可见近年来国内先进制造业的创新重视程度在不断提升。

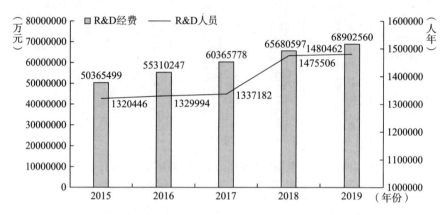

图 2 - 5　2015 ~ 2019 年国内规模以上工业先进制造业创新投入状况
注：统计范围为规模以上工业企业。
资料来源：历年《中国统计年鉴》。

对于创新产出，由表 2 - 2 可知，2015 ~ 2019 年国内先进制造业八大行业的有效发明专利数均在逐年增加，但各行业依然存在较大差异。其中，有效发明专利数最多的是计算机、通信和其他电子设备制造业，2019 年高达 340117 件；其次是专用设备制造业、化学原料和化学制品制造业；有效发明专利数最少的是石油加工、炼焦及核燃料加工业。

表 2 - 2　2015 ~ 2019 年国内规模以上工业先进制造业各行业的有效发明专利数

单位：件

行业	2015 年	2016 年	2017 年	2018 年	2019 年
石油加工、炼焦及核燃料加工业 C25	2775	3061	3606	4784	5096
化学原料和化学制品制造业 C26	37649	48805	54262	61451	65333
医药制造业 C27	31259	37463	41673	45766	47910
专用设备制造业 C35	49732	67163	81588	97839	107509
汽车制造业 C36	23194	34481	45168	57360	62403
铁路、船舶、航空航天和其他运输设备制造业 C37	17961	21990	29490	33164	38628
计算机、通信和其他电子设备制造业 C39	170387	227365	274170	300369	340117

续表

行业	2015 年	2016 年	2017 年	2018 年	2019 年
仪器仪表制造业 C40	16723	20137	26170	28460	31435

注：统计范围为规模以上工业企业。

资料来源：历年《中国统计年鉴》。

同时，由图 2-6 可知，2016～2019 年先进制造业八大行业实现产品创新的企业所占比重同样也均在逐年增加，其中 2019 年实现产品创新的企业所占比重较大的为仪器仪表制造业，计算机、通信和其他电子设备制造业，均已超过 50%；然而，实现产品创新的企业所占比重最小的是石油加工、炼焦及核燃料加工业，为 17.7%。由此可见，石油加工、炼焦及核燃料加工业的创新能力偏弱。

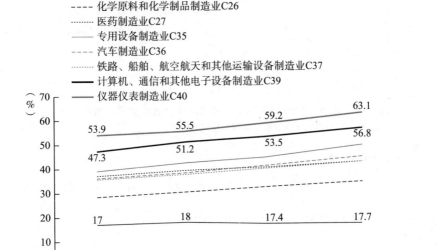

—— 石油加工、炼焦及核燃料加工业C25
- - - - 化学原料和化学制品制造业C26
.... 医药制造业C27
—— 专用设备制造业C35
- - - 汽车制造业C36
.... 铁路、船舶、航空航天和其他运输设备制造业C37
—— 计算机、通信和其他电子设备制造业C39
—— 仪器仪表制造业C40

图 2-6 2016～2019 年先进制造业各行业实现产品创新的企业所占比重

注：统计范围为规模以上工业企业。

资料来源：历年《中国统计年鉴》。

（四）智能化程度

图 2-7 展示了 2015～2019 年我国上市制造业企业智能化程度词频统计，统计方法为计算人工智能技术、区块链技术、云计算技术、大数

据技术和数字技术应用五个方面的细分指标在公司年报中出现的频次。在这五个方面中，数字技术应用出现次数遥遥领先，2015～2019年呈现持续上升趋势，且上升速度很快，2019年已经达到10371次；云计算技术的词频也从2018年的5817次增长到2019年的7741次；大数据技术与人工智能技术出现次数比较接近，2019年都在4000多次。可见数字化、智能化已经成为制造业企业关注的热点话题，未来也会成为评价企业竞争力的重要考量。

图 2-7　2015～2019 年我国上市制造业企业智能化程度词频统计
资料来源：笔者根据国泰安数据库数据整理得到。

（五）税收负担

以企业所得税为例来反映企业的税收负担，由图 2-8 可知，2015～

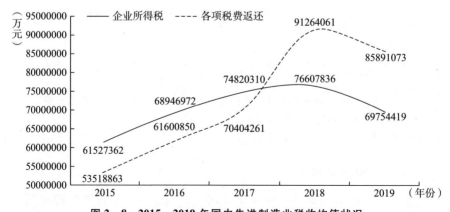

图 2-8　2015～2019 年国内先进制造业税收均值状况
资料来源：国泰安数据库和 CSMAR 中国上市公司财务报表数据库。

2019 年国内先进制造业企业所得税和各项税费返还的均值都呈先上升后下降趋势，尤其在 2018 年各项税费返还增长的速度超过了企业所得税，可见国内先进制造业的税收优惠程度在提升，税收负担在减小，这有利于我国先进制造业的发展。

二 我国先进制造业发展条件

随着经济全球化的发展，各国制造业格局面临重大调整，同时国内经济的发展环境也正在发生巨大改变，为中国加快缩小差距并实现赶超创造了历史性机会，也为中国利用全球要素资源、加快培育国际竞争新优势创造了有利条件。因此，中国先进制造业应该主动抓住历史的发展机遇，积极充分地应对国家内外部的挑战。

(一) 有利条件

1. 国家战略政策的实施提供发展契机

党中央对中国经济社会的全局发展做出了一系列重大的战略部署。2012 年，党的十八大报告明确指出"要推动战略性新兴产业、先进制造业健康发展"。《2015 年国务院政府工作报告》提出加快从制造大国迈向制造强国，明确了中国先进制造业发展的战略方向。2017 年，党的十九大报告再次提出"加快发展先进制造业""培育若干世界级先进制造业集群"，以此推动互联网、大数据、人工智能和实体经济的深度融合，建设制造强国，为我国先进制造业的发展提供了良好机遇。"十四五"时期先进制造业集群的建设与发展将全面提速，推动集成电路、航空航天、先进电力装备、高端数控机床等产业创新发展。

2. 内部需求的扩大提供发展动力

"工业现代化、农业现代化、国防现代化、科学技术现代化"四化同步发展为先进制造业开辟了新的市场，成为先进制造业内需增长的强大动力。国防以及国家竞争的需求都必将要求更高的装备生产技术、更多的公共设备供给，"一带一路"建设、长江经济带发展、京津冀协同发展等必将推动基础设施的建设，同样带动先进制造业的发展。国内消费市场总体空间进一步扩大，市场服务需求崛起，服务型制造对企业生产组织形式、运营管理和商业模式都提出了新的要求，促进了我国制造业的转型升级。

3. "大物移智云"的快速发展促进制造业转型升级

随着"大数据、物联网、移动互联网、人工智能、云计算"等新一代信息技术水平的不断提高，智能、数字、网络技术逐渐渗透到制造业的运营管理、产品研发、生产制造等各个环节，从而推动传统制造业加速向以人工智能、机器人和数字制造为核心的智能制造转型升级。同时，生产制造和服务环节加速融合，产业链服务化趋势明显，推动了制造业企业组织流程和管理模式的创新，是制造业走向高级化的重要标志。

（二）不利条件

1. 高端制造回流和中低端制造转移造成双向挤压

在全球产业竞争加剧和国际贸易与投资环境趋紧等国内外经济环境变化的背景下，美国发布《先进制造业国家战略计划》与《制造业创新网络计划》、欧盟委员会发布"欧盟2020战略"、德国提出"工业4.0"战略、英国发布《英国工业2050战略》，发达国家的"再工业化"战略以及国外以智能制造为核心的制造业不断升级，对中国制造业的发展产生了巨大冲击。与此同时，中国制造业传统的依靠原材料、劳动力等要素优势取得的竞争优势正在减弱。

2. 人才竞争力成为先进制造业的明显短板

相比于发达国家，中国人才竞争力明显处于劣势地位，而美、德、日的人才综合竞争力较强。我国企业缺少具有国际化视野与跨国经营的复合型人才。人才队伍中拥有高级职称的技术人员比重低，研发创新等高技术领域人员数量不足，严重制约了我国先进制造业创新发展能力的提升。同时，我国制造业人才服务平台搭建不健全，人才引进、培育与服务这三个阶段的衔接不顺畅，高校人才培养与地方产业的适应度不高，导致年轻的创新型、技能型人才引进难，人才结构趋于老龄化。

3. 自主研发能力和创新效率较低

与发达国家相比，目前我国制造业企业的中高端关键设备和零部件技术差距较大，主要依赖进口，受到国外先进制造产品与产品更新换代的双重威胁。中国先进制造业发展过程中，企业自主研发意识淡薄，R&D经费投入依然不足。同时，由于科研人员对市场未充分了解，科研成果与制造业的市场需求匹配度不高，尚未真正形成以市场为导向、产学研用相结合的技术创新体系，阻碍了我国制造业的转型升级。

第二节　江苏省先进制造业发展情况

江苏省是全国的制造业大省，近年来，江苏省委、省政府积极推进经济转型升级，坚持以创新驱动为核心，着力培育战略性新兴产业，改造提升传统产业，促进了全省先进制造业的持续快速发展。

一　江苏省制造业发展概况

长期以来，依托雄厚的产业基础和相对完善的市场机制，江苏省制造业取得了长足的稳步发展，在全国居于领先地位，总体规模优势明显，但制造业发展区域差异明显。通过查阅《江苏统计年鉴》数据，本节对江苏省各市地区生产总值占比、各市规模以上工业制造业企业数量占比等数据进行分析，发现其存在的问题。

由图2－9可得，2019年江苏省各市地区生产总值占比差异明显。2019年，无锡地区生产总值再创新高，达到11852.32亿元，累计增长6.7%，在江苏省仅次于苏州和南京，位列第三。近几年，无锡积极融入长江经济带，经济运行态势稳中向上，为先进制造业发展和竞争力的提升提供了良好的基础设施和外部环境。

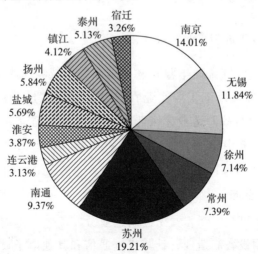

图2－9　2019年江苏省各市地区生产总值占比情况

资料来源：《江苏统计年鉴2020》。

2019 年，苏州的规模以上工业制造业企业数量超过 11000 家，占到全省的 23.95%；其次是无锡，规模以上工业制造业企业达 6215 家，占到全省的 13.48%；南通和常州的规模以上工业制造业企业数量占比也均超过了 10%（见图 2 – 10）。苏州、无锡、常州三市的规模以上工业制造业企业数量占比达 47.57%，占到全省近五成的比重，表明江苏省制造业发展南北差距大、区域发展不均衡。

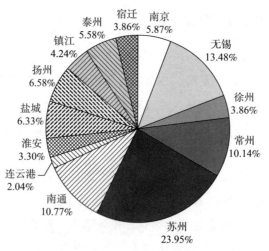

图 2 – 10   2019 年江苏省各市规模以上工业制造业企业数量占比

资料来源：《江苏统计年鉴 2020》。

二   江苏省先进制造业现状

通过查阅《江苏统计年鉴》和国泰安数据库，本节主要将 2015 ~ 2019 年江苏省规模以上工业企业在石油加工、炼焦及核燃料加工业，化学原料和化学制品制造业，医药制造业等 8 个先进制造业方面的数据进行汇总，分析其在行业分布、创新效率、智能化程度和主要经济效益指标的总体变化情况。

（一）行业分布

由图 2 – 11 可知，江苏省先进制造业分布于 8 个不同的行业，其中主要分布于专用设备制造业，计算机、通信和其他电子设备制造业，这两大行业企业数量的占比均在 20% 以上，是江苏省先进制造业发挥竞争优势的主要产业。其次，化学原料和化学制品制造业、汽车制造业也占据了较大的比重，这些传统制造业既是江苏省经济稳定发展的重要保障，也是省内产业结构优化的瓶颈。同时，"十三五"时期，为更好地支撑保障"一带一路"建设、长江经济带发展等，大规模的基础设施建设也促进了铁路、船舶、航空航运和其他运输设备制造业，仪器仪表制造业的发展。此外，国家越来越重视保障民生，加大对医药领域的扶持和投入，江苏省的医药制造业将迎来新一轮的快速发展机遇。

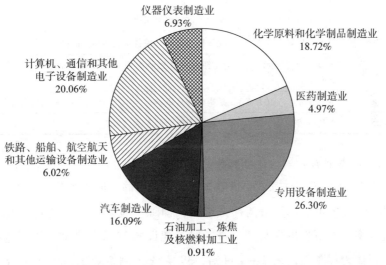

图2-11 2019年江苏省规模以上工业先进制造业各行业的企业数量占比
资料来源：《江苏统计年鉴2020》。

（二）创新效率

现有文献中考察区域静态创新效率的方法有非参数形式的数据包络分析法（DEA）和参数形式的随机前沿分析法（SFA）。DEA是评价同类决策单元（DMU）有效性的较好的方法，使用DEA来分析地区企业科技创新效率时，可以有效区分不同年份的技术水平，因而获得的数据可能更符合实际情况。因此，本节选择DEA测度江苏省先进制造业的创新效率。考虑到数据的可获得性，本节采用上市公司2011～2018年数据来分析。

1. 变量定义说明

本节从国泰安数据库收集2011～2018年数据来分析江苏省先进制造业上市公司的创新效率现状，主要评价指标说明见表2-3。

表 2 - 3　　江苏省先进制造业上市公司创新效率评价指标

变量符号	变量名称及含义
Eff	综合技术效率，是对决策单元的资源配置能力、资源使用效率等多方面能力的综合衡量与评价
Pe	纯技术效率，反映的是 DMU 在一定量（最优规模）投入要素上的生产效率
Se	规模效率，反映的是实际规模与最优生产规模的差距
Number	员工数量（人），本年度公司工作的人数
R&D	研发支出（万元），研究与开发过程中所支出的费用
Tec	技术人员数量（人），企业从事研发和相关技术创新活动的科技人员数量
Intangible	无形资产（万元），指企业拥有或者控制的没有实物形态的可辨认非货币性资产
Revenue	主营业务收入（万元），是指企业从事本行业生产经营活动所取得的营业收入
Patent	专利申请数量（件），本年度公司申请的专利数量

2. 静态创新效率描述性统计

表 2 - 4 报告了江苏省先进制造业上市公司静态创新效率的描述性统计结果。综合技术效率是由两部分组成，即综合技术效率 = 纯技术效率 × 规模效率。本节选取参与"一带一路"建设的 39 家江苏省先进制造业上市公司作为样本，由表 2 - 4 可知，39 家先进制造业上市公司综合技术效率的最大值为 1，最小值为 0.0298，均值为 0.5119，说明江苏省的先进制造业上市公司总体的综合技术效率不高，有待进一步提升。其中，纯技术效率的均值为 0.6073，规模效率的均值为 0.8571，说明在江苏省先进制造业综合技术效率的影响因素中，企业规模因素影响较大。这是因为企业规模较大，资金实力较为雄厚，有较多的资源可以投入技术创新，企业会带来一定的规模效益。

表 2 - 4　　江苏省先进制造业上市公司静态创新效率描述性统计结果

变量	均值	中位数	标准差	最大值	最小值
Eff	0.5119	0.4613	0.2757	1	0.0298
Pe	0.6073	0.5631	0.2948	1	0.0630
Se	0.8571	0.9236	0.1806	1	0.0298

资料来源：根据国泰安数据库数据计算所得。

3. 相关指标描述性统计

从表 2 - 5 可知，江苏省先进制造业企业员工数量的最大值为 11566 人，最小值为 180 人，说明不同企业间的员工数量差距较大。企业研发支出的最大值为 56224.63 万元，最小值为 563.34 万元，可以看出不同企业间的研发支出规模具有较大差异。专利申请数量反映了一个企业的创新能力，此处其最小值为 0 件，最大值为 461 件，均值为 31.31 件，处于偏低水平，有待进一步提升。企业的无形资产包括专利权、商标权等，代表一个企业的软实力，此处无形资产的均值为 22117.07 万元，最小值为 1098.12 万元，最大值为 145082.20 万元，不同企业间差距较大。

表 2 - 5　江苏省先进制造业上市公司相关指标描述性统计结果

变量	观测值	均值	标准差	最小值	最大值
Number	39	3003.436	2665.02	180	11566
R&D	39	13361.14	12902.08	563.3406	56224.63
Tec	39	675.0769	843.3946	26	3654
Intangible	39	22117.07	24822.96	1098.115	145082.20
Revenue	39	323538.6	352639.6	957.6609	1738990
Patent	39	31.30769	74.68324	0	461

（三）智能化程度

图 2 - 12 展示了 2015 ~ 2019 年江苏省上市制造业企业智能化程度词

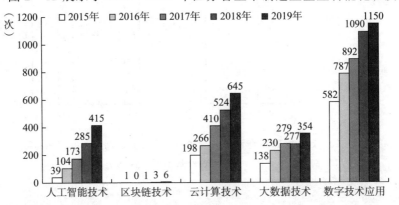

图 2 - 12　2015 ~ 2019 年江苏省上市制造业企业智能化程度词频统计

资料来源：笔者根据国泰安数据库数据整理得到。

频统计。可以看到，总体上五个方面的特征词 2015～2019 年在公司年报中提及的次数在上升，尤其是数字技术应用，2018 年已经超过 1000 次。云计算技术和人工智能技术出现的频次也很高，2019 年分别达到了 645 次和 415 次，说明江苏省上市制造业企业近年来对数字化、网络化和智能化的重视程度很高，新一代电子信息技术应用十分广泛，不断通过加大技术创新、优化管理模式、促进新兴技术与制造业融合来提升自身竞争力。

（四）主要经济效益指标

如图 2－13 所示，2015～2017 年江苏省规模以上工业先进制造业的利润总额小幅上升，而 2018～2019 年受全球经济下滑影响，利润总额逐渐下降。2015～2019 年江苏省规模以上工业先进制造业企业数量总体呈下降趋势，2019 年先进制造业企业数量为 13249 家，比 2015 年减少了 3.63%；2017 年先进制造业企业数量降幅最大，下降至 13293 家，同比下降 3.22%。受复杂的国际环境和我国供给侧结构性改革影响，落后产能、僵尸企业被淘汰，一部分竞争力较弱的企业因主营业务收入不达标而退出规模以上工业企业，由此江苏省规模以上工业先进制造业企业数量有所下降，但企业竞争力显著提升，工业企业效益呈现结构性改善。

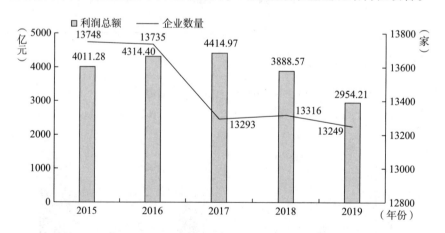

图 2－13　2015～2019 年江苏省规模以上工业先进制造业的利润总额
与企业数量变化情况

资料来源：历年《江苏统计年鉴》。

由图 2－14 可知，江苏省规模以上工业先进制造业的主营业务收入和主营业务成本呈同向变动关系，2016 年两者上升至峰值，2017～2019 年持续下降。这主要是受近年来原材料、用工成本上升影响，工业产品销售增速回落；同时，石化、汽车等重点行业营业收入下降拉动作用明显。

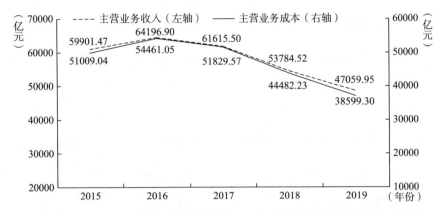

图 2 - 14　2015 ~ 2019 年江苏省规模以上工业先进制造业的主营业务收入和主营业务成本变化情况

资料来源：历年《江苏统计年鉴》。

　　本节总体分析了江苏省制造业的发展概况，发现省内地区生产总值南北差距大、区域发展不均衡，并由此进一步分析江苏省先进制造业在行业分布、创新效率、智能化程度以及利润总额、主营业务成本、主营业务收入等主要经济效益指标的总体变化情况。研究发现，江苏省先进制造业主要分布于专用设备制造业，计算机、通信和其他电子设备制造业，这两大行业是江苏省先进制造业发挥竞争优势的主要产业。其次，化学原料和化学制品制造业、汽车制造业也占据了较大的比重，这些传统制造业既是江苏省经济稳定发展的重要保障，也是省内产业结构优化的瓶颈。此外，江苏省先进制造业不同企业间的研发支出规模具有较大差异，创新效率差异明显。

第三节　苏锡深先进制造业横向对比分析

　　近年来，苏州的先进制造业数量、产值等在江苏省内均处于龙头地位；无锡以高质量发展为主线，扎实推进"产业强市"战略，在制造业转型升级过程中形成了竞争新优势；而深圳作为全国先进制造业的领先城市，在科技研发、创新环境、智能制造装备等方面都具有一定优势。因此本节选取这三个"制造业强市"，将各市先进制造业在行业分布、企业数量、工业总产值等方面的数据进行横向对比分析，总结各市先进制造业的发展现状，以期发现先进制造业存在的问题并促进其补齐短板。

一　行业分布

本节通过查阅苏州、无锡和深圳的统计年鉴数据，以及进一步的手工整理，得到苏锡深规模以上工业先进制造业各行业企业数量，具体如表 2 - 6 所示。

表 2 - 6　2019 年苏锡深规模以上工业先进制造业各行业企业数量

单位：家

行业	苏州	无锡	深圳
石油加工、炼焦及核燃料加工业	19	22	6
化学原料和化学制品制造业	464	324	225
医药制造业	116	44	66
专用设备制造业	882	604	905
汽车制造业	569	276	80
铁路、船舶、航空航天和其他运输设备制造业	123	144	84
计算机、通信和其他电子设备制造业	1173	285	3141
仪器仪表制造业	250	100	394

注：统计范围为规模以上工业企业。

资料来源：苏州、无锡和深圳的统计年鉴。

从行业分布来看，苏州先进制造业行业分布比较广泛，以电子信息产业为主导，计算机、通信和其他电子设备制造业规模以上工业企业数量达 1173 家，几乎占据了该市规模以上工业先进制造业企业数量的 1/3，成为苏州主要的制造业；总体形成了以计算机、通信和其他电子设备制造业为主体，专用设备制造业紧随其后，辅之汽车制造业、化学原料和化学制品制造业、医药制造业等多样化发展的先进制造业布局。

无锡规模以上工业先进制造业主要分布在专用设备制造业，该行业企业数量最多，达到 604 家，成为无锡发展的主要产业；其次是化学原料和化学制品制造业，无锡轻工业发展历史悠久，化学原料和化学制品制造业发展具有得天独厚的优势；同时，计算机、通信和其他电子设备制造业企业数量为 285 家，也占据了相当一部分的比重。但是总体而言，无锡规模以上工业先进制造业企业数量仍与苏州和深圳差距较大。

与苏州、无锡相比，深圳规模以上工业先进制造业在计算机、通信和其他电子设备制造业，专用设备制造业方面具有突出优势，企业数量远超苏州、无锡，尤其是计算机、通信和其他电子设备制造业，该行业企业数量占据了深圳所有规模以上工业先进制造业企业的60%以上，专用设备制造业企业数量为905家；在先进制造业发展过程中，深圳加快淘汰落后产能，持续推动对石油加工、炼焦及核燃料加工业，汽车制造业，铁路、船舶、航空航天和其他运输设备制造业等重工业的结构优化和转型升级，助力电子设备、智能装备、新材料等高新技术产业的发展。

二　规模和结构

在先进制造业的规模和结构方面，主要关注近些年先进制造业的企业数量、工业总产值和行业规模的变化，从中剖析苏州、无锡和深圳三市规模以上工业先进制造业的发展速度、总量等方面的特点。

（一）企业数量

从企业数量来看，由图2-15可知，2016~2019年苏州、无锡、深圳的规模以上工业先进制造业企业数量总体呈增长趋势。无锡规模以上工业先进制造业企业数量在2018年增加较多，同比增长7.32%。这表明无锡先进制造业企业数量增长较快，发展规模逐渐扩大，但与苏州和深

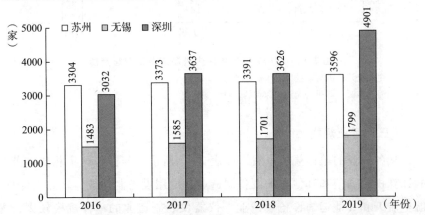

图2-15　2016~2019年苏锡深规模以上工业先进制造业企业数量变化

注：统计范围为规模以上工业企业。

资料来源：苏州、无锡和深圳的统计年鉴。

圳相比仍有较大差距。相比无锡，苏州和深圳的先进制造业企业数量都超过了 3000 家，并且总体上均有所增长。2019 年，深圳规模以上工业先进制造业企业数量从 2018 年的 3626 家增长至 4901 家，1200 余家企业经过转型升级、发展壮大迈入规模以上工业先进制造业企业的行列。

（二）工业总产值

从工业总产值来看，如图 2 - 16 所示，2019 年无锡先进制造业工业总产值为 6348 亿元，同比增长 3.89%，较以前年份来看，保持中低速增长。2019 年，苏州和深圳先进制造业工业总产值均超过 30000 亿元，而无锡远低于两市。该年苏州先进制造业工业总产值约为 33520 亿元，为无锡先进制造业工业总产值的 5 倍多。在三个"制造业强市"中，深圳先进制造业工业总产值最高，突破了 35000 亿元，约为 37326 亿元，显示出深圳先进制造业较强的规模优势。

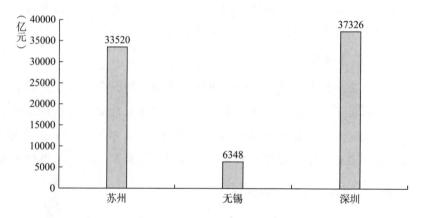

图 2 - 16　2019 年苏锡深先进制造业工业总产值

注：统计范围为规模以上工业企业。

资料来源：苏州、无锡和深圳的统计年鉴。

（三）行业规模

从各行业的单体规模来看，如表 2 - 7 所示，与其他两市相比，苏州的计算机、通信和其他电子设备制造业，专用设备制造业，铁路、船舶、航空航天和其他运输设备制造业，仪器仪表制造业的单体规模较大，尤其是计算机、通信和其他电子设备制造业，该行业先进制造业的平均生产总值达到了 8.60 亿元，在市场竞争中处于绝对领先地位。无锡的石油加工、炼焦及核燃料加工业，医药制造业，计算机、通信和其他电子设备制造业这3个行业的单体规模较大，规模优势显著，更易于利用雄厚的资金提升核心竞争力；其他行业发展一般。深圳的石油加工、炼焦及核燃料加工业的单体规模达到7.72亿元，汽车制造业的单体规模达到9.53亿元，这两个行业企业的平均生产总值均远高于苏州和无锡，具有较强的规模优势；深圳作为我国电子信息领域的领先城市，在计算机、通信和其他电子设备制造业的企业数量约为苏州的3倍，无锡的10多倍，却仍然保持了7.12亿元的单体规模，奠定了在该行业的竞争优势。

表2-7　2019年苏锡深先进制造业单体规模

单位：亿元

行业	苏州	无锡	深圳
石油加工、炼焦及核燃料加工业	5.32	7.06	7.72
化学原料和化学制品制造业	3.64	3.76	1.33
医药制造业	3.37	8.35	5.50
专用设备制造业	1.76	1.25	1.57
汽车制造业	3.26	3.93	9.53
铁路、船舶、航空航天和其他运输设备制造业	3.00	2.10	1.74
计算机、通信和其他电子设备制造业	8.60	8.12	7.12
仪器仪表制造业	1.82	1.49	1.33

注：制造业单体规模=制造业总产值/企业数量。
资料来源：苏州、无锡和深圳的统计年鉴。

为了进一步明晰各市先进制造业在本市制造业中所处的地位，将各行业规模以上先进制造业企业的生产总值除以规模以上制造业企业的生产总值，得到先进制造业总产值占本市制造业总产值比重，具体数值如表2-8所示。

表2-8　2019年苏锡深先进制造业总产值占本市制造业总产值比重

单位：%，亿元

行业	苏州	无锡	深圳
石油加工、炼焦及核燃料加工业	0.30	0.90	0.12
化学原料和化学制品制造业	5.03	7.09	0.80

行业	苏州	无锡	深圳
医药制造业	1.17	2.14	0.97
专用设备制造业	4.62	4.39	3.81
汽车制造业	5.53	6.31	2.04
铁路、船舶、航空航天和其他运输设备制造业	1.10	1.76	0.39
计算机、通信和其他电子设备制造业	30.08	13.46	59.94
仪器仪表制造业	1.36	0.86	1.40
先进制造业占比总和	49.20	36.92	69.49
先进制造业总产值总计	33520	6348	37326

注：统计范围为规模以上工业企业。

资料来源：苏州、无锡和深圳的统计年鉴。

从各行业的总产值占比来看，如表 2 - 8 所示，2019 年深圳先进制造业总产值占制造业总产值的比重近 70%，在三市之中总产值最高，且占比最大，其中计算机、通信和其他电子设备制造业产值占比59.94%，成为深圳经济发展中的支柱性产业。苏州先进制造业总产值为33520 亿元，占比近 50%，计算机、通信和其他电子设备制造业产值占比与其他行业相比，也具有绝对优势。无锡先进制造业总产值占比36.92%，与苏州、深圳这两个"制造业强市"相比差距明显，企业竞争力有待提升。

第三章　先进制造业发展的国际比较
与经验启示

在新工业革命时期，先进制造业是各国经济可持续健康稳定发展的新增长极。然而，对比世界先进水平，我国先进制造业存在一定差距，自主创新能力缺乏、资源利用效率不高、信息化程度不高。我国面临着传统制造业转型升级和跨越发展的紧迫任务，加快先进制造业的升级发展，才是提升我国综合国力的有效路径。在此背景下，本章详细分析了德国、日本、美国、中国四个国家的制造业发展进程，总结了这四个国家关于先进制造业发展的经验，以期为我国未来的先进制造业发展提供借鉴。

第一节　德国先进制造业

一　德国制造业的发展历程

（一）第一阶段：19 世纪早期至 1945 年

19 世纪早期的德国迎来"铁路时代"，交通运输业作为工业化的先锋，迅速带动了制造业的发展。19 世纪 80 年代，德国企业家们大规模发展电力机械制造业，同时由于铁路建设带动了对铁轨和车皮制造的需求，因此钢铁工业在德国得到了迅速发展。19 世纪后期，跟随着第二次科技革命浪潮，德国制造业采用新炼钢法和新设备，升级改造了钢铁制造业和煤炭产业的技术，因此德国煤铁制造业进入了先进制造业之列。同时，由于规模经济理论得到充分利用，德国政府加速发展电子和信息产业、电气制造、化学工业和制药等高新技术产业，投入大量人力、物力。德国电气和电子制造业始终处于领先地位，逐步实现了电气工业的大规模发展以及电子、信息和通信业与微技术制造业的相互融合。

（二）第二阶段：1946 ~ 1989 年

两次世界大战使德国国民经济受到重创，制造业因资源和资金的约束而发展比较缓慢。然而，德国在受到美国"道威斯计划"和"马歇尔计划"的支援后，其制造业逐渐恢复正常运转，在电气生产、钢铁制造以及化学制造业中重回领先地位。德国汽车制造业在战时同样得到了发展，使得其在二战后发展成为欧洲最大的汽车生产商，同时奔驰和大众等汽车公司逐渐形成了生产规模。随后德国开始走"和平工业化"道路，充分利用比较先进的制造业研发基础、技术创新和人力资源，积极主动地推动制造业转型升级。在 20 世纪 50 年代中后期，民主德国大力支持发展机床制造业、光学和精密仪器等重工业，而联邦德国则在努力实现从传统制造业向先进制造业领域的逐步转型。

（三）第三阶段：1990 ~ 2008 年

20 世纪 90 年代德国实现民族统一后，德国政府再次转型升级传统制造业。第一，德国采用高新科技实施更新升级，在一定程度上实现从传统制造业向新兴制造业的转变，整体上减少物耗、节约能源，带来更多的高附加值产品。第二，德国加大技术创新和研发投入的力度，使得传统制造业迈向高新技术密集型制造业。在 2008 年爆发的金融危机中，由于德国强大的以制造业为基础的实体经济，其经济依旧实现了逆势增长。并且当英国和美国快速向服务业转型时，德国依然坚定地以制造业为中心发展实体经济。

（四）第四阶段：2009 年以来

2008 年爆发金融危机之后，德国制造业逐步采取智能化制造的先进模式，计划形成新兴绿色产业。根据德国贸易投资署统计数据，2009 年德国制造业附加值总额占到欧洲总体的 26%，排名欧洲第一。德国政府发布的《新高科技战略——德国创新》显示，2006 ~ 2009 年是德国发展高科技创新战略的第一阶段，共投入 146 亿欧元；2010 年，德国政府开启发展高科技创新战略的第二阶段，同时发布《创意、创新、增长——德国 2020 高科技战略》。2013 年，德国机械及制造商协会设立了"工业 4.0 平台"，标志着德国"工业 4.0"概念的正式诞生。德国"工业 4.0"不断为德国企业的创新发展提供有利条件，尤其是德国政府对各产业链的利益主体进行调控，注重产业创新体系的发展，并提供大量的研发资金和补贴。2019 年，德国政府发布《国家工业战略 2030》，提出全新制造业战略导向计划，期望 2030 年制造业在欧盟的增加值总额中占比提升到 20%，以此巩固德国在欧洲的经济技术实力和制造业领先地位。目前德国政府仍然大力支持先进技术的研发和应用，其在钢铁、铜及铝工业，设备和汽车机械制造产业，环保技术产业等多个重要制造业领域处于领先地位，具有很强的综合竞争力。

综上，本节对比并归纳了德国制造业发展历程中每个阶段的主要特点，具体见表 3-1。

表 3-1　德国制造业发展历程及主要特点

制造业发展历程	主要特点
第一阶段： 19 世纪早期至 1945 年	交通运输业作为工业化的先锋，迅速带动了制造业的发展，同时德国政府加速发展电子和信息产业等高新技术产业
第二阶段： 1946~1989 年	德国开始走"和平工业化"道路，充分利用比较先进的制造业研发基础、技术创新和人力资源，积极主动地推动制造业转型升级
第三阶段： 1990~2008 年	该阶段德国政府再次转型升级传统制造业，带来更多的高附加值产品，同时坚定地以制造业为中心发展实体经济
第四阶段： 2009 年以来	德国"工业 4.0"不断为德国企业的创新发展提供有利条件，尤其是德国政府对各产业链的利益主体进行调控，注重产业创新体系的发展

二　德国先进制造业发展对中国的经验启示

德国是全球八大工业国之一，其在工业化进程中的推动力量主要来自政府，与英、美市场的自主演变有着明显区别，德国服务业发展的方向和特点是以高新技术为核心不断集中。值得注意的是，德国在制造业生产中融入了生产性服务业，将其作为中间要素。德国的原材料生产加工、初级加工品制造等低端的优势产业逐渐转型，向着金融商务、研发咨询等高端生产性服务业不断演变。

（一）注重吸引中小企业参与，使其成为先进制造技术的创造者和受益者

德国"工业 4.0"计划中的关键一环就是中小企业的参与，力求在发展新一代智能化生产技术中，不仅使中小企业成为使用者、获益者，同时也能双面促进，使得其自身成为高新技术的发明者和供应者。德国制造能

够成功树立高端制造这一形象在很大程度上依托它们的中小创新企业。同时，德国借助集聚产业、资金供应等架构促进经济增长，使得服务业和制造业的融合更为快速有效。德国中小企业不仅 GDP 贡献率达到了 35%，而且承担了"工业 4.0"标准化中的大部分项目，并很好地完成了（陈旭芳等，2019）。"德国制造"凭借着"只求产品做好做精"的优秀经营理念获得了顾客良好的口碑，因此在全球市场中经常能够看到的一些处于龙头地位的产品正是出自德国中小企业，它们常常被冠以"隐形冠军"的美誉。其中，赫尔曼·西蒙在《隐形冠军》一书中指出德国拥有 1307 家"隐形冠军"，将近占全球一半的数量。

（二）以"双轨制教育"为支撑，推动服务业和制造业融合发展

德国本土所实行的"双轨制教育"注重学校和工厂的联合，实现了理论与实践相互融合的目标，鼓励企业协助制定国际标准，有助于培养应用型人才，有效促进了服务业和制造业共同成长。1969 年，德国颁布的《职业教育法》更加使"双轨制教育"变成体系完备的教育模式。"双轨制教育"十分关注专业复合型人才的培育，采用引进与培养相结合的方式，能够为优秀人才的自主创业提供支持。更重要的是，德国政府强有力的教育支出保障，进一步促使"双轨制教育"成为国民的终身制教育。

（三）以"工业 4.0"为统领，提升先进制造业的智能化水平

德国制定高科技战略"工业 4.0"计划的作用在于提高先进制造业的智能化水平，建立具有个性化与数字化相结合特点的产品与服务生产模式，在商业流程中培养客户伙伴。更重要的是，"工业 4.0"在发展中不仅能够充分展现市场的决定性作用，也能够发挥政府和社会组织的服务支持作用。首先是"智能工厂"，着重研究智能化生产系统及过程；其次是"智能生产"，主要涉及整个企业的生产物流管理、人机互动；最后是"智能物流"，整合和利用互联网、物联网以及物流网的关键资源，极大地提升现存物流供应方的效率。2013 年，德国正式推出《德国工业 4.0 战略计划实施建议》，提出建设"智能工厂"，实现制造业的"智能生产"，以此推进德国科研创新战略的发展。德国建成包含政府、企业、行业协会、研究院在内的合作平台，大力建设工业基础设施，同时创立技术大学进行技术研发，有助于不断促进德国制造业的发展。

第二节　日本先进制造业

一　日本制造业的发展历程

（一）以轻工业为主导的产业复兴阶段（1946～1955年）

日本该阶段的制造业处于第二次世界大战后恢复期，作为战败国的日本不仅经济不景气，制造业更是遭受了沉重打击。日本政府充分考虑到此时资源不足而劳动力丰富的现状，决定主要调整制造业产业结构，以发展基础原料工业和复兴轻工业为关键，最大限度地解决国内劳动力就业问题。

日本政府首先集中全国资源与力量优先发展煤炭、钢铁、电力工业和海上运输业，以尽快恢复和发展国民经济。1946年，日本制造业生产能力不到二战前最高水平的40%，同时，主要制造业产品的产量降至二战前的50%以下。[①] 因此，二战后日本制造业通过积极发展食品等轻工业来解决民用物资的短缺问题。纺织、食品、木材和印刷这四个轻工业部门的产值总和占比由1946年的32.5%上升为1950年的43%，更关键的是日本制造业增加值占GDP比重由1946年的25%上升为1955年的32%，由此可见，该阶段日本制造业在国民经济中的地位已经在逐步提高，同时也为其他产业的恢复创造了物质条件。在基础材料产业复兴的带动下，日本的造船、重型电机等传统制造业逐步恢复发展，尤其在1955年日本造船业成为全球第一，同时日本制造业还建立了电子、合成纤维等新兴工业部门。1946～1955年，日本制造业逐渐走向了全面复苏并超越二战前的最高水平。

（二）在重化学工业基础上的高速发展阶段（1956～1973年）

该阶段日本政府再次强调了优先发展重化学工业的方针，并且1955年以后，日本制造业以发展重化学工业为主。因此，相比于1946～1955年，本阶段轻工业的发展速度变慢。随着重化学工业产品的出口贸易比

[①] 《日本的波澜起伏的制造业历史进程》，搜狐网，2018年5月16日，http://mt.sohu.com/20180516/n537805868.shtml。

重逐渐提高，日本商品的国际竞争力得到了提高并且日本的国际收支状况得到了改善。1956~1973 年，重化学工业在日本制造业产值中的比重从 57% 飙升为 65.6%，其增长速度是该阶段整个世界工业国家里最大的。1971 年，日本主要制造业产品的产量成为排美国之后的世界第二，在重化学工业强劲增长的推动下，制造业占第二产业的比重不断加大。1956~1973 年，日本经济保持了年均 20% 的增长率，重化学工业化战略的实施促使该阶段日本经济得以飞速发展。

（三）在技术立国战略下制造业的转型升级阶段（1974~1991 年）

由于 20 世纪 80 年代激烈的国际竞争和贸易摩擦，日本政府对国家的科技发展战略进行调整，于 1980 年的《科学技术白皮书》中正式提出"技术立国"口号。经过不断地努力发展，1974~1991 年日本制造业产值占 GDP 比重持续高于 40%。随着制造业产品总量不断增加，日本制造业的综合国际竞争力持续提升。在 20 世纪 80 年代技术立国战略下，日本制造业不断发展新兴产业以及开拓其他相关领域，进入了转型升级阶段。日本在半导体工业、集成电路领域领先于美国，同时该阶段日本重点发展原子能产业、计算机产业与飞机制造业等知识密集型产业。20 世纪 70 年代到 90 年代是日本政府以创新超越为主的阶段，不断提升了日本高精尖产业的自主研发能力。最终，截至 1991 年日本已经是全球最大的集成电路生产国家，该阶段日本逐渐走向了制造业的顶流。

（四）制造业低谷调整阶段（1992~2008 年）

从 1992 年开始，由于国内外环境的诸多不利因素，以及自身"泡沫经济"的原因，并且日本制造业没能及时调整暴露出的诸多问题，最终日本大部分制造业企业的全要素生产率降低，这也意味着日本制造业逐渐走入调整期。在 1992 年以后，日本制造业生产指数连续出现负数，整个制造业企业的经营恶化甚至倒闭。此时日本制造业增长缓慢，走进了一个 10 余年的长期调整阶段。2001 年，制造业企业的营业利润减少了49.2%，在日本制造业领域的产业中，利润下滑和发生亏损的产业占64.7%。2002~2007 年，日本制造业开始进入一个新的发展阶段，摆脱了低谷时期的停滞状态。然而，2008 年爆发的金融危机让日本制造业遭受重创，因此日本制造业在此时处于低谷，相对来说发展较为缓慢。

（五）重振战略制造业阶段（2009年以来）

2008年金融危机爆发后，日本制造业增加值占GDP的比重大约为20%。2009～2017年，先进制造业出口的比重基本呈下行走势。为了重新振兴本国经济的发展，日本政府进一步丰富并强调"科技立国"战略的内涵，2016年日本剖析了应对"工业4.0"的相关政策措施，为尽早实现制造模式创新在技术、人才培养等方面做出了具体的体制机制安排。在本阶段日本制造业企业更加注重创新，科研人员数量以及专利申请数量实现了较大的突破，尤其在先进制造业和纳米技术等高精尖领域展现了实力，在全球百强制造业企业中日本占比超过40%。截至2016年底，日本人均制造业增加值和出口值分别排世界第一位、第四位，并且日本对国际制造业和对世界贸易的影响分别排在全球第二位、第三位。

综上，本节对比并归纳了日本制造业发展历程中每个阶段的主要特点，具体见表3-2。

表3-2　日本制造业发展历程及主要特点

制造业发展历程	主要特点
第一阶段：以轻工业为主导的产业复兴阶段（1946～1955年）	该阶段为日本第二次世界大战后制造业的恢复期，主要调整制造业产业结构，以基础原料工业的倾斜式发展和轻工业的复兴为先导
第二阶段：在重化学工业基础上的高速发展阶段（1956～1973年）	该阶段日本制造业以发展重化学工业为主，轻工业的发展速度相对变慢，提高了日本商品的国际竞争力并改善了日本的国际收支状况
第三阶段：在技术立国战略下制造业的转型升级阶段（1974～1991年）	该阶段日本制造业积极发展新兴产业、开拓新领域，进入了转型升级阶段。日本在半导体工业、集成电路领域领先于美国，重点发展原子能产业等知识密集型产业
第四阶段：制造业低谷调整阶段（1992～2008年）	日本众多制造业企业的全要素生产率降低，日本制造业生产指数连续出现负数，整个制造业企业的经营恶化甚至倒闭
第五阶段：重振战略制造业阶段（2009年以来）	日本政府进一步丰富并强调"科技立国"战略的内涵，本阶段日本制造业企业更加注重创新，尤其在先进制造业和纳米技术等高精尖领域展现了实力

二　日本先进制造业发展对中国的经验启示

（一）引导制造业智能化、信息化转型

日本政府通过采取发布政策文件的措施引导并促进制造业智能化、

信息化转型，尤其重点关注公共领域并取得了良好效果，促进了先进制造业的发展。日本的先进制造业同样包括两部分：一是传统优势制造业的升级改造，比如用人工智能与物联网相融合的方式改造汽车等；二是新技术的应用与普及，比如与大数据、纳米技术密切相关的智能家居产业等。相比于新技术的应用，日本政府同等程度地注重引导传统优势制造业的智能化、信息化转型，重视基础技术和应用研究双轮驱动。例如，日本政府于2016年提出"互联工业"，希望通过人工智能和大数据实现人与机器、企业与企业之间的相互协作，从而提升企业价值。2018年，日本发布《日本制造业白皮书》，提出日本制造业应基于机器人等智能技术，运用云计算等多种信息技术相互结合的方法，不断优化升级企业的生产运营模式。

（二）以普惠性政策支持推动先进技术的应用

在日本的先进制造业发展过程中，财政政策发挥着重要作用，政府主导产业发展是长时期的主旋律。政府投资支出影响着企业的发展，资本流入制造业会促进产业规模扩大，并且投资乘数效应产生作用，产业规模增大则会促进企业加大投资力度，从而形成良性循环。因此，日本政府政策的减税、补贴等措施能够减少相关企业的技术应用推广与采购成本，从而有效促进重点扶持产业飞速发展。日本以税收政策和财政支出引导制造业的升级，助推优质企业持续扩张。

日本的相关财政政策支持大多关注基础设施和公共技术研发环节。例如，2014年日本政府实施对先进制造技术设备进行投资的企业可享受减税5%的税收优惠政策，并且日本政府对于引进先进制造技术设备的中小企业额外减少7%的税收，在很大程度上提升了中小企业引进和应用新技术的意愿。日本政府对开展研发活动的中小企业减免试验研究经费12%的税额，同时对自主采购先进设备的部分学生进行政府补助。并且，2014年日本政府额外多投入30亿日元用于数字制造设备等公共基础设施的更新换代。可见，日本政府以普惠性政策支持推动了先进技术的应用，鼓励并吸引企业采用新型设备改造提升传统生产线。

（三）以加大科学教育支出完善人才培养综合配套措施

人才在各国先进制造业企业的竞争中均发挥关键作用，先进制造技术的研发关键在于科技人才的培养，日本政府高度重视本国的科学教育支出，由此同样能够促进先进制造业的升级。企业在研发新兴技术时，收益与风险并存，但是政府科技支出为企业研发投入提供了最根本的保障。科学教育投资既有利于技术开发，也能够积累培养更多的科技人才，更加能够促进高质量人才涌入高技术产业部门，可见科教支出在一定程度上加速了先进制造业的不断升级。

例如，2015 年日本政府发布了《机器人新战略》，提出了人才培养综合配套措施，呼吁企业积极培养软件、系统集成等专业型人才；2020年召开"机器人奥林匹克竞赛"，并且设置专门奖项对人才进行鼓励支持。日本政府花费将近 18.1 亿日元实施人才项目，派遣有先进制造业经验及互联网等技术的人才协助中小企业的转型升级。通过技术开发建立人才流水线，大量培养先进制造业增长所需的复合型人才和技术工人，能显著促进先进制造业的发展。

第三节　美国先进制造业

一　美国制造业的发展历程

（一）制造业在"工业化"进程中的发展（1870～1960 年）

19 世纪后期美国主要发展重工业、采掘业和交通运输业，由于第二次科技革命兴起，美国借此从欧洲大规模引入先进技术，最终实现了对欧洲的追赶，并确立了制造业强国的地位。1870 年，美国制造业产出已经占到全球的 1/4。19 世纪 80 年代中期，美国便超越英国成为世界第一的工业强国。1894 年，美国在钢铁、机器制造等传统部门和电气等新兴部门的产值均排名全球第一。两次世界大战给了美国难得的发展机遇，使得美国的制造业在规模和技术上均处于世界领先水平，巩固和提升了美国的工业霸主地位。1947 年，美国生产的石油总量占全球的 62%，汽车总量占 80%，并且 1948 年美国的出口总量占全球的 1/3。由此可见，美国在"工业化"进程中在钢铁、汽车等重工业方面呈现井喷式发展，最终美国成为二战后拥有建立和维护世界经济秩序的最高话语权。综合来看，虽然美国在"工业化"进程中出现几次经济波动，但美国制造业依旧具有领先优势。

（二）制造业在"去工业化"进程中的发展（1961～2008 年）

自 20 世纪后半期以来，美国经历了约 50 年的"去工业化"发展。在"去工业化"阶段，美国经济"空心化"的现象较为严重，其制造业在国家经济中所占的比重过快下滑。在该阶段美国将劳动密集型和污染比较严重的产业转移到其他国家，尤其将制造过程以外包形式转移至亚洲发展中国家，而在美国国内仅保留技术密集型产业。由于"去工业化"程度不断加重，制造业增加值占 GDP 的比重以及制造业就业人数所占比重都呈严重的下滑趋势，美国制造业增加值在 GDP 中的占比由 1961 年的 25.4% 急剧下降为 2007 年的 12.8%，相比 1961 年降低接近一半。然而，尽管此时产业"空心化"问题尤为严重，美国政府仍继续发展第三产业。直到 2007 年美国发生次贷危机，才让美国政府真正开始思考"去工业化"战略的正确性，此时的美国亟须制造业来推动经济增长。

（三）制造业在"再工业化"进程中的发展（2009 年以来）

遭遇 2008 年金融危机后，美国政府正式提出"再工业化"战略，主要计划通过科技创新战略、扩大出口、税收减免政策、改革教育体系、支持中小企业发展和加强基础设施建设六个方面来提升自身工业化发展的水平。美国政府尤其关注新材料、新能源和先进制造业三个领域，并指出美国应大力发展先进制造业以及引导制造业企业回归。2009 年，美国政府发布《制造业复兴框架》，标志着美国正式开启"再工业化"进程。2011 年，美国启动"先进制造伙伴关系"计划，号召社会创造更多的制造业工作机会，呼吁企业投资于新兴技术。2012 年，美国发布《先进制造业国家战略计划》，为中小企业提出五大目标和具体建议。这一系列政策措施都十分有助于促进美国先进制造业发展，从而进一步提高美国制造业的综合竞争力。更重要的是，美国政府 2016 年末正式提出"企业回归"战略，计划通过降低企业成本来吸引制造业企业回归本国。在上述一系列政策推动下，根据波士顿咨询公司的数据，2010～2018 年美国回迁企业数量达到 1912 家，这些企业的回迁促进了美国的经济和就业发展，"再工业化"战略和"企业回归"战略取得了良好的成效。

综上，本节对比并归纳了美国制造业发展历程中每个阶段的主要特点，具体见表 3 - 3。

表 3 - 3　美国制造业发展历程及主要特点

制造业发展历程	主要特点
第一阶段：制造业在"工业化"进程中的发展（1870～1960 年）	主要发展重工业、采掘业和交通运输业，并确立了制造业强国的地位，最终成为世界第一的工业强国
第二阶段：制造业在"去工业化"进程中的发展（1961～2008 年）	在"去工业化"阶段，美国经济"空心化"的现象较为严重，其制造业在国家经济中所占的比重过快下滑
第三阶段：制造业在"再工业化"进程中的发展（2009 年以来）	美国政府正式提出"再工业化"战略，主要计划通过科技创新战略、扩大出口、税收减免政策、改革教育体系、支持中小企业发展和加强基础设施建设六个方面来提升自身工业化发展的水平

二　美国先进制造业发展对中国的经验启示

（一）建设国家制造业创新中心，为创新提供支持

美国积极主动采取建设多个国家创新中心的方式来推动核心技术研发，巩固其在全球创新方面的领先优势。其中，相关部门协同创新中心会员通过研讨会来确定研发需求优先级，并由创新中心负责牵头，采取积极措施，最终由会员企业实现技术成果的转化。同时，以需求为导向，构建技术发展链条，增加先进制造业技术投资，尤其是帮助中小企业合理利用联邦政府的力量和设施进行技术创新。

例如，2013 年美国政府成立了"数字化制造与设计创新研究所"，并为五家联邦部门提供两亿美元的资金。2014 年，美国政府首个制造业中心"复合材料制造业研究所"成立。截至 2016 年，美国成功建立了先进复合材料、集成光子、灵活混合电子、新一代电力电子、轻型现代金属等 9 个制造业创新研究所。可见，美国通过建设国家制造业创新中心，旨在提高企业生产效率，优化供应链，并提升能源与材料的使用效率。

（二）鼓励政产学研合作，促进技术转移转化

美国通过鼓励政产学研合作，真正实现技术的转移转化。研发基础设施共享是实现先进制造技术被应用推广的基础，美国的政产学研共同创立国家创新中心，该创新中心的成员包括公司、研究型大学、社区学

院和非营利机构，并且由联邦政府和私营部门按照 1∶1 比例共同出资筹建，以此通过研发基础设施共享，缩短技术推广时间并促进交叉技术的创新。同时，美国实施创新集群政策，通过整合政府、企业和一切社会团体的研发资源，最终实现产品发明到产生效益的整个链式环节的一体化，有利于实现先进制造技术真正的转化。

例如，2012 年美国为了实现企业、高校、科研机构、各级政府的合作，投资 10 亿美元用于创建美国国家制造创新网络，从而能够共同克服跨领域的技术和产品发展障碍。美国先进制造技术联盟分别于 2013 年和 2014 年依次对 19 个联盟进行两轮资助，总额分别为 900 万美元和 560 万美元。由此可见，美国先进制造技术联盟通过提供研究基金，依次调动产业界、学术界和政府机构加入先进制造技术联盟的积极性，这样有利于找出产业界长期面临的技术需求，从而解决阻碍先进制造业发展的技术困难，更有利于实现先进制造技术真正的转移转化。

（三）既关注发展新兴产业，又重视对传统制造业的改造

在实践中，"新""旧"两种制造业一直都被美国所重视。前者是基于计算机网络科学关于融合信息技术、自动化计算这些技术的先进制造业；后者是涉及智能机器人、先进陶瓷等领域的先进制造业，其基础是依托物理和生物科学与新材料和新技术的创造应用。不仅能够将先进技术不断升级应用于钢铁、汽车等传统行业，更将先进的管理模式融入其中，这是美国传统行业的一大优势。一旦传统企业在组织生产、运作链节点等各个环节都能以先进的管理模式作为支撑，那其将重新获得成本和规模等各个方面的优势。

例如，2009～2013 年，美国财政部和能源部总共开展两轮先进能源制造抵税计划。同时，2013 年底美国能源部宣布启动 SunShot 计划，投入 1300 余万美元发展太阳能制造业，促使光伏及太阳能热发电技术商业化进程加速，由此加强美国在太阳能行业的竞争力。2013 年，美国发布《制造业创新网络计划》，以此建设全国性创新网络。该网络由 45 个制造创新中心和一个协调性网络组成，专注研发具有潜在革命性影响的关键技术，如 3D 打印技术等，并着力于打造一个世界先进技术和服务的区域中心。美国对此类技术的发展也是毫不吝啬，2015 年末在人力资本投入方面，美国高端工程数总占比高于 80%；在财力资源投入方面，R&D 经费投入高达 4630 亿美元。正是这种大力度的投入推动了美国高新技术产业的高效发展。

第四节　中国先进制造业

一　中国制造业的发展历程

随着经济全球化和技术不断进步，制造业的生产方式产生显著变革，催生了以高效、创新、绿色、产品附加值高为特点的先进制造业。根据发展环境和发展方式的不同，新中国成立以来我国制造业的发展历程主要可划分为以下四个阶段。

（一）第一阶段：1949~1978 年

总体来说，该阶段的制造业发展速度比较缓慢，呈现典型的重工业化特征。新中国成立初期，工业基础非常薄弱，"一五"计划期间（1953~1957 年）开始集中力量实施优先发展重工业的经济战略，现代化的钢铁工业、机器制造工业、燃料工业、化学工业等行业得到初步发展，向实现社会主义工业化迈进。1956~1966 年，新中国的制造业在曲折中艰难前进，初步建立了完整和独立的社会主义工业体系。1967~1978 年，我国制造业严重受挫，工业企业的整体利润率呈现先增后减的趋势。

（二）第二阶段：1979~2000 年

该阶段需求拉动中国制造业快速增长，经过产业结构多次调整，轻重工业逐步得到均衡发展。党的十一届三中全会提出了开放发展的道路，工业化建设全面展开，中国制造慢慢被世界所关注，我国开始意识并重视农业、轻工业、重工业的均衡增长。到 20 世纪 90 年代，我国的工业化进程在基础建设方面取得重大进展。1997 年，国家制订"973 计划"的关键在于处理国家战略需求中存在的比较重大的科学问题，同时面向前沿高科技战略领域超前部署基础研究。此时中外合资、合作企业和外资企业在多个制造行业领域得到建立，地理分布呈现长三角、珠三角和环渤海三大重点工业区域，产业结构逐渐呈现平衡状态。

（三）第三阶段：2001~2008 年

该阶段中国制造业进入新一轮迅速发展期，在国民经济中的主导地位不断增强，开始重点发展高技术产业和现代重化工业。在产业结构优化及政策导向的背景下，在正式加入世界贸易组织之后，2001～2007年中国工业生产总值大约保持在25%的高增长率（唐晓华等，2020），中国制造业的海外市场得到了进一步的拓展，完成了中国制造业"走出去"的目标。2006年，"十一五"规划着重提出"优先发展先进制造业"，国家开始快速发展以计算机、电子工业等为代表的高新技术产业，汽车、工程机械、电子与通信等产业的产品创新尤为迅速，推进制造业整体产业链的繁荣发展。

（四）第四阶段：2009年以来

该阶段虽然受到2008年金融危机的影响，但我国制造业总体发展规模仍然不断扩大，在全球的国际竞争力和经济地位不断提高，完善的产业体系逐渐建立起来。同时，提速传统制造业转型升级，集中发展先进制造业日益成为我国乃至世界的发展趋势，并且我国的一系列计划政策继续大力推动先进制造业的发展。

2010年我国制造业总产值超越美国成为全球制造业第一大国，2011年之后我国制造业由追求高速增长转为追求高质量发展。2012年，国务院印发《"十二五"国家战略性新兴产业发展规划》后，各省份开始致力于打造一批具有国际竞争力的先进制造业基地。2015年，我国进一步明确了先进制造业发展的战略方向。2016年的"十三五"规划强调，要推进工业化和信息化深度融合发展，促进产业达到中高端水平，并培育有全球影响力的先进制造基地和经济区。2017年，党的十九大报告再次明确指出"加快发展先进制造业"以及"培育若干世界级先进制造业集群"，以此推动互联网、大数据、人工智能和实体经济的深度融合，建设制造强国。据赛迪顾问发布的《2019先进制造业城市发展指数》，2019年中国先进制造业城市发展指数排名前10的城市平均得分比上一年提高0.28个百分点，排名前50的城市平均得分比上一年提高1.05个百分点，可见我国产业结构调整取得新成效，制造业正在向着更高的水平发展。"十四五"时期先进制造业集群的建设与发展将全面提速，推动集成电路、航空航天、先进电力装备等产业发展。党的二十大报告明确指出，推动制造业高端化、智能化、绿色化发展。

综上，本节对比并归纳了中国制造业发展历程中每个阶段的主要特点，具体见表 3 – 4。

表 3 – 4 中国制造业发展历程及主要特点

制造业发展历程	主要特点
第一阶段： 1949 ~ 1978 年	该阶段的制造业发展速度比较缓慢，呈现典型的重工业化特征
第二阶段： 1979 ~ 2000 年	需求拉动中国制造业快速增长，经过产业结构多次调整，轻重工业逐步得到均衡发展
第三阶段： 2001 ~ 2008 年	中国制造业进入新一轮迅速发展期，在国民经济中的主导地位不断增强，开始重点发展高技术产业和现代重化工业
第四阶段： 2009 年以来	制造业总体发展规模仍然不断扩大，完善的产业体系逐渐建立起来，我国的一系列计划政策继续大力推动先进制造业的发展

二 中国先进制造业的经验启示与发展方向

德国先进制造业的竞争优势主要体现在电气、电子、信息和通信的技术创新以及"双轨制教育"人才保障方面；日本先进制造业的竞争优势主要体现在研发人员与专利方面；美国先进制造业的竞争优势主要体现在人才、研究、技术与创新领域的投资、法律监管环境方面。可见，通过学习与借鉴德、日、美三国促进先进制造业发展的政策措施，我国能够早日实现制造强国的目标。并且，党的十九大报告提出"创新、协调、绿色、开放、共享"的新发展理念，强调应该科学发展，对发展的目标和路径等做出了准确全面的判断。因此，在借鉴德、日、美三国促进先进制造业发展政策措施的基础上，走高质量发展道路是我国先进制造业在新时代背景下的责任与担当，更是应对风险挑战、实现制造强国的必由之路。

（一）发挥创新驱动作用，引领高质量发展

高效发挥创新驱动在先进制造业发展中的指引作用，以抢占国际竞争制高点为核心目的，凭借"互联网＋"行动计划，采取增加产品功能、提升技术能力、创新商业模式和管理方式等手段，为先进制造业高质量发展增添强大动能。第一，建立新型机制模式，以此促进政府与社会合作及政产学研等形成产业创新战略联盟，关注先进制造业的重点领域，加快科技成果的转化，高效利用现有科技资源，全力攻克重大技术

难关并产业化应用，建设一批先进制造业创新中心。第二，引进和培养创新型人才。首先完善并合理实施制造业人才培养计划，然后重点培养专业技术人才和高级技能人才，并且加强发展统筹规划和指导，最终完善从研发到管理整个过程的多层次人才培养体系。第三，着力弘扬企业家精神。培养企业家的创新意识，可以通过分类别构建多个平台来增强企业家之间的交流与合作，呼吁企业家们牢牢树立和坚守正确的价值观和强烈的社会责任感。

（二）巩固协调发展路径，完善市场创新机制

基于新发展理念，关键是要协调产业内部不同生产部门之间和产业链上下游之间的关系，以此来解决目前我国实体经济结构供需失衡、发展不平衡不充分的问题。首先，扩大有效供给，培育"链主式"企业。本土企业应当充分且高效利用我国巨大内需市场和市场创新机制的优势，目标是发展为"链主式"企业，大幅提升产业配套能力。着力搭建以公共服务平台和工程数据中心为关键支撑的先进制造业创新网络。其次，转变政府职能，做好顶层设计，深化科技体制、金融体制等改革，恰当处理企业、政府以及市场三者的关系，充分发挥市场的资源配置作用，加速建立市场化的创新方向选择机制和鼓励创新机制。最后，形成以长三角、粤港澳以及成渝城市群为载体的区域共同市场，根据先进制造业高质量发展要求做好顶层设计，联合区域共同体中的地方政府制定和完善标准化规则。

（三）推动绿色化转型，保障持续效益

在先进制造业高质量发展的过程中必须牢固树立绿色发展理念，引导及推动制造产业向持续健康的方向发展。将过去的粗放式经济逐步扭转为绿色高质量发展的经济，可从以下几个方面入手。第一，构建绿色设计、绿色生产、绿色工厂、循环经济的绿色工业体系，构建科学合理的产业发展布局。第二，主动提高资源利用效率和生态创新的能力，运用能源动态监测和优化管理。采取树立典范和政策激励等方式推动先进制造业向"智能＋绿色"转型，全面推动化工、钢铁、建材等传统制造业的绿色改造，降低产品生产和使用的能量损耗，建设多个绿色数据中心和基站，助推新能源和新材料的低碳环保发展。第三，完善与生态保

护相关的法律法规，落实环境保护的倒逼机制，完善先进制造业行业生产经营标准规范，把环境保护相关的条款作为衡量企业绩效的方法之一，加大节能环保监督力度，建立并完善企业社会责任报告制度。

（四）贯彻开放发展思想，促进双循环有效联动

合理利用国际国内的市场资源，实现高质量发展和强劲的可持续发展。基于新发展理念，开放能够解决内外联动问题。作为"一带一路"建设中的倡议者，我国先进制造业企业更应该加大国际合作力度和拓展市场渠道，利用大数据等先进技术精准识别客户需求，为先进制造提供产业转移机会，可以从两方面入手。第一，鼓励并协助先进制造业企业拓展国际市场，同时通过供需升级加快国内外经济融合发展，建立并优化制造业产品升级机制，培育具备国际竞争力的先进制造业集群。第二，加强与共建"一带一路"国家的交流合作，借助"一带一路"建设，利用不同企业的技术、工艺和供应链能力，实现从出口贸易到全球价值链生态圈平台的升级，从而实现拓宽多元化进口渠道和提升国际竞争优势的终极目标。

（五）实施细分行业分类推进计划，着力培育优质先进制造业集群

第一，根据制造业发展要坚持整体推进、重点突破的原则，借鉴德、日、美等国关于先进制造业的发展经验，我国可以实施先进制造业细分行业的分类发展战略计划。专用设备制造业等八大细分行业在国内具有明显的优势和较大的发展潜力，在经济、管理、科技、环境四个方面均起到了带头作用，应根据八大细分行业的各自特点，因地制宜地打造若干国内先进制造业明星企业，形成区域优势产业链，带动重点行业突破发展。政府和企业需根据各产业技术优势特点、市场所处的不同生命周期阶段，差异性地选择其支持先进制造业发展的参与形式，协同助推各行业发展。例如，对于计算机、通信和其他电子设备制造业，企业可以实施其主导的市场化自由发展模式。政府应简政放权、实施创新管理、全面激发企业活力，让市场主体自主决策。对于医药制造业，政府可以实施引导型发展模式。政府可以通过制定财税优惠政策，扶持建设一批领先的基础性设施，营造良好稳定的政策支撑环境。增加先进技术的研发投资，加快推动核心技术的突破。对于专用设备制造业，政府和企业

双方可以共同构建合作平台，实现互利共赢，重点引导企业优化产品结构，培育核心技术和创新能力突出的国际领军企业。

第二，培育具备核心竞争力和国际影响力的先进制造业集群，着力打造产业地标，构建立体产业生态系统。德国依靠"双轨制教育"为先进制造业产业集群的持续发展提供高质量技术人才，重点发展高技术行业。日本政府采取"中央主导、地方配合"的制造业集群发展模式，实现了产业集群的最大化经济效益。美国的先进制造业产业集群不仅依靠高技术企业的汇集，而且依赖中介配套服务能力的提升，具有类型多样、技术先进的特点。培育先进制造业集群是实现先进制造业转型升级的关键依托，能够提升企业的综合竞争力。因此我国政府可以借鉴德、日、美等工业发达国家关于产业集群的发展经验，加快推进先进制造业重点产业集群发展，进行市级、省级、国家级层面的产业集群顶层设计。把握各产业资源集聚、创新投入以及政策鼓励的优势，加快培育物联网、集成电路、高端软件与装备、高分子材料以及新能源等各类集群，进行分区域、分行业、分层次布局与分工。加快建立技术、投资和服务等中介体系，为先进制造业集群的可持续发展提供配套服务。

第四章　先进制造业竞争力测度与评价

本章首先在对竞争力理论研究的基础上，归纳总结出学者们常用的竞争力评价方法。其次借鉴已有的竞争力评价指标体系研究，综合考虑了规模因素、增长因素和效率因素三个方面，构建我国先进制造业竞争力评价指标体系。最后依据先进制造业竞争力评价指标体系，对 2009 ~ 2019 年我国 1425 家先进制造业上市公司的竞争力指数进行测算，从区域、行业、产权、生命周期、企业战略等方面对竞争力进行异质性分析，并得出相关结论。

第一节　竞争力评价方法

竞争力评价的方法主要有因子分析法、主成分分析法、数据包络分析法和层次分析法等。因子分析法和主成分分析法的基本思路都是通过降维来简化数据，但数据处理有所差异。数据包络分析法利用数学规划模型，通过效率分析提供决策信息。层次分析法则将定量与定性的方法相结合，用于确定各指标的权重。上述方法在评价指标体系构建和综合评价分析中各有所长，根据评价指标性质和评价目的的差异，需要对各评价方法进行选择和组合，取长补短，以减小可能产生的偏差。

一　因子分析法

因子分析法（FA）是一种通过降维以简化数据的多元统计方法。该方法的基本思路是，首先分析初始变量相关性系数矩阵的内部结构，根据变量相关性进行分组；然后提取出少量互不相关且不可观测的随机变量作为因子，代替原来数量相对较多、互相关联的初始变量，从而提取出初始变量绝大部分信息。因子分析法根据不同因子对变量进行分类，将具有错综复杂关系的变量综合为数量较少的几个因子，用选取的公因子集中反映初始变量所含有的大部分信息，以再现初始变量与因子之间的相互关系，从而起到简化分析的作用。

因子分析法主要使用浓缩后的综合因子对原模型进行解释，相较初始因子而言，浓缩后的综合因子更具有解释价值。也就是说，因子分析法以具有代表性的各自独立的变量来体现原变量的大部分信息，从而具备在研究产业层面竞争力时的天然优势。作为一种科学有效的方法，因子分析法在同一系统内进行比较和排名非常方便，可以更好地实现系统内鼓励与惩罚的实施，明确先进制造业在产业层面的竞争力发展水平。

因子分析法与熵值法、灰色关联度分析法等其他评价方法的结合使用能够简化分析对象的结构，使评价结果更具科学性、客观性。如赵雪阳等（2019）在构建北京市"一村一品"发展竞争力评价体系时，采用因子分析法对北京市各区县"一村一品"发展竞争力进行评价，指出了其"一村一品"发展过程中存在的主要问题。任永泰等（2020）将因子分析法与灰色关联度分析法相结合，构建生态农业经济竞争力评价指标体系，并进行排序聚类，研究发现农业科教支持竞争力为核心竞争力，提升农业科技水平是提升黑龙江省生态农业经济竞争力的核心途径。

二 主成分分析法

主成分分析法（PCA）是一种统计分析方法，它的目标是通过初始复杂数据维数的压缩，将多元数据特征在低维空间中反映出来，从而高效地找出数据中的主要部分，去除整个数据中的噪声和冗余，突出初始数据中的隐含特性。因此，越来越多的研究集中在主成分分析法和其他方法（如聚类分析法、专家模型、GMM 等方法）相结合的应用上，并取得了很好的效果。如迟国泰等（2009）在现有商业银行竞争力评价指标的基础上，运用主成分分析法对该指标体系库的指标进行筛选，构建了商业银行竞争力评价指标体系。鲁小伟和毕功兵（2014）则针对应用数据包络分析法进行文化产业效率评价指标选取方面的局限性，通过主成分分析法得到文化产业 DEA 投入产出指标体系，以此进行科学分析和比较研究。王伶（2021）基于工业规模、产业效益和技术创新能力的指标，采用全局主成分分析法对湖北省 17 市（州、区）的工业竞争力水平进行了动态评价，研究发现湖北省各市（州、区）的工业竞争力水平非均衡性明显。

三　数据包络分析法

数据包络分析法（DEA）是在相对效率的基础上提出的一种系统分析方法。该方法利用数学规划模型，通过"评价"的方法，判断同类型的多输入、多输出的决策单元的相对有效性。具体来说，由于每个决策单元都有生产要素的投入和产品的产出，也就是说这些决策单元都有相同的输入和输出，所以可以将这些决策单元都看作相同的实体。根据对每个决策单元的输入和输出数据的综合评价与分析，数据包络分析法对其进行优劣排序，以便得出效率最高的决策单元，并且可以看出其他决策单元非有效的原因和程度。此外，该方法还可以对决策单元的投入规模给予建议，比如是扩大还是缩小，程度是多少。

数据包络分析法作为一种效率评价方法，很多学者选用该方法分析公司层面的竞争力。我国学者应用数据包络分析法研究企业竞争力也有过一些探索，如黄建康和吴玉娟（2017）采用数据包络分析法对我国16家上市商业银行竞争力进行实证分析，为商业银行未来投入的增加、减少以及侧重点提供了决策依据。此外，还有些研究将数据包络分析法作为工具，以研究企业的竞争力与成长效率的关系，如侯雪和陆平（2019）利用主成分分析法和数据包络分析法，对中国20个前沿新兴产业的竞争力水平和竞争力成长效率进行深入分析，结果表明，中国前沿新兴产业整体状况良好，从成长效率来看，部分行业竞争力成长效率值偏低，行业投入结构存在不合理问题，亟须调整。

四　层次分析法

层次分析法（AHP）是20世纪70年代中期由美国著名运筹学家Saaty提出的科学决策方法。它既采用具有适应环境变化的灵活性的"相对标度"，同时又充分利用专家的经验和判断，并能对其误差做出估计，由于灵活而又实用的多准则决策特性，其被广泛应用于非完全定量数据的分析，如绩效评估、最优决策等。

层次分析法把依靠主观经验进行判断的定性问题定量化，具备较强的条理性和科学性。该方法不仅包括人们主观的逻辑判断和分析，而且运用客观的数据计算和推演，充分发挥定性分析与定量分析的优势，但是在具体的应用中也存在一些局限性。已有学者们应用层次分析法对指标进行权重分析，进而构建相关产业竞争力评价指标体系。如王淼等（2016）提出了基于层次分析法的竞争性战略联盟稳定性评价体系，通过定性与定量分析相结合的研究方法，对影响竞争性战略联盟稳定性的因素进行分析。闫世刚（2017）基于层次分析－模糊综合评价法构建北京市新能源产业竞争力评价指标体系，并进行定量研究。张海洋等（2020）在品牌竞争力内涵分析的基础上，运用层次分析法对内部环境、政府支持程度、组织文化核心价值和结合外部市场的特定环境 4 个指标进行权重分析，得出影响合作社品牌竞争力的关键要素。

第二节　先进制造业竞争力评价指标体系构建

通过对相关文献进行梳理，在遵循综合性、可操作性、显见性和独立性等构建原则的基础上，本节主要借鉴已有学者的竞争力评价指标体系，结合先进制造业特征，建立先进制造业竞争力评价指标体系。

一　先进制造业竞争力评价指标体系的构建原则

在构建先进制造业竞争力评价指标体系的过程中，一般需要遵循如下几个原则。第一，综合性原则。所选择的评价指标要具备较强的综合性，能够体现理论与实际的结合，尤其是显示性指标要具备一定的综合性。第二，可操作性原则。评价指标涉及的相关数据资料要能够较为容易地取得，便于竞争力的评价与分析。对于定量指标，应尽量从适于量化的指标中选取；对于定性指标，则要通过恰当的量化标准转化为定量标准的一部分。第三，显见性原则。所选取的指标要与竞争力有十分紧密的关系，能够较为直接或者间接地知悉二者的关系。第四，独立性原则。所选取的指标应该彼此相互独立，避免出现包含与被包含的关系，同时要尽量消除指标深层的相关关系。

二　先进制造业竞争力评价指标的确定

以往学者从不同角度出发，建立了一系列测度企业竞争力的方法，主要包括综合指数评价法、模糊综合评价法、因子分析法、主成分分析法、层次分析法等。企业竞争力的度量方法众多，其中金碚在《中国企业竞争力报告（2003）——竞争力的性质和源泉》中提出的中国工业企业竞争力监测指标体系（CBCM）的国内影响力最大。金碚（2003a）在建立中国工业企业竞争力监测指标体系时，采用了定性与定量相结合的方法，从测评指标和分析指标两方面设计指标体系，逻辑线路清晰，理论依据可靠。

李钢（2004）的实证研究结果表明，在中国工业企业竞争力监测指标体系中，出口收入占销售收入比重这一项指标对企业竞争力的贡献、与企业竞争力的相关性都较小，解释力也较弱，且使用问卷调查测评在实务中缺乏可行性。盛安琪等（2018）也指出，企业竞争力的调研测评数据直接内生于企业的基础竞争力水平，因此由公司财务数据合成的基础竞争力得分往往具有更强的解释力。

基于上述分析，本节主要采用金碚（2003a）企业竞争力中的显示性指标反映企业竞争力的强弱，并删除对竞争力贡献较小的出口收入占销售收入比重这一指标，最终将规模因素、增长因素和效率因素三个方面作为企业竞争力的评价要素，从这三个方面选取先进制造业企业竞争力的评价指标。

1. 规模因素

本节选取先进制造业营业收入（X_1）、净资产（X_2）和净利润（X_3）三个指标作为衡量规模水平的指标，这些显示性指标可以从不同的方面反映企业的规模变化，与企业的规模密切相关，一般而言，企业的规模越大，这三个指标也会越大。

2. 增长因素

营业收入增长率（X_4）和净利润增长率（X_5）是衡量企业经济增长效益的关键指标。营业收入增长率是评价企业成长状况和发展能力的重要指标，用某企业的营业收入增长额与上年营业收入总额的比值来表示。净利润增长率用某企业的净利润增长额与上年净利润总额的比值来表示，该指标越大，表示企业盈利能力越强。

营业收入增长率 = 营业收入增长额/上年营业收入总额

净利润增长率 = 净利润增长额/上年净利润总额

3. 效率因素

股东权益报酬率（X_6）、总资产利润率（X_7）和全员劳动效率（X_8）是衡量企业效率因素的代表性指标。股东权益报酬率用某企业的当期利润与平均净资产的比值来表示，企业的平均净资产是企业当期期初净资产和期末净资产的平均值。总资产利润率是反映企业获利能力的一个重要指标，用企业的当期利润与平均总资产的比值来表示。全员劳动效率既反映了企业全部劳动消耗，又反映了企业合理使用全体员工的效果，能够从整体上反映整个企业全体员工的平均劳动效率，在本节中用营业收入与员工总人数的比值来表示。

$$股东权益报酬率 = 当期利润/平均净资产$$
$$总资产利润率 = 当期利润/平均总资产$$
$$全员劳动效率 = 营业收入/员工总人数$$

三　先进制造业竞争力评价指标的实证分析

（一）数据来源

本章以 2009~2019 年我国 A 股先进制造业上市公司为研究样本，剔除 ST 及 *ST、存在缺失值数据的先进制造业上市公司样本，最终保留了 1425 家上市公司 9139 条样本观测值。研究中使用的数据来源于国泰安数据库，并且利用 Excel 和 SPSS 27.0 软件进行数据整理和相关处理。

（二）信度分析

信度分析是对先进制造业竞争力指标体系各评价指标之间一致性的评价与分析，本节采用克隆巴赫系数（Cronbach's Alpha）来评价先进制造业竞争力评价指标体系的内在一致性，对其进行一般性的信度检验。信度作为效度的必要非充分条件，它会影响各观测变量之间、潜变量之间的相关关系和因果关系。如果先进制造业竞争力评价指标体系的信度较差，各观测变量和潜变量之间有可能存在较大的随机误差，因此，本节首先对先进制造业竞争力评价指标体系进行信度检验。

一般而言，克隆巴赫系数超过 0.60 即可认为信度是可接受的。根据表 4-1 可知，本章设计的先进制造业竞争力评价指标体系的克隆巴赫系数为 0.716，超过信度临界值 0.60，表明先进制造业竞争力评价指标体系信度较高，具有一定的可靠性，有利于模型参数拟合。

表4-1　先进制造业竞争力评价指标体系信度分析

克隆巴赫系数	基于标准化项的克隆巴赫系数	项数
0.716	0.604	8

（三）效度分析

KMO 是判断数据是否适合做因子分析的正向指标，KMO 越接近 1，说明数据相关性越强，越适合进行因子分析。如表 4-2 所示，KMO 为 0.648 > 0.5，另外巴特利特球形检验对应的显著性水平为 0.000 < 0.05，故样本数据适合进行因子分析。

表4-2　KMO 和巴特利特球形检验

KMO 取样适切性量数		0.648
巴特利特球形检验	近似卡方	47405.985
	自由度	28
	显著性	0.000

（四）因子分析

经过主成分分析法对 8 个财务指标进行提取，样本多数提取比例在 80% 以上，说明原始变量保留程度较高，如表 4-3 所示。

表4-3　公因子方差

变量	初始	提取
X_1	1.000	0.929
X_2	1.000	0.883
X_3	1.000	0.896
X_4	1.000	0.951
X_5	1.000	0.953
X_6	1.000	0.170
X_7	1.000	0.491
X_8	1.000	0.511

采用主成分分析法进行因子提取，设定特征值为 1，如表 4 - 4 所示，一共提取出 3 个公因子，其特征值分别为 2.878、1.903、1.002，均大于 1；因子旋转后的方差解释率分别是 35.951%、23.814%、12.522%，其中最大因子的方差解释率低于 40% 的临界值，表明数据不存在显著的共同方法偏差；累计方差解释率为 72.287%，大于 50%，这意味着数据信息可以有效地提取出来，公因子能够解释先进制造业竞争力的绝大部分信息。

表 4 - 4　总方差解释

因子	初始			旋转前载荷平方和			旋转后载荷平方和		
	特征值	方差解释率（%）	累计解释率（%）	特征值	方差解释率（%）	累计解释率（%）	特征值	方差解释率（%）	累计解释率（%）
1	2.878	35.973	35.973	2.878	35.973	35.973	2.876	35.951	35.951
2	1.903	23.793	59.766	1.903	23.793	59.766	1.905	23.814	59.765
3	1.002	12.521	72.287	1.002	12.521	72.287	1.002	12.522	72.287
4	0.998	12.481	84.768						
5	0.883	11.043	95.811						
6	0.164	2.050	97.861						
7	0.103	1.286	99.147						
8	0.068	0.853	100.000						

注：提取方法为主成分分析法。

由表 4 - 5 可以看出，营业收入、净资产和净利润构成了因子 1，因其与企业规模有关，本书称其为规模因素；营业收入增长率和净利润增长率构成了因子 2，本书称其为增长因素；股东权益报酬率、总资产利润率和全员劳动效率构成了因子 3，本书称其为效率因素。

表 4 - 5　旋转后的因子矩阵

变量	因子		
	1	2	3
X_1	0.964	-0.006	0.003
X_2	0.945	0.043	0.007
X_3	0.939	-0.004	0.000
X_4	0.020	0.976	0.009

变量	因子		
	1	2	3
X_5	-0.007	0.975	-0.003
X_6	-0.001	0.014	0.715
X_7	0.000	-0.010	0.701
X_8	0.413	-0.005	-0.505

注：提取方法为主成分分析法。

四　先进制造业竞争力评价指标权重的优化

现有研究中，确定评价指标权重的方法十分丰富，但是根据权重产生方法的不同，总体来说可分为主观赋权法和客观赋权法两大类。主观赋权法是根据经验和重要程度人为地给出权重大小，再对指标进行综合评价的方法，主要包括层次分析法、指数加权法和模糊评价法等。在主观赋权法中，层次分析法（AHP）不仅考虑了较多的指标比较信息，能够更加科学准确地反映专家知识，而且操作简单、理论成熟，是学者们确定评价指标权重最常用的方法。客观赋权法是通过构建综合评价模型，根据指标自身的作用和影响确定权重，然后对指标进行综合评价的方法。这类方法有主成分分析法、熵值法、聚类分析法等多元分析方法。

在金碚（2003b）的中国工业企业竞争力监测指标体系中，主要通过主观赋权法确定所选取的各个指标在竞争力得分中所占的权重。从方法论上来看，金碚（2003b）采取的是专家分析与问卷调查相结合的方法，实践中发现，专家意见同企业经营管理人员问卷调查对加总权重分配的意向大体上是一致的，由此确定了最终的竞争力指标权重。

由于在竞争力评价指标中剔除了调研测评数据和出口收入占销售收入比重，因此本节参照盛安琪等（2018）、张旭等（2010）的做法，在研究中将出口收入占销售收入比重的权重平均分给该维度上其他三个指标，由此调整企业竞争力各指标的权重。最终，得到先进制造业竞争力的评价指标体系，具体如表4-6所示。

表4-6　先进制造业竞争力的评价指标体系

单位：%

变量类型		变量名称	权重	变量释义
先进制造业竞争力	规模因素	营业收入	20	营业收入
		净资产	16	净资产
		净利润	11	净利润
	增长因素	营业收入增长率	17	营业收入增长额/上年营业收入总额
		净利润增长率	14	净利润增长额/上年净利润总额
	效率因素	股东权益报酬率	8	当期利润/平均净资产
		总资产利润率	8	当期利润/平均总资产
		全员劳动效率	6	营业收入/员工总人数

在计算先进制造业竞争力指数时，主要采用了加权平均法得到企业竞争力在每个样本上的最终得分。具体步骤如下：首先，将企业的每项指标进行标准化处理；其次，将各指标标准值与指标权重相乘后直接相加，从而得出因素的标准值；最后，将不同因素的标准值与因素的权重相乘后直接相加，得到竞争力指数。

第三节　我国先进制造业竞争力异质性分析

本节依据先进制造业竞争力评价指标体系，运用上市公司数据，对2009～2019年我国先进制造业上市公司的竞争力指数进行测算。根据竞争力指数大小，从区域、行业、产权等方面对我国先进制造业的竞争力进行评价与分析，探讨我国先进制造业竞争力水平的异质性，以期服务于政府在先进制造业健康发展、有序竞争方面的科学决策，以及为行业和企业发展提供技术支持和参考。

一　样本选择与数据来源

本节以2009～2019年我国A股先进制造业上市公司作为研究样本，参照第一章第二节的做法，确定本书研究的先进制造业细分行业总共包括8个：石油加工、炼焦及核燃料加工业C25，化学原料和化学制品制造业C26，医药制造业C27，专用设备制造业C35，汽车制造业C36，铁

路、船舶、航空航天和其他运输设备制造业 C37，计算机、通信和其他
电子设备制造业 C39，仪器仪表制造业 C40。剔除 ST 及 *ST、存在缺失
值数据的先进制造业上市公司样本，最终保留了 1425 家上市公司 9139
条样本观测值。依据先进制造业竞争力评价指标体系，对 2009～2019 年
我国 1425 家先进制造业上市公司的竞争力指数进行测算。研究中使用的
数据来源于国泰安数据库，利用 Stata 15.0 软件进行数据处理，对所有连
续变量进行 1% 和 99% 的缩尾处理，从而消除极端值的影响。

二　区域异质性

本节通过对我国先进制造业上市公司的竞争力指标进行测算，形成
2019 年竞争力指数位于国内前 20 名的先进制造业上市公司的相关数据，
具体如表 4 - 7 所示。

表 4 - 7　2019 年我国前 20 名先进制造业上市公司的竞争力指数

排名	证券代码	公司名称	竞争力指数	所属行业	公司总部	产权性质
1	600104	上汽集团	14.70	C36	上海	1
2	601138	工业富联	5.76	C39	广东	0
3	601766	中国中车	5.13	C37	北京	1
4	000338	潍柴动力	3.21	C36	山东	1
5	000725	京东方A	2.97	C39	北京	1
6	600741	华域汽车	2.58	C36	上海	1
7	601238	广汽集团	2.10	C36	广东	1
8	600031	三一重工	2.07	C35	北京	0
9	002594	比亚迪	1.97	C36	广东	0
10	002415	海康威视	1.95	C39	浙江	1
11	600309	万华化学	1.92	C26	山东	1
12	000100	TCL科技	1.73	C39	广东	1
13	000063	中兴通讯	1.58	C39	广东	1
14	601989	中国重工	1.56	C37	北京	1
15	600688	上海石化	1.49	C25	上海	1
16	688009	中国通号	1.18	C37	北京	1
17	000425	徐工机械	1.18	C35	江苏	1

排名	证券代码	公司名称	竞争力指数	所属行业	公司总部	产权性质
18	000938	紫光股份	1.07	C39	北京	1
19	002475	立讯精密	1.05	C39	广东	0
20	600196	复星医药	0.97	C27	上海	0

注：产权性质所在列中，0 表示非国有企业，1 表示国有企业。

资料来源：国泰安数据库以及笔者计算整理得到。

如表 4-7 所示，2019 年竞争力指数排在国内前 20 名的先进制造业上市公司主要分布在北京、广东、上海、山东、浙江、江苏等地区。同时，这前 20 名上市公司主要分布于计算机、通信和其他电子设备制造业，汽车制造业，并且有 3/4 属于国有企业。

综合分析，我国先进制造业发展呈现区域不平衡的特点。首先，江苏、上海、浙江等东部沿海地区是我国的多功能制造业中心，传统制造业优势明显，对外开放程度高，高质量要素聚集效应明显。其次，北京、山东等北部沿海地区区位优势明显，高校科研机构较多，是我国重要的化工产业和高新技术制造业基地。最后，广东等南部沿海地区也是高技术产品制造中心，我国很多制造业品牌诞生于此区域，此区域总体处于全国先进制造业竞争力中上等水平。

对于我国中部、西南、西北和东北等地区，这些区域自然资源丰富，也具备一定的制造业基础，但近年来正面临资源枯竭、产业转型升级慢和人才流失等问题，其制造业竞争力提升较慢，高端制造业和高技术制造业较少，先进制造业竞争力整体偏弱，远低于全国平均水平。

三　行业异质性

根据先进制造业竞争力指数的全样本数据与行业异质性数据，可以发现，先进制造业竞争力在不同行业呈现较大的差异，具有行业异质性的特点。

由图 4-1 可知，2019 年我国不同行业的先进制造业竞争力存在较大差异。在先进制造业八大行业中，汽车制造业 C36 的竞争力指数在 0.20 以上，竞争优势明显；仪器仪表制造业 C40 的竞争力指数接近 -0.10，与其他先进制造业的竞争力差距较大。从行业整体的竞争力指数来看，石油加工、炼焦及核燃料加工业 C25，汽车制造业 C36，铁路、船舶、航空航天和其他运输设备制造业 C37 的竞争力指数均高于 0.15，是我国先进制造业发挥竞争优势的主要产业。化学原料和化学制品制造业 C26 以及计算机、通信和其他电子设备制造业 C39 的竞争力指数略高于 0，在先进制造业行业竞争中处于中间位置。医药制造业 C27、专用设备制造业 C35 和仪器仪表制造业 C40 的竞争力指数均小于 0，这些行业在我国先进制造业的发展过程中处于相对劣势地位，但是随着"十三五"时期大规模的基础设施建设以及国家对医药领域的扶持和投入，这些先进制造业将迎来新一轮的快速发展机遇。

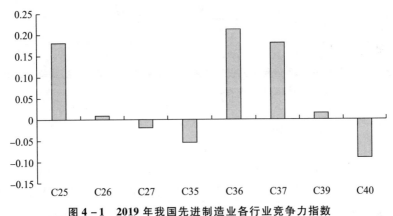

图 4 – 1　2019 年我国先进制造业各行业竞争力指数
资料来源：国泰安数据库以及笔者计算整理得到。

四　产权异质性

中国政府基于经济发展和社会效益等方面的考虑，往往将一些经济目标、社会目标或政治目标内部化到其所控制的国有企业中。考虑到不同产权性质对企业竞争力影响的差异性，本节将企业的产权属性设置为虚拟变量。如果样本公司为国有企业，取值为 1；如果样本公司为非国有企业，则取值为 0。

从图 4 – 2 可以看出，2015 ~ 2019 年先进制造业国有企业和非国有企业的竞争力指数均整体呈上升趋势，但国有企业的竞争力指数明显大于非国有企业。分产权性质来看，近些年先进制造业中国有企业的竞争力指数提升幅度较大，特别是 2017 年竞争力指数增速明显，从 2016 年的

0.135 上升到 0.190，之后竞争力指数提升速度放缓。与先进制造业中的国有企业相比，非国有企业的竞争力指数较小，各年竞争力指数保持在 -0.050 左右，总体呈小幅度增长。

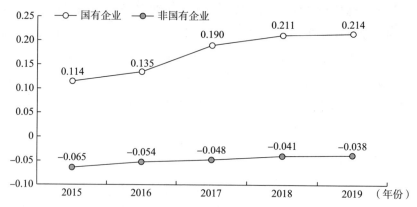

图 4-2　2015~2019 年我国先进制造业国有企业和非国有企业的竞争力指数
资料来源：国泰安数据库以及笔者计算整理得到。

五　生命周期异质性

处于不同生命周期的企业在生产经营、组织方式、财务状况等方面往往会表现出不同的特征。尤其是，不同生命周期的先进制造业企业在产品、服务、创新以及管理方面存在较大差别，这可能影响企业在不同阶段的综合竞争力。鉴于此，本书进一步探究先进制造业企业竞争力是否在不同生命周期呈现较大的差异。由于上市公司基本上已经度过了最初的创业时期，因此本书将我国先进制造业上市公司的生命周期分为成长期、成熟期和衰退期三个阶段。参考李冬伟和李建良（2012）、梁上坤等（2019）的研究，本节运用综合得分判别法，根据销售收入增长率、公司年龄、留存收益率以及资本支出率四个变量的得分情况来划分先进制造业上市公司的生命周期。具体做法为：（1）分行业分别对四个指标排序打分并计算综合得分，其中前文确定本书研究的先进制造业细分行业总共包括 8 个，分别为 C25、C26、C27、C35、C36、C37、C39、C40；（2）根据总得分把总样本按照行业类别进行排序，将得分最高的前 1/4 公司界定为处于成长期，得分最低的后 1/4 公司界定为处于衰退期，中间剩余部分公司界定为处于成熟期。

根据表4-8先进制造业上市公司生命周期的测度标准，统计2009～2019年我国A股先进制造业上市公司生命周期的所有样本分类结果，以2019年为例，其中处于成长期的样本公司有439家，处于成熟期的样本公司有621家，处于衰退期的样本公司有365家，可见我国先进制造业上市公司大部分处于成熟期与成长期。

表4-8 2019年先进制造业上市公司生命周期的测度标准

单位：家

生命周期	销售收入增长率	留存收益率	资本支出率	公司年龄	公司数量
成长期	高	低	高	低	439
成熟期	中	中	中	中	621
衰退期	低	高	低	高	365

资料来源：笔者根据收集资料自行整理而得。

同时，进一步根据原始数据统计了2009～2019年我国先进制造业上市公司不同生命周期的竞争力指数。从图4-3可以看出，我国先进制造业上市公司的竞争力指数在成熟期最高，其次为成长期，而处于衰退期的上市公司的竞争力指数最低。原因可能在于，成长期企业的技术和组织结构正逐步完善，市场占有率偏低但呈上升趋势，正是为核心竞争力打下基础的阶段。处于成熟期的先进制造业企业的生产模式、客户群体、销售业绩以及市场占有率均比较稳定，且处于较高水平，使企业往往具

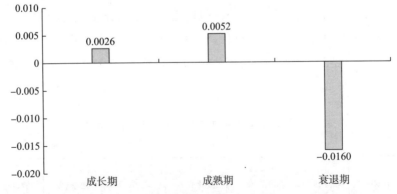

图4-3 2009～2019年我国先进制造业上市公司不同生命周期的竞争力指数
资料来源：国泰安数据库以及笔者计算整理得到。

有很强的综合竞争力。而处于衰退期的先进制造业企业市场占有率和经营利润呈下滑趋势，同时面临较大的融资约束，不利于提高企业竞争力。由此表明，我国先进制造业企业竞争力在不同生命周期存在较大差异。

六　企业战略异质性

企业竞争力的提高体现在竞争战略的实现上，企业若想获得竞争优势，必须从产业竞争环境中确定相应的竞争战略。波特将竞争战略归纳为成本领先战略、差异化战略和集中化战略，但是由于集中化战略是另外两种战略在细分市场中的具体应用，本书借鉴绝大多数学者的做法，将竞争战略划分为成本领先战略和差异化战略。

参考 Bentley 等（2013）的研究，本节采用员工人数/营业收入等六个指标衡量竞争战略类型。借鉴 Ittner 等（1997）的做法，把每个指标的得分相加，最后将总分在 19～30 分的定义为差异化战略，总分在 5～18 分的定义为成本领先战略。在数据收集过程中，竞争战略六个指标的其中一个指标为前五年员工人数标准差（衡量波动性），部分上市公司存在缺失值，故剔除了数据缺失的样本，保留了 747 家上市公司。

2019 年我国 A 股先进制造业上市公司样本中，实施成本领先战略的上市公司有 411 家，占比 55.02%；实施差异化战略的上市公司有 336家，占比 44.98%。可见我国先进制造业上市公司更多地会选择实施成本领先战略，而非差异化战略。通过具体测算 2019 年先进制造业上市公司竞争战略各维度指标均分，得出表 4-9。可以发现，选择成本领先战略的上市公司的各维度指标均分都明显低于实施差异化战略的上市公司，且其固定资产/总资产指标均分较高，而其他的指标均分基本较低；相比较而言，选择差异化战略的上市公司的固定资产/总资产指标均分最低，而其他的指标均分较高。

表 4-9　2019 年先进制造业上市公司竞争战略指标

单位：分

竞争战略	员工人数/营业收入指标均分	研发投入/营业收入指标均分	销管费用/营业收入指标均分	营业收入增长率指标均分	固定资产/总资产指标均分	员工人数波动性指标均分
成本领先战略	2.42	2.64	2.61	2.48	2.74	2.80

续表

竞争战略	员工人数/营业收入指标均分	研发投入/营业收入指标均分	销管费用/营业收入指标均分	营业收入增长率指标均分	固定资产/总资产指标均分	员工人数波动性指标均分
差异化战略	3.80	3.77	3.78	4.04	3.35	3.64

资料来源：笔者根据收集资料自行整理而得。

　　进一步地，本书根据原始数据测度了 2009～2019 年我国先进制造业上市公司实施不同竞争战略的竞争力指数。由图 4-4 可以看出，实施成本领先战略的上市公司的竞争力指数高于全样本，更是明显高于实施差异化战略的上市公司。由此表明，我国先进制造业企业竞争力在实施不同竞争战略的企业之间存在较大差异。

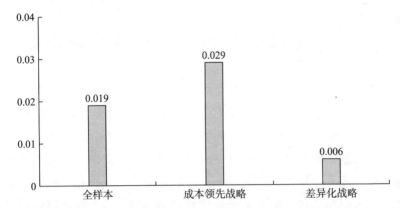

图 4-4　2009～2019 年我国先进制造业上市公司实施不同竞争战略的竞争力指数
资料来源：国泰安数据库以及笔者计算整理得到。

第五章　先进制造业竞争力的内在驱动机理

本章主要从企业资源和企业能力两个维度对先进制造业竞争力的内在驱动机理进行剖析，将企业资源主要分成有形资源、无形资源和人力资源三种，将企业能力主要分成研发能力、生产管理能力、营销能力、财务能力和组织管理能力五种。本章分别选取投资支出、创新投入、劳动投资、企业社会责任作为反映企业有形资源、无形资源和人力资源的变量，理论分析和实证检验四者对企业竞争力的影响。

第一节　先进制造业竞争力的内部影响因素分析

企业资源是指企业控制或拥有的有效因素的总和，其所具备的特点影响着企业未来战略目标的制定和实现。根据竞争优势的资源基础理论，企业的资源禀赋是企业能够处于竞争领先地位的基石，是企业生存和发展的内生力量。企业能力是指企业利用、配置各项资源，发挥其生产和竞争作用的能力，是企业各项资源有机组合的结果。企业所拥有的独特资源与能力相互依存，决定了企业"能够做什么"，二者共同构成了企业的竞争优势源泉，因此，本节主要从企业资源和企业能力两个维度剖析先进制造业竞争力的内部影响因素。

一　企业资源

企业资源主要分成三种，即有形资源、无形资源和人力资源，具有稀缺性、不可模仿性、不可替代性和持久性的企业资源是有价值的，可以帮助企业获得竞争优势。

（一）有形资源

有形资源，顾名思义，就是指企业可见的、有实际形态的、能用货币直接计量的资源，主要包括物质资源和财务资源。物质资源包括企业的土地、厂房、生产设备和原材料等，是企业的实物资源，当先进制造业企业拥有足够的物质资源时，企业的生产经营就能够顺利有效地进行。当企业拥有和控制的物质资源不能被竞争对手轻易地取得时，这些物质资源就成为企业竞争优势的主要来源。例如，当先进制造业中的企业进行后向一体化成为自己原料的供应商，拥有某些资源的开采权时，便能以更低的成本和更便捷的方式获得产品生产过程中用以加工制造的原材料，不用再疲于应对原先供应商的讨价还价，有助于企业降低产品的成本，从而获得竞争优势；当先进制造业中的企业的厂房处于经济发达、交通便利的地区时，企业便获得了地理位置优势，这是一种特殊的有形资源，能够减少运输成本、吸引更多的优秀人才以及获得国家一些有区域针对性的政策支持等。财务资源是指企业拥有的资金，可以用于投资或生产等活动，包括应收账款和有价证券等，与企业的盈利能力、营运能力、偿债能力和成长能力都密切相关。当财务资源充足时，先进制造业企业能有效突破融资约束、资金周转困难等障碍，合理利用财务资源形成规模经济、提高生产率、改进产品工艺等，进而为潜在进入者设置较高的进入障碍、增强讨价还价能力、降低替代品的威胁，在市场上形成经济制约，保持领先的竞争地位。

（二）无形资源

与有形资源相反，无形资源没有肉眼可见的实物形态，也无法用货币精确计量，是企业在长期发展过程中积累而成的具有路径依赖性的资源，商誉、技术、专利、企业文化及组织经验等都是常见的企业无形资源。无形资源的以上特性使其不易被竞争对手熟悉、获得、复制或替代，因此，无形资源是形成企业核心竞争优势的关键内部因素之一。例如，企业拥有的专利、版权和商业秘密等技术资源具有先进性、独创性和独占性等特点，难以被其他企业模仿，并且贬值的速度较缓慢，企业可以据此建立自己的竞争优势。比如商誉，它是指企业由于经营成果突出、客户信赖、口碑卓越或其他特殊优势而形成的声誉或形象，良好的商誉能够吸引投资和稳固顾客，促进企业利润的高速增长，增强企业竞争力。又如企业文化，一方面，企业文化的形成具有因果含糊性，没有人可以明确地解释出形成企业文化的真实原因，因此就算竞争对手企图模仿复制企业文化，也是"有心无力"；另一方面，积极向上的企业文化有利于创造和谐友爱的企业氛围，增强员工的凝聚力和企业认同感，激发员工的创造性，使员工利益和企业利益趋于一致，员工与企业"心往一处去，力往一处使"，更能促进企业的良好发展。再如合理有效的管理体制，必须经过长期的积累才能获得，能够为企业的健康运作提供坚实的基础和保障，其他企业想要模仿管理体制往往需要花费大量时间，在短期内不可能实现，这为企业谋求了发展的时间差，形成了企业的竞争优势。

（三）人力资源

企业的人力资源是指企业成员向企业提供的技能、知识以及推理和决策能力，人才一直是企业稀缺的重要资源，具有果断、智慧、经验丰富、专业等优秀特质的企业成员是人力资源形成的关键，他们掌握的技能和知识、工作中长期积累的经验等创造了企业的繁荣，使企业具备强大的竞争力。在技术高速发展的信息化时代，人力资源在企业中的作用越来越突出。

在人力资源的多个方面，先进制造业需要特别关注劳动力成本，劳动力成本是指企业为了实现生产经营，在招聘、筛选、培训和解雇员工等过程中所承担的成本，企业职工工资、职工福利费、保险和公积金、职工教育经费、劳动保护等各个项目支出的增加都会使劳动力成本上升。企业劳动力成本的高低在一定程度上反映了企业人力资本质量的高低，相对于物质资本而言，人力资本是指投放于企业劳动力的资本，表现为劳动力的技术、文化、创造能力的资本化。改革开放以来，供给量充足、成本低廉的劳动力资源成为制造业高速发展的重要优势之一。然而，近年来，先进制造业的发展在新的局势下发生了重大变化，中国人口结构产生了变化，先进制造业劳动力市场的供需关系也发生了变化，"刘易斯拐点"到来，在此背景下，先进制造业低成本劳动力优势被削弱，企业面临的劳动力成本日益上升。

劳动力成本主要包括两个方面：直接劳动力成本与间接劳动力成本。直接劳动力成本上升，即劳动力工资的增加；间接劳动力成本上升，则是指社会保障费用的增加（周丽等，2013）。先进制造业劳动力成本的上升对企业竞争力而言是一把"双刃剑"，其给社会经济市场带来的影响具有两面性。先进制造业劳动力成本上升给企业竞争力带来的积极影响主要体现在以下三个方面。（1）劳动力成本上升必然导致资本与技术要素替代原来的人力劳动，引导生产要素从劳动密集型依次向资本、技术密集型制造业流动；同时导致市场需求依次从低档向中、高档转变，通过需求拉动制造业升级；诱使企业提高研发投入并且加强技术创新，通过技术推动制造业结构升级。（2）劳动力成本上升触发了员工的"优胜劣汰"机制，为了保持或提升工资水平，员工对自身素质及工作技能提升的意愿增强，企业的劳动供给更加有效。劳动力成本上升同时能够吸引高技能的外部员工，进一步提升总体员工的技能有助于企业提高竞争力。（3）企业营利的本质导致企业在劳动力成本上升时更加关注内部控制体系，企业利用内部的控制活动、控制环境、风险评估、信息与沟通、监督等要素及时调整生产经营方向、提高投资准确度，通过效率提升带来更高的利润来弥补高涨的劳动力成本。在此过程中，企业竞争力得到增强。先进制造业劳动力成本上升给企业竞争力带来的消极影响体现在以下两个方面。（1）先进制造业企业的出口同时依赖本国的原材料及劳动力，当劳动力成本上升时，先进制造业企业出口受到的冲击较大，削弱了其在国际贸易中的竞争力。（2）劳动力成本是外资企业做出投资决策时最为关注的因素，我国吸引外资最主要的因素就是劳动力成本低廉，它能吸引更多的外商投资，从而使企业投入回报率高，这也就是我国所谓的人口红利优势。但随着我国劳动力成本逐年提高，原有的人口红利被削弱，不少外国企业投资开始向印度、马来西亚等劳动力成本更低的国家进行转移，外商投资的减少可能给先进制造业的发展带来阻碍，不利于企业在全球化背景下获得竞争优势。

二　企业能力

企业能力体现在企业生产经营期间的所有阶段，主要由研发能力、生产管理能力、营销能力、财务能力和组织管理能力组成。

（一）研发能力

随着科学技术的发展和市场需求的不断变化，先进制造业的产业技术变革较快，研发能力逐渐成为构成企业竞争活力源泉的关键要素。企业研发能力的强弱取决于多方面的因素，从研发计划角度来看，企业制订的研发计划应当基于企业的总体战略和业务单位战略，并综合考虑企业当前所拥有的有形资源、无形资源和人力资源，做到具体详尽、符合企业特征、切实可行、符合成本效益原则；从研发组织角度来看，企业应当建立健全研发方面的管理制度，配备满足研发所需的设备、材料，招揽具有专业胜任能力的研发人员；从研发过程角度来看，企业应当形成完整的研发链条，能够克服研发过程中遇到的各种困难，并致力于缩短研发的周期、降低研发的成本、提高研发的效率；从研发效果角度来看，企业应当能够取得预期的研发成果，将研发成果应用到生产经营过程中，最终转化成企业的经济效益。当企业满足了上述的条件时，企业便拥有了强大的研发能力。目前创新已经成为先进制造业的竞争焦点，具有强大研发能力的企业能够加快产品的更新换代，实现产品的差异化，提高产品的性能和质量，降低产品的生产成本，抵御竞争企业的替代品威胁，满足客户的多样化需求，增强对前端供应商和后端消费者的讨价还价能力，助其在与其他企业的竞争中脱颖而出。

（二）生产管理能力

生产是指将投入的原材料、资本、劳动等转化为产品或服务并为客户创造效用的活动，生产活动是企业最基本的活动，是构成企业价值链的重要组成部分。企业的生产管理能力主要涉及生产过程、生产能力、库存管理、人力资源管理和质量管理五个方面。从生产过程角度来看，先进制造业企业可以在机械加工、装配、包装、设备维修、检测等生产过程中谋求突破，提高生产效率。从生产能力角度来看，生产能力是反映企业所拥有的加工能力的一个技术参数，它也可以反映企业的生产规模。在计划期内和既定的组织技术条件下，参与生产的全部固定资产能够生产更多产品数量或者能够处理更多原材料数量的企业往往能够更好地适应市场的需求，当需求旺盛时提升生产能力以满足需求的增长，当需求不足时缩小规模以避免能力过剩和减少损失。从库存管理角度来看，企业库存管理的重点在于根据订购的特点和预测，确定何时计划和执行补充多少数量的库存。在信息技术高速发展的时代，企业库存管理出现了信息化、网络化和高度集成化的趋势，科学的库存管理能够及时反映企业物资的流入、存储和流出情况，为生产管理和成本核算提供依据，保证管理和决策人员能够及时预防或发现并解决物资积压、物资短缺、仓储空间不足或闲置等问题。从人力资源管理角度来看，企业职工的招聘、培训、提拔和退休等各项管理活动支撑着企业中每项基本的活动以及价值链，在调动员工生产经营的积极性上起着重要的作用，影响着企业竞争力。从质量管理角度来看，具有质量保证的产品有助于给企业带来良好的口碑，促进企业的发展。综上所述，生产管理能力强的企业一般能够拥有更高的生产效率，能够更好地适应市场需求，调动员工生产经营的积极性，树立良好的企业形象，增强竞争力。

（三）营销能力

企业的营销能力包括三个方面，即产品竞争能力、销售活动能力和市场决策能力。从产品竞争能力角度来看，企业的市场占有率和市场覆盖率等指标决定了企业产品的市场地位，产品可以获得的利润空间等指标决定了产品的收益性，销售增长率和市场扩大率等指标决定了产品的成长性，以上几项指标数值越高，代表企业产品的市场地位、收益性、成长性越高，产品的竞争能力就越强。从销售活动能力角度来看，企业销售机构越多、分布的地域越广泛，销售人员的数量越多、营销能力越强，销售管理制度越健全，销售计划完成率和销售活动效率越高，销售渠道结构越合理，销售计划越科学合理，企业的销售活动能力就越强，越有利于企业进行产品的市场推广，吸引越多的客户，销售越多的产品。从市场决策能力角度来看，当企业遵循市场导向、市场化程度越高、能够获取的信息越全面、对竞争者的认知程度越高、履行社会责任的能力越强、市场谈判能力越强、产学研协助能力越强、利用国际市场的机遇越充分时，企业越能在竞争激烈的市场环境中占领优势地位，市场决策能力就越强。

（四）财务能力

企业的财务能力主要涉及两个方面：一是筹集资金的能力；二是使用和管理资金的能力。资产负债率、流动比率和已获利息倍数等指标都能够反映出企业筹集资金的能力，企业筹集资金以自身维持和发展为前提，需要遵守筹资的要求和规范，合理运用筹资渠道和方式，企业筹集资金的能力越强，越能预防信用危机和通货膨胀危机等，获得的要素资源越多，越能满足购置生产和研发设备、引进先进技术和科学技术人才、进行产品研究开发、对外投资、开拓市场、偿付债务、并购企业、调整资本结构等多样的需求，形成经济制约，进而保持领先的竞争地位。企业使用和管理资金的能力体现在投资报酬率、销售利润率和资产周转率等指标上，主要表现为以下几个方面：一是企业对资金的监督有效，能够有效防止员工挪用资金、侵占资产等舞弊违法行为的发生，减少财务报表层次的特别风险；二是企业能够建立健全预算管理机制，在生产经营过程中树立和培养效益观念、资金观念，提升经济意识，强化对资金使用和管理的预测和计划，杜绝不合理的资金调度行为，使企业的各项资金都能得到合理的配置和利用，更好地为企业的生产经营服务；三是面对复杂多变的经营环境，企业能够构建合理有效的预警体系，科学预测由环境变化带来的一切不确定因素，通过资金的使用和管理防范、抵御和化解汇率风险、利率风险、资本结构风险、立项风险等各种风险。可见，对于资金的高水平使用和管理能力是企业竞争力不可或缺的因素之一。

（五）组织管理能力

企业的组织管理能力涵盖纵横两个维度，主要体现在职能管理体系的任务分工、岗位职责、集权和分权的情况、组织结构、管理层次和管理范围匹配等方面。企业职能管理体系的任务分工和岗位职责设计合理、界定明确，能够避免重复劳动和意见分歧，降低组织协调成本，使企业各职能部门的人员各司其职、团结协作，提高处事效率。企业集权型决策便于协调各业务单元间的决策、便于规范上下级沟通、更能与企业目标达成一致、危急情况下能够做出快速决策，是一种有助于实现规模经济的决策形式；分权型决策则减少了信息沟通的障碍，提高了企业的市场反应能力，能够为决策提供更多的信息并对员工产生激励效应。企业根据自身的特点选择集权型决策或分权型决策，能够充分发挥相关决策的优点，形成竞争优势。企业纵向组织结构有高长型和扁平型，横向组织结构有创业型、职能型、事业部型、M型、H型、战略业务单位型、矩阵型和国际化经营企业型，不同类型的组织结构有不同的特点。例如，高长型组织结构有利于企业内部的控制，但对市场的反应缓慢；创业型组织结构适用于小型企业。先进制造业企业根据企业的决策类型、规模、业务等因素选择合适的组织结构，能够提升企业的竞争力。企业管理层次和管理范围匹配，能够避免管理的失控，更及时地应对市场变化，更好地实施企业竞争战略。

第二节　先进制造业投资支出与竞争力研究

投资是企业运营和管理流程中最重要的环节之一，我国上市公司的固定资产投资存在增长的趋势，投资支出在一定程度上反映了先进制造业企业的有形资源情况，而由于企业资源之间存在的关联性，投资也会直接或间接地影响企业的生产管理能力、财务能力、研发能力等，能够促进企业价值的增长，极有可能与企业竞争力存在关联。因此，本节以企业的投资支出为切入点探讨先进制造业竞争力的内在驱动机理，在对先进制造业投资支出与竞争力进行理论分析的基础上进一步实证检验先进制造业投资支出对企业竞争力的影响。

一　研究假设

在国家宏观层面上，在拉动经济发展的"三驾马车"中，出口难以在短时间内发生大的变化，作为慢变量的消费发挥着基础性作用，投资发挥着关键性作用，是推动经济高速增长的最活跃、最重要的因素之一，是供需两侧发力的最佳结合点。我国的社会固定资产投资呈现稳步增长的趋势，2020 年全年全社会固定资产投资 527270 亿元，比上年增长2.7%，其中先进制造业所在的第二产业固定资产投资（不含农户）149154 亿元，较上年增长 0.1%。① 如何通过引导、扩大合理有效的投资以弥补短板、调整经济结构、推动培育新动能，已经成为国家政策制定者重点关注的问题。在企业微观层面上，企业的资产投资决策是一个实现资金优化配置的过程，企业通过筛选优质投资项目、合理有效配置资本能够实现价值最大化的目标。此外，资产投资期限较长、占用消耗资金较多，具有不可逆的特征，直接或间接地影响企业的生产管理能力、财务能力、研发能力等，对企业能否在竞争中立足乃至未来的发展命运有着重大影响。

Dhrymes 和 Kurz（1967）提出了著名的资金流学说，该学说认为企业资金有企业利润、新增负债融资以及股权融资三个渠道，企业资金是

---

① 数据来源于国家统计局发布的《中华人民共和国 2020 年国民经济和社会发展统计公报》。

一种十分稀缺的经济资源，主要用于投资支出和股份支付两个方向。权衡理论认为企业投资支出不仅是一项资金花费行为，也是一项能够创造价值的财务决策行为。企业合理的投资越多，越有利于企业提升负债承担能力和盈利能力。Froot 等（1993）研究表明企业投资不足会引发企业丧失投资机会的不利后果，增加被竞争对手掠夺市场份额的风险，面对市场中的激励竞争和竞争对手的掠夺性风险，企业会采取持续投资、开发新产品、更新改革技术等措施争夺市场份额（徐一民、张志宏，2010）。Campello 等（2010）发现企业在融资约束下会减少投资，让出市场份额。张会丽和吴有红（2012）研究发现，在竞争日益激烈的产品市场中，企业为了占据和保持优势地位，或者加大投资力度以增强市场竞争力，或者转变投资业务领域以实施转向战略。Itzkowitz（2013）发现企业能够持续进行关系专用性资产的投资是企业保留核心客户和保持产品市场份额的重要前提。

结合上述文献的研究结论，本书认为投资支出能够通过以下几个方面帮助先进制造业企业获得竞争优势。第一，企业购置固定资产、无形资产和其他长期资产等的投资行为为企业的生产、研发、销售、人才提供了物质保障，不仅可以推动生产经营过程，还可以保持乃至提升企业生产管理、研发创新的综合实力，进而提升企业竞争力。第二，企业经常开展投资活动有助于避免错失现有或潜在的投资机会，增强风险防范的能力，扩大经营规模，更好地实施发展战略，获得竞争优势。第三，企业投资支出的增加向竞争对手传递了一种威慑信号，一方面有助于企业构建进入壁垒削弱潜在竞争对手的威胁；另一方面有助于企业迫使、驱赶现有竞争对手退出市场，进而确保、增加产品市场份额。第四，企业通过扩大合理的投资能够弥补短板，培育新动能，实现产业结构的转型升级，增强竞争力。基于此，本节提出以下研究假设。

H5 - 1：先进制造业投资支出的增加能够显著提升企业竞争力。

二　研究设计

（一）样本选取与数据来源

本节以 2009～2019 年我国 A 股先进制造业上市公司作为研究样本，其中前文确定本书研究的先进制造业细分行业总共包括 8 个：C25、

C26、C27、C35、C36、C37、C39、C40。剔除 ST 及 *ST、存在缺失值数据的先进制造业上市公司样本，最终保留了 1115 家上市公司 6549 条样本观测值。研究中使用的数据取自国泰安数据库，并且利用 Excel 和 Stata 15.0 软件进行数据整理和相关处理，本节对所有连续变量进行 1% 和 99% 的缩尾处理，从而消除极端值的影响。

（二）变量选取及定义

被解释变量为企业竞争力，根据现有相关文献（金碚，2003b；张进财、左小德，2013；韩海燕、任保平，2020），国内学者多采用神经网络评价法、主成分分析法、综合指数评价法等方法来衡量企业竞争力。其中金碚在《中国企业竞争力报告（2003）——竞争力的性质和源泉》中提出的中国工业企业竞争力监测指标体系的国内影响力最大，相比较之下更加适用于本书研究的先进制造业企业。同时，本书在此基础上参考了李钢（2004）、盛安琪等（2018）、张旭等（2010）的做法，最终得到的先进制造业企业竞争力的评价指标体系见表 5-1，用 *Compete* 表示企业竞争力。

表 5-1　企业竞争力的评价指标体系

变量类型		变量名称	权重（%）	变量释义
企业竞争力	规模因素	营业收入	20	营业收入
		净资产	16	净资产
		净利润	11	净利润
	增长因素	营业收入增长率	17	营业收入增长额/上年营业收入总额
		净利润增长率	14	净利润增长额/上年净利润总额
	效率因素	股东权益报酬率	8	当期利润/平均净资产
		总资产利润率	8	当期利润/平均总资产
		全员劳动效率	6	营业收入/员工总人数

解释变量为投资支出。投资支出有直接和间接两种计算方式，直接计算方式是选取财务报表中涉及的投资项目通过直接计算得到投资支出。Richardson（2006）将一个固定年限内的资本支出、研发支出、并购支出总和减去不动产、厂房、设备的销售额得到的差值定义为投资支出的代理变量；辛清泉等（2007）、徐一民和张志宏（2010）采用本年度购建

固定资产、无形资产和其他资产支付的现金与年初总资产的账面价值的比值测算投资支出；袁卫秋和黄旭（2016）用企业购建固定资产、无形资产和其他长期资产支付的现金与取得子公司及其他营业单位支付的现金净额之和除以上年末总资产来衡量投资支出。间接计算方式主要是以企业资本支出相关资产的年度变化量来度量投资支出。Lyandres（2006）将投资支出的度量变量定义为不动产、厂房、设备之和的年末值与其年初值的差异；辛清泉等（2007）以固定资产、长期投资和无形资产的净值改变量和平均总资产的比值测算投资支出。本书参考袁卫秋和黄旭（2016）的做法，用企业购建固定资产、无形资产和其他长期资产支付的现金与取得子公司及其他营业单位支付的现金之和除以上年末总资产，将得到的比值作为投资支出的代理变量，用 Inv 表示。

为保证研究模型的合理性以及控制其他因素对企业竞争力的影响，本节借鉴毕茜等（2018）、盛安琪等（2018）的做法，选取可持续增长率（$Grow$）、薪酬激励（$Salary$）、董事会规模（$Board$）、资产负债率（Lev）、股权集中度（$Stock$）、企业规模（$Size$）作为控制变量。本章还设置了行业（$Industry$）和年份（$Year$）虚拟变量以消除行业和年份固定效应的影响。变量的具体描述定义见表 5-2。

表 5-2　变量的具体描述定义

变量类型	变量名称	变量符号	变量衡量
被解释变量	企业竞争力	$Compete$	由企业竞争力的评价指标体系计算得到
解释变量	投资支出	Inv	（购建固定资产、无形资产和其他长期资产支付的现金 + 取得子公司及其他营业单位支付的现金）/上年末总资产
控制变量	可持续增长率	$Grow$	来源于 CSMAR 数据库
	薪酬激励	$Salary$	对数化董事、监事及高管年薪
	董事会规模	$Board$	对数化董事会成员总人数
	资产负债率	Lev	期末负债总额/期末资产总额
	股权集中度	$Stock$	第一大股东持股比例
	企业规模	$Size$	对数化以亿元为单位的总资产
	行业	$Industry$	设置 7 个行业虚拟变量
	年份	$Year$	设置 10 个年份虚拟变量

（三）模型构建

根据前面的分析，本节构建以下模型并使用 OLS 回归方法检验先进制造业投资支出对企业竞争力的影响。考虑到行业和年份因素可能对回归结果造成影响，模型中控制了行业固定效应和年份固定效应。

$$Compete_{i,t} = \beta_0 + \beta_1 Inv_{i,t} + \beta_2 Grow_{i,t} + \beta_3 Salary_{i,t} + \beta_4 Board_{i,t} + \beta_5 Lev_{i,t} +$$
$$\beta_6 Stock_{i,t} + \beta_7 Size_{i,t} + \sum Year + \sum Industry + \varepsilon_{i,t} \quad (5.1)$$

三　实证分析

（一）描述性分析

表 5 - 3 列示了主要变量描述性统计结果。其中企业竞争力的最小值和最大值分别是 - 0.249 和 1.387，标准差较高，为 0.231，可见不同企业之间竞争力差别较大，具有较强的异质性。企业竞争力中位数 - 0.082 小于均值 - 0.013，说明超过半数先进制造业企业的竞争力水平处于平均水平之下。投资支出的最小值和最大值分别是 0.001 和 0.516，标准差较高，为 0.085，可见不同先进制造业企业投资支出的总体差距偏大。企业投资支出中位数 0.058 小于均值 0.084，说明超过半数先进制造业企业的投资支出处于平均水平之下，总体投资支出水平较低。

表 5 - 3　描述性统计结果

变量	观测值	均值	标准差	最小值	中位数	最大值
Compete	6549	- 0.013	0.231	- 0.249	- 0.082	1.387
Inv	6549	0.084	0.085	0.001	0.058	0.516
Salary	6549	15.240	0.703	13.290	15.210	17.140
Lev	6549	0.375	0.196	0.045	0.364	0.888
Board	6549	8.734	1.976	4.000	9.000	15.000
Grow	6549	0.054	0.089	- 0.368	0.050	0.365
Stock	6549	33.610	13.750	9.160	31.700	69.750
Size	6549	3.532	1.110	1.491	3.378	6.798

（二）相关性分析

各变量相关性分析的结果见表 5 - 4，可以看出各变量之间基本存在一定的相关性。企业竞争力与投资支出的相关性系数为 0.016，在 5% 的水平下显著正相关，初步证明了本节的研究假设。对于控制变量，企业规模、资产负债率、股权集中度、薪酬激励、董事会规模、可持续增长率之间基本上也显著相关，说明控制变量的选取合适。

表 5 - 4　各变量的相关性分析

变量	Compete	Inv	Salary	Lev	Board	Grow	Stock	Size
Compete	1							
Inv	0.016 **	1						
Salary	0.454 ***	0.026 **	1					
Lev	0.242 ***	- 0.003 *	0.148 ***	1				
Board	0.219 ***	0.028 **	0.197 ***	0.152 ***	1			
Grow	0.266 ***	0.144 ***	0.183 ***	- 0.099 ***	0.045 ***	1		
Stock	0.148 ***	0.000 ***	- 0.038 ***	0.007	0.001	0.083 ***	1	
Size	0.721 ***	- 0.037 ***	0.556 ***	0.494 ***	0.263 ***	0.097 ***	0.095 ***	1

注：* 为 $p < 0.1$，** 为 $p < 0.05$，*** 为 $p < 0.01$。

（三）多元回归分析

如表 5 - 5 所示，模型（5.1）中所有连续变量的方差膨胀系数（VIF）的取值范围为 [1.03, 2.04]，平均 VIF 为 1.32，均远小于 10，说明模型不存在多重共线性问题。此外，由表 5 - 6 可知模型的 Adj. R^2 为 0.579，且模型的 F 值为 312.025，通过了显著性检验，可见回归模型的拟合度较高，可以很好地解释投资支出与企业竞争力的关系。投资支出的回归系数为 0.046，且在 5% 的水平下显著。这表明，先进制造业投资支出的增加能够显著提升企业竞争力，验证了本节的研究假设。控制变量企业规模、股权集中度、薪酬激励、董事会规模、可持续增长率的回归系数均显著为正，可见随着企业规模、股权集中度、薪酬激励、董事会规模、可持续增长率的增大，企业竞争力会得到提升；而资产负债率的回归系数为 -0.144，且在 1% 的水平下显著，说明资产负债率与企业竞争力显著负相关，资产负债率越高的企业，研发投入和负债经营的风险可能越大，越不利于企业竞争力的提升。

表 5 - 5 多重共线性检验

变量	VIF
Size	2.04
Salary	1.55
Lev	1.41
Grow	1.09
Board	1.08
Stock	1.03
Inv	1.03
平均 VIF	1.32

表 5 - 6 先进制造业投资支出与企业竞争力多元回归分析

变量	*Compete*
Inv	0.046 **
	(2.09)
Salary	0.013 ***
	(3.79)
Lev	- 0.144 ***
	(- 12.64)
Board	0.003 ***
	(2.85)
Grow	0.442 ***
	(19.95)
Stock	0.001 ***
	(7.55)
Size	0.154 ***
	(63.80)
常数项	- 0.663 ***
	(- 11.05)
观测值	6549
Industry	YES
Year	YES
Adj. R^2	0.579
F 值	312.025

注：括号中是回归系数对应的 t 值；** 为 $p < 0.05$，*** 为 $p < 0.01$。

在前述理论分析的基础上，本节对先进制造业投资支出与企业竞争力的关系进行实证检验，结果表明先进制造业投资支出对企业竞争力起正向促进作用。

第三节　先进制造业创新投入与竞争力研究

创新投入在一定程度上反映了先进制造业企业的无形资源情况，影响着企业的研发能力和生产管理能力。此外，2015 年 5 月，国务院印发的相关文件提出实现中国制造向中国创造转变、中国速度向中国质量转变、中国产品向中国品牌转变，完成中国制造由大变强的重要任务。先进制造业无论是技术变革还是产业结构升级都需要依赖创新投入，创新日益成为先进制造业企业能在激烈的竞争中立足并形成市场优势的核心动力。本节基于创新视角，对先进制造业创新投入与竞争力进行理论分析，并进一步实证分析先进制造业创新投入对企业竞争力的影响。

一　研究假设

当今时代新兴科技正在孕育兴起，虽然给制造业更好地进行资源配置、细化与延伸产业、实现高效便捷的生产提供了机会，但是也给制造业带来了强大冲击，落后过时的制造方式仍以传统的要素驱动产业发展，不符合当今时代对生产制造智能化、高效化和绿色化的要求，随时面临被淘汰的危机。在制造业的生产模式由传统化向先进化转变这一全球趋势的推动下，加快先进制造业的发展成了我国经济发展的重要组成部分。创新有助于提高先进制造业企业的生产效率，促进新旧动能转换和经济结构优化升级。根据国家统计局的统计[①]，2016～2020 年，我国的研究与试验发展（R&D）经费逐年增加，由 15677 亿元增长至 24426 亿元，增幅高达 55.81%，R&D 经费与国内生产总值之比也由 2.10% 增长到 2.40%，可见创新投入作为企业创新产出的基础，逐渐引起了企业的重视，对先进制造业发展的重要性不言而喻。

---

①　数据来源于国家统计局发布的《中华人民共和国 2020 年国民经济和社会发展统计公报》。

企业核心竞争力是企业所有能力中最核心、最根本的部分，具有向外辐射性，能够对其他能力的发挥产生作用。核心技术和核心产品是企业核心竞争力的集成和物化，构成了企业最终产品和市场多元化的逻辑基础，企业创造出具有自主知识产权的核心技术和核心产品离不开创新投入（史竹琴、薛耀文，2008）。李靖和胡振红（2008）提出技术创新具有自催化作用、低成本扩散和收益放大作用以及增强企业整体实力的作用，有利于增强企业核心竞争力。唐国华和陈祖华（2012）则认为企业竞争力的核心在于提高产品和服务的性价比，而技术创新能够通过重组优化企业资源以更有效率的方式创造性价比更高的成本、收益和利润组合，因此创新能够提高企业竞争力。

关于创新投入与企业竞争力，大量学者进行了理论与实证分析。孙冰和林婷婷（2011）对我国高技术产业竞争力和技术创新能力进行了灰色关联分析，实证结果表明新产品的研发、专利申请、专利拥有都是影响我国高技术产业竞争力的因素。程华等（2012）基于浙江省制造业，运用主成分分析法和离差系数法实证分析技术创新能力和技术创新效率对竞争力的影响，结果表明技术创新能力和技术创新效率分别从"量"和"质"两个方面提高了制造业竞争力。由于资源的匮乏，创新效率与制造业竞争力之间的协调性较差，目前制造业竞争力的提高较多地依赖创新投入。李亚杰和李沛浓（2019）提出企业进行研发投资是创造与众不同稀缺的异质性资源的基础，是获得竞争优势的源泉，以装备制造业上市公司为样本的实证研究结果表明，研发投资和技术并购的交互影响显著增强了企业的持续竞争力，而研发投资占比低和技术并购占比低均削弱了企业的持续竞争力。朱兰亭和杨蓉（2019）基于高新技术上市公司样本，构建了"高新技术企业研发投入—技术创新产出—高新技术企业国际竞争力"的理论模型，并运用层级回归进行了实证分析。理论分析认为高新技术企业通过增加创新投入，可以增强企业的知识和技术创造能力，此外，创新投入过程为企业提供了接触、模仿、吸收、利用新的外部技术和知识的可能性与机会，这使企业对技术未来发展方向的判断和预测更加准确，创造了企业深入开展技术创新活动的有利条件，有利于进一步提升企业的创新能力。实证结果虽然不显著，但仍为研发投入强度提升能够增加企业技术创新产出提供了经验证据。邹颖和谢恒（2020）研究了企业创新投入和股权资本成本的相关性，并在此基础上深入探讨企业竞争力和现金持有水平对两者关系的影响。研究结果表明企业管理层对企业长期发展能力的关注体现在创新投入上，因为创新活动能给企业发展尤其是产品带来正面的作用，只有持续、大力投入和高效管理创新活动，企业方能抢占市场的先机、获取竞争优势，即使创新投入不能立即给企业带来可观的投资回报，也能帮助企业在长期发展中赢得利益。因此，理性的企业管理层会重视研发对企业竞争力的影响，对企业开展研发投资采取支持和激励的积极态度，并愿意为此降低自身的投资要求报酬率。

结合上述文献的研究结论，本书认为创新投入能够通过以下几个方面影响先进制造业企业竞争力。第一，企业进行创新投入是创造与众不同稀缺的异质性资源的基础，企业只有不断进行创新投入才能获得新的核心技术、产品和生产工艺，获得竞争优势源泉。第二，同质产品竞争遵循的"人有我优"的竞争规则是，在激烈的市场竞争中，企业靠优质的产品获得优势。创新投入的增加有利于发挥技术创新的自催化作用、低成本扩散和收益放大作用，通过重组优化企业资源以更有效率的方式提高产品和服务的性价比，以此赢得竞争优势。第三，创新投入过程为企业提供了接触、模仿、吸收、利用新的外部技术和知识的可能性与机会，进而为企业准确判断和预测技术未来发展方向、提升知识和技术创新能力创造了有利条件，帮助企业提升竞争力。基于此，本节提出以下研究假设。

H5－2：先进制造业创新投入的增加能够显著提升企业竞争力。

二　研究设计

（一）样本选取与数据来源

本节样本选取与数据来源和本章第二节"先进制造业投资支出与竞争力研究"一致。最终保留了1115家上市公司6549条样本观测值。

（二）变量选取及定义

被解释变量为企业竞争力，同本章第二节。解释变量为创新投入，现有研究普遍认为，创新投入是创新过程中显性的研究与开发资源投入。其中，企业研发投入或人均研发支出是反映企业创新投入的重要指标，甚至成为其操作化定义（陈剑平、盛亚，2013）。王玉冬和李俊龙（2015）将创新投入定义为企业为确保创新活动顺利进行而投入的所有必要的人力、物力及财力等资源，包括人力创新投入与资本创新投入。本节对创新投入的定义是企业的研发支出合计，包括企业研究、开发过程中发生的各项资本化和费用化支出，同时，为了使数据更加平稳，对其进行取对数处理，用 *R&D* 表示。控制变量同本章第二节。变量的具体描述定义见表 5 - 7。

表 5 - 7　变量的具体描述定义

变量类型	变量名称	变量符号	变量衡量
被解释变量	企业竞争力	*Compete*	由企业竞争力的评价指标体系计算得到
解释变量	创新投入	*R&D*	对数化"研发过程中发生的各项资本化和费用化支出之和"
控制变量	可持续增长率	*Grow*	来源于 CSMAR 数据库
	薪酬激励	*Salary*	对数化董事、监事及高管年薪
	董事会规模	*Board*	对数化董事会成员总人数
	资产负债率	*Lev*	期末负债总额/期末资产总额
	股权集中度	*Stock*	第一大股东持股比例
	企业规模	*Size*	对数化以亿元为单位的总资产
	行业	*Industry*	设置 7 个行业虚拟变量
	年份	*Year*	设置 10 个年份虚拟变量

（三）模型构建

根据前面的分析，本节构建以下模型并使用 OLS 回归方法检验创新投入对企业竞争力的影响。考虑到行业和年份因素可能对回归结果造成影响，模型中控制了行业固定效应和年份固定效应。

$$Compete_{i,t} = \beta_0 + \beta_1 R\&D_{i,t} + \beta_2 Grow_{i,t} + \beta_3 Salary_{i,t} + \beta_4 Board_{i,t} + \beta_5 Lev_{i,t}$$
$$+ \beta_6 Stock_{i,t} + \beta_7 Size_{i,t} + \sum Year + \sum Industry + \varepsilon_{i,t} \tag{5.2}$$

三　实证分析

(一) 描述性分析

表 5 - 8 列示了主要变量描述性统计结果。其中企业竞争力的最小值和最大值分别是 - 0.249 和 1.387，标准差较高，为 0.231，可见不同企业之间竞争力差别较大，具有较强的异质性。企业竞争力中位数 - 0.082 小于均值 - 0.013，说明超过半数先进制造业企业的竞争力水平处于平均水平之下。创新投入的最小值和最大值分别是 14.190 和 21.800，标准差较高，为 1.384，可见不同先进制造业企业创新投入的总体差距偏大。创新投入中位数 17.840 小于均值 17.900，说明超过半数先进制造业企业的创新投入处于平均水平之下，总体创新投入水平较低。

表 5 - 8　描述性统计结果

变量	观测值	均值	标准差	最小值	中位数	最大值
Compete	6549	- 0.013	0.231	- 0.249	- 0.082	1.387
R&D	6549	17.900	1.384	14.190	17.840	21.800
Salary	6549	15.240	0.703	13.290	15.210	17.140
Lev	6549	0.375	0.196	0.045	0.364	0.888
Board	6549	8.734	1.976	4.000	9.000	15.000
Grow	6549	0.054	0.089	- 0.368	0.050	0.365
Stock	6549	33.610	13.750	9.160	31.700	69.750
Size	6549	3.532	1.110	1.491	3.378	6.798

(二) 相关性分析

各变量相关性分析的结果见表 5 - 9，可以看出各变量之间基本存在一定的相关性。企业竞争力与创新投入的相关性系数为 0.596，在 1% 的水平下显著正相关，初步证明了本节的研究假设。对于控制变量，企业规模、资产负债率、股权集中度、薪酬激励、董事会规模、可持续增长率之间基本上也显著相关，说明控制变量的选取合适。

表 5 - 9　各变量的相关性分析

变量	Compete	R&D	Salary	Lev	Board	Grow	Stock	Size
Compete	1							
R&D	0.596***	1						
Salary	0.454***	0.610***	1					
Lev	0.242***	0.275***	0.148***	1				
Board	0.219***	0.159***	0.197***	0.152***	1			
Grow	0.266***	0.174***	0.183***	-0.099***	0.045***	1		
Stock	0.148***	0.060***	-0.038***	0.007	0.001	0.083***	1	
Size	0.721***	0.732***	0.556***	0.494***	0.263***	0.097***	0.095***	1

注：*** 为 $p < 0.01$。

（三）多元回归分析

由表 5 - 10 可知，创新投入的回归系数为 0.016，且在 1% 的水平下显著。此外，模型的 Adj. R^2 为 0.582，且模型的 F 值为 315.808，通过了显著性检验，可见回归方程的拟合度较高，可以很好地解释创新投入与企业竞争力的关系。这表明，先进制造业创新投入的增加能够显著提升企业竞争力，验证了本节的研究假设。控制变量企业规模、股权集中度、董事会规模、可持续增长率的回归系数均显著为正，可见随着企业规模、股权集中度、董事会规模、可持续增长率的增大，企业竞争力会得到提升；而资产负债率的回归系数为 -0.139，且在 1% 的水平下显著，说明资产负债率与企业竞争力显著负相关，资产负债率越高的企业，研发投入和负债经营的风险可能越大，越不利于企业竞争力的提升；薪酬激励与企业竞争力的关系不显著。

表 5 - 10　先进制造业创新投入与企业竞争力多元回归分析

变量	Compete
R&D	0.016*** (7.09)
Salary	0.005 (1.40)
Lev	-0.139*** (-12.16)

变量	Compete
Board	0.003 *** (3.31)
Grow	0.413 *** (18.70)
Stock	0.001 *** (7.48)
Size	0.142 *** (47.90)
常数项	−0.797 *** (−12.69)
观测值	6549
Industry	YES
Year	YES
Adj. R^2	0.582
F 值	315.808

注：括号中是回归系数对应的 t 值；*** 为 p<0.01。

在前述理论分析的基础上，本节从定量角度刻画先进制造业创新投入对企业竞争力的影响，实证结果表明先进制造业创新投入的增加能够显著提升企业竞争力。

第四节　先进制造业劳动投资与竞争力研究

劳动投资在一定程度上反映了先进制造业企业的人力资源情况，劳动力要素是生产的重要因素，影响着企业各方面的能力。本节对先进制造业劳动投资与竞争力进行理论分析，从员工数量和支付的职工现金两个角度定量分析先进制造业劳动投资对企业竞争力的影响，并进一步探讨员工学历结构的影响。

一　研究假设

劳动力要素是生产的重要因素。2021 年，中共中央办公厅、国务院办公厅印发《建设高标准市场体系行动方案》，该方案提出推进劳动力要素有序流动和培育资本市场机构投资者是建设高标准市场体系的任务重点。从微观层面来看，劳动力是公司业务运营的重要成本组成部分，劳动力要素的高效配置可以较好地反映公司对于项目运营决策的考虑和选择，是公司产能和市场竞争能力的重要补充。此外，随着信息和技术产业主导世界经济，经济由要素驱动、投资驱动转向创新驱动，企业人力资本投资比重急剧上升，在决定先进制造业企业竞争成功方面发挥着越来越重要的作用，特别是在创新和产品开发等领域劳动投资愈显关键。

首先，企业扩大劳动投资的行为在一定程度上增加了企业的人力资源，充足的人力资源为企业研发、生产、营销等活动提供了关键支撑，保证了企业价值链的完整，是企业形成竞争力的基础。其次，企业招揽更多的高学历人才有助于企业吸收成员带来的技能、知识、推理和决策能力。在技术高速发展的信息化时代，具有果断、智慧、经验丰富等优秀素质的员工和具有专业技能的员工，是企业稀缺性、不可模仿性、不可替代性和持久性的资源，构成了企业人力资源的关键要素，对企业而言价值重大。这些员工掌握的技能和知识提升了企业的研发能力、生产管理能力、营销能力、财务能力和组织管理能力，创造了企业的繁荣，使企业具备竞争力。最后，企业增加支付给职工以及为职工支付的现金有助于吸引和留住人才，激励员工更好地完成工作，提升员工的积极性和工作效率，增强企业竞争力。基于此，本节提出以下研究假设。

H5-3：先进制造业劳动投资的增加能够显著提升企业竞争力。

二 研究设计

(一) 样本选取与数据来源

本节样本选取与数据来源和本章第二节"先进制造业投资支出与竞争力研究"一致。最终保留了1730家上市公司9139条样本观测值。

(二) 变量选取及定义

被解释变量为企业竞争力，同本章第二节。解释变量为劳动投资，参考 Jung 等（2014）和陈婧等（2018）的做法，从员工数量角度，采用企业员工数量增长率来反映企业的劳动投资，记作 Nethire。进一步地，按照学历将员工区分为研究生学历、本科学历、专科学历和高中及以下学历，对应的员工数量增长率分别表示为 $Netyjs$、$Netbk$、$Netzk$ 和 $Netgz$。从支付的职工现金角度，采用企业支付给职工以及为职工支付的现金取自然对数来反映企业的劳动投资，记作 $Netwage$。控制变量同本章第二节。变量的具体描述定义见表 5-11。

表 5-11　变量的具体描述定义

变量类型	变量名称	变量符号	变量衡量
被解释变量	企业竞争力	$Compete$	由企业竞争力的评价指标体系计算得到
解释变量	劳动投资	$Nethire$	企业员工数量增长率
		$Netyjs$	企业研究生学历员工数量增长率
		$Netbk$	企业本科学历员工数量增长率
		$Netzk$	企业专科学历员工数量增长率
		$Netgz$	企业高中及以下学历员工数量增长率
		$Netwage$	对数化企业支付给职工以及为职工支付的现金
控制变量	可持续增长率	$Grow$	来源于 CSMAR 数据库
	薪酬激励	$Salary$	对数化董事、监事及高管年薪
	董事会规模	$Board$	对数化董事会成员总人数
	资产负债率	Lev	期末负债总额/期末资产总额
	股权集中度	$Stock$	第一大股东持股比例
	企业规模	$Size$	对数化以亿元为单位的总资产
	行业	$Industry$	设置 7 个行业虚拟变量
	年份	$Year$	设置 10 个年份虚拟变量

（三）模型构建

根据前面的分析，本节构建以下模型并使用 OLS 回归方法检验劳动投资对企业竞争力的影响。考虑到行业和年份因素可能对回归结果造成影响，模型中控制了行业固定效应和年份固定效应。

$$Compete_{i,t} = \beta_0 + \beta_1 Nethire_{i,t} + \beta_2 Grow_{i,t} + \beta_3 Salary_{i,t} + \beta_4 Board_{i,t} +$$
$$\beta_5 Lev_{i,t} + \beta_6 Stock_{i,t} + \beta_7 Size_{i,t} + \sum Year + \sum Industry + \varepsilon_{i,t} \quad (5.3)$$

$$Compete_{i,t} = \beta_0 + \beta_1 Netyjs_{i,t} + \beta_2 Grow_{i,t} + \beta_3 Salary_{i,t} + \beta_4 Board_{i,t} +$$
$$\beta_5 Lev_{i,t} + \beta_6 Stock_{i,t} + \beta_7 Size_{i,t} + \sum Year + \sum Industry + \varepsilon_{i,t} \quad (5.4)$$

$$Compete_{i,t} = \beta_0 + \beta_1 Netbk_{i,t} + \beta_2 Grow_{i,t} + \beta_3 Salary_{i,t} + \beta_4 Board_{i,t} +$$

$$\beta_5 Lev_{i,t} + \beta_6 Stock_{i,t} + \beta_7 Size_{i,t} + \sum Year + \sum Industry + \varepsilon_{i,t} \qquad (5.5)$$

$$Compete_{i,t} = \beta_0 + \beta_1 Netzk_{i,t} + \beta_2 Grow_{i,t} + \beta_3 Salary_{i,t} + \beta_4 Board_{i,t} +$$

$$\beta_5 Lev_{i,t} + \beta_6 Stock_{i,t} + \beta_7 Size_{i,t} + \sum Year + \sum Industry + \varepsilon_{i,t} \qquad (5.6)$$

$$Compete_{i,t} = \beta_0 + \beta_1 Netgz_{i,t} + \beta_2 Grow_{i,t} + \beta_3 Salary_{i,t} + \beta_4 Board_{i,t} +$$

$$\beta_5 Lev_{i,t} + \beta_6 Stock_{i,t} + \beta_7 Size_{i,t} + \sum Year + \sum Industry + \varepsilon_{i,t} \qquad (5.7)$$

$$Compete_{i,t} = \beta_0 + \beta_1 Netwage_{i,t} + \beta_2 Grow_{i,t} + \beta_3 Salary_{i,t} + \beta_4 Board_{i,t} +$$

$$\beta_5 Lev_{i,t} + \beta_6 Stock_{i,t} + \beta_7 Size_{i,t} + \sum Year + \sum Industry + \varepsilon_{i,t} \qquad (5.8)$$

三　实证分析

(一) 描述性分析

表 5 - 12 列示了样本企业劳动投资的描述性统计结果。从员工数量角度来看，企业员工数量增长率的均值为 0.146，中位数为 0.050，说明超过半数先进制造业企业的员工数量增长率处于平均水平之下，总体劳动投资水平较低，最大值为 13.640，最小值为 - 0.926，标准差为 0.580，说明不同先进制造业企业员工数量增长率的总体差距偏大。区分学历水平，不同学历员工数量增长率的均值均大于零，说明总体劳动投资需求较大。研究生学历员工数量增长率较其他学历员工数量增长率明显更高，说明先进制造业企业更加重视对高学历劳动力的投资。从支付的职工现金角度来看，劳动投资的均值为 19.010，最大值为 22.500，最小值为 16.500，标准差为 1.241，说明不同先进制造业企业支付给职工以及为职工支付的现金水平较为平均。

表 5 - 12　描述性统计结果

变量	观测值	均值	标准差	最小值	中位数	最大值
Nethire	1730	0.146	0.580	- 0.926	0.050	13.640
Netyjs	1730	0.264	1.090	- 0.882	0.111	31.410
Netbk	1730	0.180	0.523	- 0.763	0.086	9.840
Netzk	1730	0.172	0.630	- 0.855	0.057	9.283

续表

变量	观测值	均值	标准差	最小值	中位数	最大值
Netgz	1730	0.195	1.144	−0.973	−0.007	12.990
Netwage	8441	19.010	1.241	16.500	18.880	22.500

（二）相关性分析

主要变量相关性分析的结果见表 5−13 和表 5−14，可以看出各变量之间基本存在一定的相关性。从员工数量增长率角度来看，先进制造业企业竞争力与企业员工数量增长率、研究生学历员工数量增长率的相关性系数分别为 0.020 和 0.041，均在 10% 的水平下显著为正。从支付的职工现金角度来看，先进制造业企业竞争力与企业支付给职工以及为职工支付的现金的相关性系数为 0.635，在 1% 的水平下显著为正。以上结果初步验证了本章的研究假设。

表 5−13　先进制造业劳动投资（员工数量增长率）与企业竞争力相关性分析

变量	*Compete*	*Nethire*	*Netyjs*	*Netbk*	*Netzk*	*Netgz*
Compete	1					
Nethire	0.020 *	1				
Netyjs	0.041 *	0.429 ***	1			
Netbk	0.035	0.651 ***	0.619 ***	1		
Netzk	−0.009	0.754 ***	0.397 ***	0.648 ***	1	
Netgz	−0.005	0.896 ***	0.762 ***	0.768 ***	0.887 ***	1

注：* 为 $p < 0.1$，*** 为 $p < 0.01$。

表 5−14　先进制造业劳动投资（支付的职工现金）与企业竞争力相关性分析

变量	*Compete*	*Netwage*	*Salary*	*Lev*	*Board*	*Grow*	*Stock*	*Size*
Compete	1							
Netwage	0.635 ***	1						
Salary	0.439 ***	0.623 ***	1					
Lev	0.234 ***	0.453 ***	0.127 ***	1				
Board	0.212 ***	0.257 ***	0.196 ***	0.129 ***	1			
Grow	0.251 ***	0.120 ***	0.182 ***	−0.103 ***	0.060 ***	1		

续表

变量	Compete	Netwage	Salary	Lev	Board	Grow	Stock	Size
Stock	0. 130 ***	0. 103 ***	− 0. 050 ***	0. 004	− 0. 006	0. 085 ***	1	
Size	0. 703 ***	0. 868 ***	0. 565 ***	0. 486 ***	0. 260 ***	0. 093 ***	0. 080 ***	1

注: *** 为 $p < 0.01$。

（三）多元回归分析

表 5 - 15 报告了先进制造业劳动投资与企业竞争力多元回归分析的结果。如列 (1) 所示，企业员工数量增长率的回归系数为 0.004，在 5% 的水平下显著为正，说明总体上企业在员工数量方面的劳动投资越多，企业竞争力越强。如列 (2) 所示，研究生学历的员工数量增长率的回归系数为 0.001，在 1% 的水平下显著为正，说明企业在研究生学历的员工方面的劳动投资增加能够显著增强企业竞争力。如列 (4) 所示，专科学历的员工数量增长率的回归系数为 − 0.012，在 5% 的水平下显著为负，说明企业在专科学历的员工方面的劳动投资增加能够显著降低企业竞争力。列 (3) 和列 (5) 的回归结果表明，本科学历和高中及以下学历的员工数量增长率与企业竞争力的关系不显著。如列 (6) 所示，企业支付给职工以及为职工支付的现金的自然对数的回归系数为 0.016，且在 1% 的水平下显著为正，说明总体上企业在支付的职工现金方面的劳动投资越多，企业竞争力越强。上述实证结果验证了本节的研究假设。

表 5 - 15　先进制造业劳动投资与企业竞争力多元回归分析

变量	(1) Compete	(2) Compete	(3) Compete	(4) Compete	(5) Compete	(6) Compete
Nethire	0. 004 ** (2. 32)					
Netyjs		0. 001 *** (8. 19)				
Netbk			− 0. 005 (− 0. 73)			
Netzk				− 0. 012 ** (− 2. 08)		

续表

变量	(1) Compete	(2) Compete	(3) Compete	(4) Compete	(5) Compete	(6) Compete
Netgz					0.017 (1.21)	
Netwage						0.016 *** (5.15)
Salary	0.004 (0.59)	0.004 (0.58)	0.004 (0.56)	0.004 (0.59)	0.041 (1.49)	0.007 ** (2.13)
Lev	− 0.182 *** (− 7.53)	− 0.182 *** (− 7.55)	− 0.182 *** (− 7.53)	− 0.181 *** (− 7.49)	− 0.515 *** (− 5.02)	− 0.147 *** (− 14.43)
Board	0.000 (0.16)	0.000 (0.17)	0.000 (0.16)	0.000 (0.13)	0.014 * (1.75)	0.002 ** (2.54)
Grow	0.589 *** (14.00)	0.586 *** (13.96)	0.591 *** (13.97)	0.593 *** (14.14)	0.101 (0.51)	0.410 *** (20.97)
Stock	0.000 (0.15)	0.000 (0.15)	0.000 (0.15)	0.000 (0.15)	− 0.004 *** (− 3.69)	0.001 *** (6.71)
Size	0.168 *** (34.29)	0.168 *** (34.26)	0.168 *** (34.31)	0.168 *** (34.34)	0.229 *** (11.74)	0.137 *** (43.12)
常数项	− 0.612 *** (− 4.09)	− 0.612 *** (− 4.09)	− 0.609 *** (− 4.08)	− 0.607 *** (− 4.07)	− 0.826 * (− 1.85)	− 0.817 *** (− 13.60)
观测值	1730	1730	1730	1730	1730	8441
Industry	YES	YES	YES	YES	YES	YES
Year	YES	YES	YES	YES	YES	YES
Adj. R²	0.613	0.613	0.613	0.614	0.690	0.557
F 值	120.175	120.139	120.196	120.628	20.145	321.895

注：括号中是回归系数对应的 t 值；* 为 $p < 0.1$，** 为 $p < 0.05$，*** 为 $p < 0.01$。

　　在前述理论分析的基础上，本节定量分析先进制造业劳动投资对企业竞争力的影响，实证结果表明：先进制造业在员工数量和支付的职工现金方面的劳动投资增加均显著提升了企业竞争力；从员工学历构成角度来看，企业在研究生学历的员工方面的劳动投资越多，企业竞争力越强。

第五节　先进制造业企业社会责任与竞争力研究

企业通过履行社会责任，可以与环境进行稀缺和难以替代的资源的交换，传递企业能力强的信号，实现与利益相关者的有效联系。可见，企业履行社会责任是企业的一种战略性规划，也是企业能力强的一种体现，有助于企业获得与形成竞争优势相关的资源。本节从企业社会责任出发，探讨先进制造业竞争力的内在驱动机理，在对先进制造业企业社会责任与竞争力进行理论分析的基础上进一步实证检验先进制造业企业社会责任对企业竞争力的影响。

一　研究假设

资源依赖理论认为组织需要通过获取环境中的资源来维持生存，没有组织可以不与外界接触就完全实现资源自给，企业经营所需的资源大多需要在环境中进行交换获得。资源依赖理论认为组织内部的权力分配格局受到组织对某资源的需要程度、该资源的稀缺程度、该资源能在多大程度上被利用并产生绩效以及组织获取该资源的能力的影响。因此，那些能够帮助组织获得或者掌握着稀缺性资源的利益相关者往往能够在组织中争取到更多的话语权，即资源的依赖状况决定组织内部的权力分配状况。基于资源依赖理论，Porter 和 Kramer（2002）提出可以将企业履行社会责任视为一种投资行为，该行为的目的就是帮助企业获取更多资源，进而帮助企业形成竞争优势。

利益相关者理论最早是弗里曼于 1984 年出版的《战略管理：利益相关者管理的分析方法》一书中明确提出的，该理论是指企业的经营管理者为综合平衡各个利益相关者的利益要求而进行的管理活动。企业的利益相关者，顾名思义，是指那些与企业决策行为相关的现实及潜在的、有直接和间接影响的人和群体，如企业的管理者、投资人、雇员、消费者、供应商、债权人、社区、政府等都属于利益相关者的范畴，这不仅包括股东在内，还涵盖了股东之外的与企业发展相关的群体。基于利益相关者理论，企业虽是由出资者设立、以获取利润为出发点，但其毕竟是存在于社会之中，与社会及其他社会成员之间存在千丝万缕的联系。该理论强调各利益相关者的投入或参与对企业的生存与发展至关重要，企业关注的不是某些特定主体的利益，而是所有利益相关者的整体利益，重视非股东的其他利益相关者对企业来说具有必要性。企业履行社会责任是向整体利益相关者承担受托责任的有效路径，能够实现与利益相关者间的长期良好互动，最终形成竞争力这一战略产物（李姝、谢晓嫣，2014）。

罗斯率先将信号传递理论应用到了财务领域，基于金融市场是有竞争力的、完美的，且不受交易成本或税收影响的假设，他提出管理者作为联结企业内外部的桥梁，在公司经营决策中扮演着重要角色。管理者掌握着公司的内部信息，但是由于各种原因，又与外部投资者之间存在信息不对称，外部投资者对企业状况的判断需要借助管理者向市场传递的各种信号。因此，管理者可以通过调整资本结构、更改融资方式、宣告分配股利等方式来释放公司发展前景良好的信号。基于信号传递理论，企业社会责任的履行是企业向外界传递自身具备较强财务实力、较大发展空间、较新的经营理念等的重要载体，有利于企业赢得各利益相关者的信赖和支持，吸引更优质和更丰富的资源，最终获得提升自身竞争力的坚实支撑（王永德、王晶，2021）。

诸多学者研究发现，企业社会责任对企业竞争力有显著的正向影响（杨乐，2021）。寇小萱等（2014）将企业社会责任划分为经济责任、环境保护、员工支持、投资者利益、消费者权益、商业伙伴和社会影响七个维度，认为尽管企业履行社会责任需要付出成本，在表面上与利润最大化、股东财富最大化的财务管理目标不一致，但是考虑到其他利益相关者的重要性和广泛性，企业积极履行社会责任可以满足更多利益相关者的需求，获得更多社会支持，进而提升自身竞争力。姚海鑫等（2016）基于我国建筑业上市公司样本，实证检验了企业社会责任是企业政治关联增强企业竞争力的影响机制之一，其本身也能正向作用于企业竞争力。徐天舒（2020）基于利益相关者理论，发现企业通过履行对股东、债权人、消费者、供应商、员工、政府和环境的社会责任，可以保证企业资金充足、扩大融资渠道和规模、提升客户品牌忠诚度、获得质优价美的原材料、增强生产和创新能力、获得政府优惠和补助政策、实现企业健康可持续发展，最终转化为企业不可模仿的竞争优势。基于此，本节提出以下研究假设。

H5－4：先进制造业企业社会责任的履行能够显著提升企业竞争力。

二　研究设计

（一）样本选取与数据来源

本节以 2009～2019 年我国 A 股先进制造业上市公司作为研究样本，剔除 ST 及 *ST、存在缺失值数据的先进制造业上市公司样本。最终保留 1426 家上市公司 7668 条样本观测值。研究使用的企业社会责任报告数据取自润灵环球社会责任报告评级数据库与和讯网，其余数据取自国泰安数据库。利用 Excel 和 Stata 15.0 软件进行数据整理和相关处理，并对所有连续变量进行 1% 和 99% 的缩尾处理，从而消除极端值的影响。

（二）变量选取及定义

被解释变量为企业竞争力，同本章第二节。解释变量为企业社会责任，学者们通常采用因子分析法、问卷调查法、企业声誉指数法、专业机构评分法等手段来衡量企业社会责任。润灵环球社会责任报告评级数据库以及和讯网发布的企业社会责任评分在研究中被广泛地采用，较为客观、全面和权威。本节分别选择以上两个数据库提供和发布的企业社会责任综合得分作为企业社会责任的代理变量。控制变量同本章第二节。变量的具体描述定义见表 5-16。

表 5-16　变量的具体描述定义

变量类型	变量名称	变量符号	变量衡量
被解释变量	企业竞争力	$Compete$	由企业竞争力的评价指标体系计算得到
解释变量	企业社会责任	$CSR1$	润灵环球社会责任报告评级数据库发布的企业社会责任综合得分
		$CSR2$	和讯网发布的企业社会责任综合得分
控制变量	可持续增长率	$Grow$	来源于 CSMAR 数据库
	薪酬激励	$Salary$	对数化董事、监事及高管年薪
	董事会规模	$Board$	对数化董事会成员总人数
	资产负债率	Lev	期末负债总额/期末资产总额
	股权集中度	$Stock$	第一大股东持股比例
	企业规模	$Size$	对数化以亿元为单位的总资产

续表

变量类型	变量名称	变量符号	变量衡量
控制变量	行业	*Industry*	设置 7 个行业虚拟变量
	年份	*Year*	设置 10 个年份虚拟变量

（三）模型构建

根据前面的分析，本节构建以下模型并使用 OLS 回归方法检验企业社会责任对企业竞争力的影响。考虑到行业和年份因素可能对回归结果造成影响，模型中控制了行业固定效应和年份固定效应。

$$Compete_{i,t} = \beta_0 + \beta_1 CSR1_{i,t} + \beta_2 Grow_{i,t} + \beta_3 Salary_{i,t} + \beta_4 Board_{i,t} +$$
$$\beta_5 Lev_{i,t} + \beta_6 Stock_{i,t} + \beta_7 Size_{i,t} + \sum Year + \sum Industry + \varepsilon_{i,t} \quad (5.9)$$

$$Compete_{i,t} = \beta_0 + \beta_1 CSR2_{i,t} + \beta_2 Grow_{i,t} + \beta_3 Salary_{i,t} + \beta_4 Board_{i,t} +$$
$$\beta_5 Lev_{i,t} + \beta_6 Stock_{i,t} + \beta_7 Size_{i,t} + \sum Year + \sum Industry + \varepsilon_{i,t} \quad (5.10)$$

三　实证分析

（一）描述性分析

表 5-17 列示了企业社会责任的描述性统计结果。可见，取自润灵环球社会责任报告评级数据库的企业社会责任（$CSR1$）的最小值和最大值分别为 19.950 和 73.160，标准差较高，为 11.470，说明不同先进制造业企业之间的社会责任评分存在较大差异；中位数为 36.630，略小于均值 38.870，说明超过半数先进制造业企业的社会责任评分处于平均水平之下，总体上企业社会责任的履行情况有待改善。取自和讯网的企业社会责任（$CSR2$）的最小值和最大值分别为 -1.330 和 78.000，标准差较高，为 22.320；中位数为 30.450，小于均值 39.640。$CSR2$ 的描述性统计情况与 $CSR1$ 基本一致。

表 5-17　企业社会责任的描述性统计结果

变量	观测值	均值	标准差	最小值	中位数	最大值
$CSR1$	7668	38.870	11.470	19.950	36.630	73.160
$CSR2$	7668	39.640	22.320	-1.330	30.450	78.000

（二）相关性分析

被解释变量和解释变量的相关性分析结果见表 5 – 18，可见企业竞争力与企业社会责任 *CSR*1、*CSR*2 的相关性系数分别为 0.374 和 0.022，均在 1% 的水平下显著正相关，初步证明了本节的研究假设。

表 5 – 18　先进制造业企业社会责任与企业竞争力相关性分析

变量	*Compete*	*CSR*1	*CSR*2
Compete	1		
*CSR*1	0.374 ***	1	
*CSR*2	0.022 ***	0.111 *	1

注：* 为 p < 0.1，*** 为 p < 0.01。

（三）多元回归分析

如表 5 – 19 所示，模型（5.9）和模型（5.10）的 Adj. R^2 分别为 0.698 和 0.692，F 值分别为 138.259 和 134.489，通过了显著性检验，可见回归模型的拟合度较高，可以较好地解释企业社会责任与企业竞争力的关系。企业社会责任（*CSR*1）的回归系数为 0.003，且在 1% 的水平下显著；企业社会责任（*CSR*2）的回归系数为 0.002，且在 1% 的水平下显著。这表明，先进制造业企业社会责任的履行显著提升了企业竞争力，上述实证结果验证了本节的研究假设。

表 5 – 19　先进制造业企业社会责任与企业竞争力多元回归分析

变量	(1) *Compete*	(2) *Compete*
*CSR*1	0.003 *** (5.30)	
*CSR*2		0.002 *** (5.80)
Salary	0.015 (1.43)	0.027 ** (2.47)
Lev	− 0.308 *** （− 7.94）	− 0.328 *** （− 8.28）

续表

变量	(1) Compete	(2) Compete
Board	-0.002 (-0.67)	-0.002 (-0.54)
Grow	0.703^{***} (9.35)	0.686^{***} (8.68)
Stock	0.001^{***} (3.42)	0.002^{***} (3.87)
Size	0.253^{***} (34.77)	0.261^{***} (36.14)
常数项	-1.168^{***} (-5.39)	-1.304^{***} (-6.00)
观测值	7668	7668
Industry	YES	YES
Year	YES	YES
Adj. R^2	0.698	0.692
F 值	138.259	134.489

注：括号中是回归系数对应的 t 值；** 为 $p < 0.05$，*** 为 $p < 0.01$。

在前述理论分析的基础上，本节对先进制造业企业社会责任与企业竞争力的关系提出研究假设，并进行实证检验，结果表明先进制造业企业社会责任对企业竞争力起正向促进作用。

第六章 先进制造业竞争力的外在驱动机理

首先，本章基于对宏观环境进行分析的 PEST 模型，从政治、经济、社会和技术 4 个宏观角度对先进制造业竞争力的外部影响因素进行剖析，并主要选择税收优惠、政府补助、"一带一路"倡议与产业智能化作为反映经济、社会、政治与技术方面的变量，通过理论分析与实证检验外部因素对企业竞争力的影响。其次，利用我国先进制造业上市公司相关数据，采用多元回归与固定效应模型相结合的方法分别对税收优惠和政府补助如何影响先进制造业企业竞争力进行实证检验。同时，基于"一带一路"倡议，运用 PSM-DID 方法实证分析"一带一路"倡议影响竞争力的路径。此外，使用产权属性作为分组变量，研究其对企业竞争力是否存在调节作用。最后，实证检验产业智能化对企业竞争力的作用机理及时间效应，并且在不同产权性质、资产密集度、员工密集度、融资约束程度、生命周期阶段以及经济政策不确定性维度下，进一步考察产业智能化对先进制造业企业竞争力的异质性影响。

第一节 先进制造业竞争力的外部影响因素分析

企业的外部环境是在企业形体之外的客观因素，它不仅能影响企业对资源的获取和使用，还对企业竞争力的形成和企业的扩大起着重要作用。因此，本节结合学者的研究和先进制造业的实际情况，基于 PEST 模型，从政治、经济、社会和技术 4 个宏观角度进行外部环境分析，构建先进制造业竞争力的外部影响因素分析框架。

一 政治和法律环境

政治和法律环境是指一个国家或地区的政治制度、体制、方针政策、法律法规等方面。政治因素主要考虑了政府所持的具体态度和推行的基本政策以及这些政策的连续性和稳定性等方面的影响，法律因素主要包括政府制定的法律法规。政治和法律环境是影响企业能否持续生存的最重要因素，从而常常影响企业的经营行为。

先进制造业的发展前景非常广阔，得到了国家的重视和大力支持。政府通过积极的产业政策和财政政策对先进制造业的生产经营进行规划引导，为外商投资搭建畅通的平台，为先进制造业发展创设良好的发展环境。在产业政策方面，政府首先分析和判断国内外的具体形势，比如各个国家的经济发展走向，根据分析的结果出台科学合理的产业规划，为整个产业的转型升级提供明晰的目标和方向，从而推动先进制造业发展。同时加快培育先进制造业集群，促进企业向专业化方向发展。在产业政策的实施过程中，政府通常也会辅之以财政政策保障先进制造业的发展。具体来说，各级政府通常积极实行各种财政优惠政策，比如在税收收入、土地使用和资金筹措等方面，出台了一系列减免政策或优惠政策，吸引高科技产业和先进制造业进入，发展市场需求较大、有发展潜力的高质量产品，促进制造业企业实现转型升级。

政府制定的法律法规对先进制造业也有直接或间接的影响。与欧美等发达国家和地区相比，我国先进制造业的行业标准尚不够明确，规范化水平也有待提高，为维持市场公平运营和产业健康发展，政府同样要建立完善的法律机制对先进制造业进行有效的监管，发挥积极正向的引导作用，健全对先进制造业的保障机制。比如，政府通过完善先进制造业技术标准体系，对先进制造业技术方面进行有效严格的监管，及时掌握先进制造业企业运营情况，做好监督和管控工作。

二　经济环境

经济环境总体分成两个方面，一方面是指构成企业生存和发展的社会经济状况；另一方面是指国家的经济政策，主要包括社会经济结构、经济发展水平、宏观经济政策等方面的因素。相比较而言，政治和法律环境给企业带来的影响可能是缓慢的，具有一定的滞后性，经济环境会对企业的存续与生产经营带来更直接、更具体的影响。

当前全球经济增长乏力，经济形势仍然复杂严峻，具有较大的不稳定性、不确定性。随着国家不断深化改革、调整宏观经济结构，我国的产业体系也在进行深刻的变革，从第二产业慢慢转向第三产业，逐步实现由传统制造业向高新技术产业的转移变迁，先进制造业需要调整未来经营方向和管理战略，朝适应宏观经济的方向转变。

我国目前正处于发展机遇期，经济仍有较大的发展空间，营商环境正进一步改善，对外开放步伐正进一步加快，吸引外商投资机会在增加。在国内外都能提供较大助力的经济背景下，我国先进制造业在未来同样会有可观的走势，具有较好的可持续增长表现。此外，随着人均收入的不断增长，消费者不再满足于原有的产品，对于产品品质会有更高的要求，这对先进制造业进一步优化运营组织、提高设计与生产研发效率、提供优质的产品和服务提出了更高的要求。

在宏观经济政策方面，本书主要考虑了经济发展战略、产业政策和财政政策的影响。我国政府在当前形势下提出了"双循环"新发展格局的经济发展战略，这对于国内产业结构持续升级、要素自由流动、新一轮区域经济一体化具有极为重要的意义，尤其是在扩大消费需求与促进消费升级方面。同时，与前面政治和法律环境分析中相一致的是，产业政策和财政政策既属于政治和法律环境分析中的政治因素，也属于经济环境中的经济因素，是先进制造业高质量发展过程中不可忽视的助推力量。

三　社会和文化环境

社会和文化因素作为外部环境的重要组成部分，对促进先进制造业的孕育与发展起着重要作用。在社会和文化环境分析中，本书主要考虑了文化传统和价值观、人口、社会流动性和教育基础等影响因素。

文化传统和价值观对不同区域的企业发展产生了重要的影响。受历史文化因素影响，我国不同区域的工业化基础和发展方向不同。以我国长三角区域为例，该区域拥有悠久的外向型经济传统，形成了浓厚的重商主义文化，有利于现代企业的萌芽和发展。同时，该区域对外开放的历史悠久，更易于接受国外先进文化、技术和产品，从国外客户获取技术帮助和市场信息，有助于企业进行技术改进、革新与交易，更好更快地让产品"走出去"，有效促进先进制造业在国际市场上竞争力的提升。人口基数、增长速度和老龄化程度关系着企业劳动力数量的变化。对于劳动密集型企业来说，随着人口的增加，较强的社会流动性能够输送较多数量的劳动力加入社会生产队伍。教育基础为先进制造业的可持续发展提供了强大的人员储备。先进制造业是知识密集型行业，对于管理人员与普通员工均有更高的素质和技术要求。要想发展先进制造业，人才是至关重要、不可或缺的。可以说，教育基础是人力资本的决定性因素，教育基础越完善，越有利于企业更好地"站在巨人的肩膀上"进行科技创新，带来许多良好的经济结果，例如，提高劳动人员素质、推动技术消化—吸收—再创新的良性循环、加快研发成果的推广与应用，最终实现生产率的提升。

四　技术环境

技术环境是指企业业务所涉及国家和地区的技术水平、技术政策、新产品开发能力以及技术发展的动态等。在技术环境分析中，本书主要考虑了企业所处领域的科技水平和科技发展趋势、政府在科研与教育方面的投入和知识产权保护情况等方面的因素。

技术进步和新技术的出现对先进制造业而言，既是机遇也是挑战。一方面，技术进步创造了竞争优势。新技术的出现使整个社会对本行业产品和服务的需求增加，对产品和服务的质量要求提高，从而使企业可以扩大原来的经营范围或实施蓝海战略，开发新产品、开辟新市场。另一方面，技术进步使现有不符合时代和消费者需求的产品被淘汰，或者大大缩短产品的生命周期，可能导致石油加工、化学原料和化学制品等传统制造业被淘汰。

政府在科研与教育方面的投入对于先进制造业技术的发展至关重要，政府的科教投入对企业技术的影响可以表现为直接地进行财政科技拨款、对科创企业实施税收优惠政策等，也可以表现为间接地制定和施行促进创新技术发展的相关政策，例如优秀人才落户的优惠政策、交通基础设施的改善措施等。政府的科技投入是战略性的投资，有利于技术水平的提高和科技人才的培养。

企业为了提高自身利用资源的能力，选择开发新技术、整合已有技术以及获取外部技术溢出等方法，从而提升企业技术效率，而知识产权制度作为保护技术创新、优化资源配置的重要制度安排，能够促进技术创新，提升技术效率。知识产权保护对效率的正面效果已被大量学者所证实，然而也有学者提出严格的知识产权保护存在负面效果，会导致垄断、削弱市场竞争及研发激励，抑制"干中学"效应，对全球范围内的技术模仿与技术扩散起到一定的阻碍作用。因此，企业生产技术潜能能否充分发挥及技术效率能否提升，在很大程度上取决于现行的知识产权保护制度是否具有一定的合理性和适宜性。只有国家的知识产权保护强度合理并且适度，先进制造业才能最大限度地通过引进标杆企业的技术并对其消化、吸收来提高自身的技术效率。

第二节　税收优惠与先进制造业竞争力研究

与世界先进水平相比，我国先进制造业的企业竞争力存在一定差距，不断提升先进制造业企业竞争力是中国提升综合国力、保障国家安全、建设世界强国的必由之路。根据上节 PEST 模型分析，从经济环境来看，国家的经济政策会对企业的经营和发展产生重要影响，税收优惠作为国家影响经济的重要政策工具之一，往往对先进制造业企业竞争力产生影响。因此本节将 2009～2019 年我国 A 股先进制造业上市公司作为研究样本，采用多元回归与固定效应模型相结合的方法实证分析税收优惠对企业竞争力的影响。

一　政策背景

企业竞争力是企业生存和发展的关键，是影响和决定一国竞争力的关键因素，是国家竞争力的核心。2020 年 4 月，习近平总书记进一步强调"制造业是国家经济命脉所系"[①]，尤其先进制造业已经成为世界制造业市场中竞争态势最为激烈的领域，同时也是发达国家控制全球分工体系的战略制高点。加快发展先进制造业已成为世界制造业发展的主要趋势，并且先进制造业企业竞争力能否持续发展关系到我国资本市场能否健康发展。

然而，经济下行压力持续加大，特别是对于一些盈利能力较弱的企

---

① 《习近平在陕西考察时强调：扎实做好"六稳"工作落实"六保"任务　奋力谱写陕西新时代追赶超越新篇章》，中国政府网，2020 年 4 月 23 日，https://www.gov.cn/xin-wen/2020 - 04/23/content_5505476.htm。

业来说，税负问题日益成为其背上的"一座大山"，税负过重不是困扰个别企业的问题，而是已经逐渐成为制约企业高质量发展的棘手问题。税收政策是促进经济发展和激发市场活力的重要工具，能够有效促进供给侧改革和引导企业进行科学合理的经济行为。实施合理的税收优惠政策在宏观经济下行压力持续增大的背景下，对于提高企业竞争力、助推经济高质量发展尤为必要（毛德凤、彭飞，2020）。正如《国家创新驱动发展战略纲要》（2016年）所提出的"利用首台套订购、普惠性财税和保险等政策手段，降低企业创新成本"。这就表明税收激励政策具有发力精准、结构性特征突出的特点，作为国家重要的政策工具，未来仍将持续健康引导企业成为技术创新投入主体（孙莹、顾晓敏，2020）。2017年，国务院推出六大减税措施，预计减税3800多亿元，持续推动实体经济降成本、增后劲。《2018年国务院政府工作报告》明确要求大力实施减税降费，进一步减轻企业税负，全年实现的减税降费规模约为1.3万亿元。同时，近年来财政部联合其他部门陆续发布《关于实施小微企业普惠性税收减免政策的通知》（2019年）、《关于支持新型冠状病毒感染的肺炎疫情防控有关税收政策的公告》（2020年）、《关于支持集成电路产业和软件产业发展进口税收政策的通知》（2021年）来激励与扶持企业的成长，直击实体经济的痛点和难点，着眼于企业发展后劲和财政可持续。可见，税收优惠促进了企业创新能力的提升，推动了我国经济增长，减税对宏观经济持续稳定和高质量发展的重要性不言而喻。

政府实施税收优惠政策的主要目的是帮助企业缩减成本、激励企业加大创新力度、提升企业整体业绩。但是，已经享受到税收优惠政策的先进制造业企业是否真正通过研发创新等途径提高自身竞争力？或者只是单纯获得降低成本的好处，仅仅将这部分多出的盈余作为股东、高管和员工的福利，却丝毫没有考虑企业自身竞争力水平的提升问题。可见对其进行研究探讨具有重要的实际价值。然而，鲜有文献从企业竞争力角度对税收优惠效应进行实际效果评价以及探究税收优惠对先进制造业企业竞争力的影响机理。

本节的可能贡献有以下方面。第一，丰富了有关企业竞争力影响因素方面的研究，现有研究集中于科技政策（程翔等，2020；刘婷婷、高凯，2020）、外部环境（Porter，1990；Spanos and Lioukas，2001；陈元，

2009；胡平等，2013)、高管薪酬 (盛明泉等，2017)、研发创新 (Hidayati et al.，2011；唐清泉、巫岑，2015；伦蕊，2020)、社会责任 (姚海鑫等，2016) 方面对企业竞争力的影响，少有从税收优惠角度对企业竞争力的影响进行研究。第二，丰富了有关税收激励效应方面的研究，现有研究大多从创新绩效 (贾佳，2017；董黎明等，2020；姚维保、张翼飞，2020)、财务绩效 (蔡昌、田依灵，2017)、投资绩效 (杨继生、黎娇龙，2018；杨杨、杨兵，2020) 方面对税收激励效应进行研究，鲜有文献从企业竞争力视角对税收激励效应进行研究。第三，补充了来自先进制造业企业的经验证据，为优化税收优惠政策、推动供给侧改革和提升我国先进制造业企业竞争力提供有益的借鉴和启示。

二　理论分析与研究假设

(一) 税收优惠与企业竞争力

税收优惠政策有利于促进企业科技创新和扩大投资，缓解融资约束，从而激励企业提升自身竞争力乃至长远稳定发展 (柳光强，2016)。本节认为税收优惠可以显著增强先进制造业企业竞争力，主要基于以下考虑。

第一，根据企业竞争优势理论，资金是企业市场竞争优势的主要来源。税收优惠可以减少企业的税负支出，从而降低现金流出量 (陈运森等，2018；Ernst，2011)，相当于增加了可支配收入，提高了企业自身的财务实力。根据税收的收入效应，结余的该部分资金有助于企业选取更有利的竞争策略以及提高生产力水平，同时可以帮助企业及时抓住高回报的优良投资机会，也能够抵抗同行发起的价格战，维持市场份额，最终提高自身的竞争优势。

第二，降低税收可以很好地缓解企业的融资约束程度，当企业的初始税负越高时，减税效应越显著 (毛德凤、彭飞，2020)。根据信号传递理论，当企业享受税收优惠政策时，有助于向外界传递出政府大力支持企业未来发展前景的利好消息，增强外部投资者的投资热情，减少企业在融资时信息不对称问题的发生，保证企业资金经营活动的顺利运转，从而不断提高企业竞争力。

同时，目前大多数学者集中研究了税收优惠与企业绩效的关系，发现税收优惠对企业的科技创新、财务和投资绩效都会产生促进效果。其中唐红祥和李银昌（2020）研究表明，在营商环境良好的情况下，税收优惠对企业绩效的促进作用更显著。由于企业绩效在一定程度上可以反映企业竞争力水平，据此本节提出如下假设。

H6－1：税收优惠对企业竞争力起正向促进作用。

（二）税收优惠、产权性质与企业竞争力

产权性质的区别造成了企业资源配置、政策体系、管理策略等方面的差异，进而会影响税收政策的实施效果（唐红祥、李银昌，2020）。本节认为税收优惠对国有企业竞争力的正向促进作用更大，主要基于以下原因。

第一，依据边际效用理论，国有企业对税收优惠的反应愈加敏感，其在本来需缴纳税额的基础上实际获得的税收优惠数额更大。第二，由于国有企业的特殊经济地位，我国实施的大部分区域经济政策、税收政策会偏向于国有企业。第三，相比于国有企业，非国有企业可能因为整体经济资源有限，从而将获得的大部分税收优惠用来增加产能，而非加大研发投入，所以此时税收优惠对其企业竞争力的效果不大明显。同时，非国有企业获取的利润偏低甚至可能出现亏损，这时其无法充分或者根本未能享受税收优惠政策。据此本书提出如下假设。

H6－2：相比于非国有企业，税收优惠对国有企业竞争力的正向促进作用更大。

（三）税收优惠、研发投入与企业竞争力

税收优惠会显著激励制造业企业的研发投入（杨国超、芮萌，2020；Bloom et al.，2002），通常拥有税收优惠资质的企业会具有更多的专利发明技术、新型产品以及研发奖励（Klassen et al.，2004；Czarnitzki et al.，2011；陈东、邢霖，2020）。本节认为税收优惠有助于提升企业的研发投入，主要基于以下考虑。第一，税收优惠能够减少企业的税收负担，降低企业科创活动的单位成本以及研发风险（储德银等，2016；Busom et al.，2014），从而引导企业加大对研发创新的投入。第二，税收优惠政策会向市场传递出政府鼓励科技创新的信号，引导各企业研发创新的方向，降低研发活动信息不对称产生的消极影响，缓解企业融资约束。第三，研发费用加计扣除政策能够提升企业的研发投入（李新等，2019；

Neicu，2019），并且科研成果又会进一步提高企业享受税收优惠的程度，从而有助于企业形成一个良好的科研投入循环。

同时，研发投入是企业获取竞争优势并保持可持续发展的根本动力和源泉（杜勇等，2014）。李文茜和刘益（2017）实证结果表明研发投入强度与企业竞争力呈显著正相关关系，增加研发投资、提高自主创新能力是提升企业竞争力的重要手段。根据技术创新理论，通过研发活动和技术创新，企业能够提高生产效率和产品附加值，不断生产新产品、开辟新的产品市场，从而提升企业的竞争力水平。可见，税收优惠通过正向促进研发投入，从而不断提升先进制造业企业竞争力。据此本书提出如下假设。

H6 - 3：研发投入在税收优惠和企业竞争力之间发挥着中介效应。

综上，税收优惠对企业竞争力的影响机理如图 6 - 1 所示。

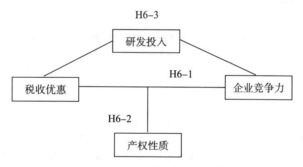

图 6 - 1 税收优惠对企业竞争力的影响机理

三 研究设计

（一）样本选择及数据来源

本节以 2009 ~ 2019 年我国 A 股先进制造业上市公司作为研究样本，其中前文确定本书研究的先进制造业细分行业总共包括 8 个：C25、C26、C27、C35、C36、C37、C39、C40。剔除 ST 及 *ST、存在缺失值数据的先进制造业上市公司样本，最终保留了 1425 家上市公司 9139 条样本观测值。研究中使用的数据取自国泰安数据库，并且利用 Excel 和 Stata 15.0 软件进行数据整理和相关处理，本节对所有连续变量进行 1% 和 99% 的缩尾处理，从而消除极端值的影响。在实际检验过程中，本章结合数据的结构采用了混合截面回归。

（二）研究变量的选取与测度

1. 企业竞争力

企业竞争力作为被解释变量，根据现有相关文献（金碚，2003b；张进财、左小德，2013；韩海燕、任保平，2020），国内学者多采用神经网络评价法、主成分分析法、综合指数评价法等方法来衡量企业竞争力。其中，金碚在《中国企业竞争力报告（2003）——竞争力的性质和源泉》中提出的中国工业企业竞争力监测指标体系的国内影响力最大，相比较之下更加适用于本节所研究的先进制造业企业。同时，本节在此基础上参考了李钢（2004）、盛安琪等（2018）、张旭等（2010）的做法，最终得到的先进制造业企业竞争力的评价指标体系见表6-1，用 *Compete* 表示企业竞争力。

表6-1　企业竞争力的评价指标体系

变量类型		变量名称	权重(%)	变量释义
企业竞争力	规模因素	营业收入	20	营业收入
		净资产	16	净资产
		净利润	11	净利润
	增长因素	营业收入增长率	17	营业收入增长额/上年营业收入总额
		净利润增长率	14	净利润增长额/上年净利润总额
	效率因素	股东权益报酬率	8	当期利润/平均净资产
		总资产利润率	8	当期利润/平均总资产
		全员劳动效率	6	营业收入/员工总人数

2. 税收优惠

税收优惠作为解释变量，现有研究一般采用实际所得税税率来衡量，但考虑到企业的税收优惠政策实际上涵盖增值税、所得税、消费税和教育费附加等多个税种，为了能更为全面地反映企业享受税收优惠政策的情况，本节借鉴柳光强（2016）的做法，采用现金流量表中"收到的各项税费返还"项目作为衡量指标。同时，为了使数据更加平稳，对以亿元为单位的"收到的各项税费返还"进行取对数处理，用 *Tax* 表示。

3. 研发投入

研发投入作为中介变量，在企业内部研究开发阶段，研发支出为费用化和资本化部分。为了更准确衡量企业的研发投入，以研发支出费用化和资本化之和来衡量研发投入指标。同时，为了使数据更加平稳，对其进行取对数处理，用 *R&D* 表示。

4. 控制变量

为保证研究模型的合理性以及控制其他因素对企业竞争力的影响，本节借鉴毕茜等（2018）、盛安琪等（2018）的做法，选取可持续增长率（*Grow*）、薪酬激励（*Salary*）、董事会规模（*Board*）、资产负债率（*Lev*）、股权集中度（*Stock*）、企业规模（*Size*）作为控制变量。此外，为控制行业环境和宏观经济环境的变动，本节还设置了行业（*Industry*）和年份（*Year*）虚拟变量，以此控制行业和年份固定效应的影响。

对上述变量进行整理后，本节变量的具体描述定义见表 6 - 2。

表 6 - 2　变量的具体描述定义

变量类型	变量名称	变量符号	变量衡量
被解释变量	企业竞争力	*Compete*	由企业竞争力的评价指标体系计算得到
解释变量	税收优惠	*Tax*	对数化"收到的各项税费返还"
中介变量	研发投入	*R&D*	对数化"研发支出费用化和资本化之和"
控制变量	可持续增长率	*Grow*	来源于 CSMAR 数据库
	薪酬激励	*Salary*	对数化董事、监事及高管年薪
	董事会规模	*Board*	对数化董事会成员总人数
	资产负债率	*Lev*	期末负债总额/期末资产总额
	股权集中度	*Stock*	第一大股东持股比例
	企业规模	*Size*	对数化以亿元为单位的总资产
	行业	*Industry*	设置 7 个行业虚拟变量
	年份	*Year*	设置 10 个年份虚拟变量

（三）研究模型

根据前面的分析，本节使用多元回归方法检验税收优惠、研发投入对企业竞争力的影响。考虑到行业和年份因素可能对回归结果造成影响，模型中控制了行业固定效应和年份固定效应。为了反映税收优惠对企业竞争力的影响程度，即验证假设 H6 - 1，本书构建了模型（6.1）：

$$Compete_{i,t} = \alpha_0 + \alpha_1 Tax_{i,t} + \alpha_2 Grow_{i,t} + \alpha_3 Salary + \alpha_4 Board_{i,t} + \alpha_5 Lev_{i,t} +$$
$$\alpha_6 Stock_{i,t} + \alpha_7 Size_{i,t} + Industry + Year + \varepsilon_{i,t} \tag{6.1}$$

主要关注模型（6.1）税收优惠的系数，如果 α_1 显著为正，说明假设 H6 - 1 初步成立。假设 H6 - 2 的检验主要通过对比两组税收优惠的系数，并用 F 检验测试组间系数的差异。

本节在模型（6.1）的基础上构建模型（6.2）和模型（6.3）以检验研发投入在税收优惠与企业竞争力之间的中介效应：

$$R\&D_{i,t} = \beta_0 + \beta_1 Tax_{i,t} + \beta_2 Grow_{i,t} + \beta_3 Salary_{i,t} + \beta_4 Board_{i,t} + \beta_5 Lev_{i,t} +$$
$$\beta_6 Stock_{i,t} + \beta_7 Size_{i,t} + Industry + Year + \varepsilon_{i,t} \tag{6.2}$$
$$Compete_{i,t} = \gamma_0 + \gamma_1 Tax_{i,t} + \gamma_2 R\&D_{i,t} + \gamma_3 Grow_{i,t} + \gamma_4 Salary_{i,t} + \gamma_5 Board_{i,t} +$$
$$\gamma_6 Lev_{i,t} + \gamma_7 Stock_{i,t} + \gamma_8 Size_{i,t} + Industry + Year + \varepsilon_{i,t} \tag{6.3}$$

主要关注税收优惠在模型（6.1）和模型（6.3）中回归系数的变化，若加入研发投入变量之后，发现研发投入的系数显著为正，同时税收优惠的系数有所下降，说明税收优惠可以通过增加研发投入来提高企业竞争力。

四　实证分析

（一）描述性统计

表 6 - 3 列示了主要变量描述性统计结果。其中企业竞争力的最小值和最大值分别是 - 0.249、1.387，标准差较高，为 0.221，可见不同企业之间竞争力差别较大，具有较强的异质性。企业竞争力中位数 - 0.085 小于均值 - 0.021，说明超过半数先进制造业企业的竞争力水平处于平均水平之下。同样，税收优惠的最小值和最大值分别为 0、2.530，标准差较高，为 0.449，中位数 0.067 小于均值 0.251，表明不同企业享受的税收优惠程度依然存在较大差别，有一半以上先进制造业企业享受的税收优惠未达到平均水平，甚至有些企业未享受到税收优惠。研发投入的标准差高达 1.359，中位数 17.801 小于均值 17.867，表明不同先进制造业企业研发投入的总体差距偏大。

表 6 - 3 描述性统计结果

变量	观测值	均值	标准差	最小值	最大值	中位数
Compete	9139	- 0.021	0.221	- 0.249	1.387	- 0.085
Tax	9139	0.251	0.449	0.000	2.530	0.067
R&D	9139	17.867	1.359	14.193	21.797	17.801
Salary	9139	15.199	0.735	13.286	17.132	15.187
Lev	9139	0.370	0.200	0.045	0.888	0.352
Board	9139	8.632	1.933	4.000	15.000	9.000
Grow	9139	0.056	0.093	- 0.374	0.365	0.052
Stock	9139	34.128	13.990	9.160	69.990	32.150
Size	9139	3.428	1.116	1.486	6.798	3.262

（二）相关性分析

各变量相关性分析的结果见表 6 - 4，可以看出各变量之间基本存在一定的相关性。企业竞争力与税收优惠和研发投入的相关性系数分别为 0.575 和 0.599，且都显著正相关；税收优惠与研发投入的相关性系数为 0.581，也显著正相关。相关性分析的结果初步证明了假设 H6 - 1 和假设 H6 - 3。对于控制变量，企业规模、资产负债率、股权集中度、薪酬激励、董事会规模、可持续增长率之间基本上也显著相关，说明控制变量的选取合适。

表 6 - 4 各变量的相关性分析

变量	*Compete*	*Tax*	*R&D*	*Lev*	*Salary*	*Board*	*Grow*	*Stock*	*Size*
Compete	1								
Tax	0.575 ***	1							
R&D	0.599 ***	0.581 ***	1						
Lev	0.226 ***	0.289 ***	0.312 ***	1					
Salary	0.433 ***	0.403 ***	0.616 ***	0.109 ***	1				
Board	0.206 ***	0.146 ***	0.149 ***	0.132 ***	0.188 ***	1			
Grow	0.244 ***	0.049 ***	0.134 ***	- 0.102 ***	0.168 ***	0.057 ***	1		
Stock	0.129 ***	0.019 *	0.041 ***	0.006	- 0.054 ***	- 0.005 ***	0.100	1	
Size	0.701 ***	0.570 ***	0.744 ***	0.475 ***	0.549 ***	0.257 ***	0.064 ***	0.072 ***	1

注：* 为 $p < 0.1$，*** 为 $p < 0.01$。

（三）多元回归分析

1. 税收优惠与企业竞争力

税收优惠对企业竞争力影响的实证结果见表 6 - 5。模型（6.1）中所有连续变量的 VIF 的取值范围为 [1.03，2.37]，远小于 10，说明模型不存在多重共线性问题。此外，模型的 Adj. R^2 为 0.612，且模型的 F 值为 236.55，通过了显著性检验，可见回归模型的拟合度较高，可以很好地解释税收优惠与企业竞争力的关系。从模型（6.1）的结果来看，税收优惠的回归系数为 0.140，且在 1% 的水平下显著。这表明，企业受到的税收优惠会提高企业竞争力，验证了本节的假设 H6 - 1。

控制变量企业规模、股权集中度、薪酬激励、董事会规模、可持续增长率的回归系数均显著为正，可见随着企业规模、股权集中度、薪酬激励、董事会规模、可持续增长率的增大，企业竞争力会得到提高；而资产负债率的回归系数为 - 0.156，且在 1% 的水平下显著，说明资产负债率与企业竞争力显著负相关，资产负债率越高的企业，研发投入和负债经营的风险可能越大，越不利于企业竞争力的提升。

表 6 - 5　税收优惠与企业竞争力的回归结果

变量	模型（6.1）被解释变量：*Compete*
Tax	0.140 *** (33.07)
Lev	- 0.156 *** (- 17.29)
Salary	0.006 ** (2.29)
Board	0.002 ** (2.16)
Grow	0.404 *** (23.89)
Stock	0.001 *** (7.46)
Size	0.115 *** (54.34)
常数项	- 0.546 *** (- 3.8)

续表

变量	模型（6.1）被解释变量：*Compete*
Industry	控制
Year	控制
观测值	9139
Adj. R²	0.612
F 值	236.55

注：括号中为回归系数对应的 t 值；** 为 p<0.05，*** 为 p<0.01。

2. 税收优惠、产权性质与企业竞争力

考虑到国有企业与非国有企业在享受税收优惠方面可能存在差异，接下来研究产权性质对税收优惠与企业竞争力关系是否有影响。税收优惠与企业竞争力按企业产权性质分组回归结果见表 6-6。对于国有企业样本，税收优惠的回归系数为 0.173，且在 1% 的水平下显著；对于非国有企业样本，税收优惠的回归系数为 0.089，且在 1% 的水平下显著。可见，无论在国有企业还是在非国有企业中，税收优惠均与企业竞争力呈正相关关系。可见，税收优惠对国有企业和非国有企业的竞争力均具有激励效应，从而再次检验了假设 H6-1。

相对于非国有企业，国有企业样本税收优惠的回归系数更大，且组间系数差异检验表明，两组样本税收优惠的系数在 1% 的水平下存在显著差异（p=0.0000）。这表明相比于非国有企业，税收优惠对国有企业竞争力的正向促进作用更大，假设 H6-2 得到验证。

表 6-6　分组回归结果及组间系数差异检验

变量	国有企业 *Compete*	非国有企业 *Compete*
Tax	0.173 *** (21.50)	0.089 *** (20.55)
Lev	-0.216 *** (-10.43)	-0.105 *** (-12.74)
Salary	0.002 (0.40)	0.016 *** (6.63)
Board	0.001 (0.73)	-0.001 (-1.45)

续表

变量	国有企业 *Compete*	非国有企业 *Compete*
Grow	0.461*** (13.00)	0.374*** (23.99)
Stock	0.002*** (6.78)	0.0003*** (3.55)
Size	0.144*** (30.91)	0.085*** (43.11)
常数项	-0.563*** (-4.18)	-0.556*** (-5.32)
Industry	控制	控制
Year	控制	控制
观测值	3001	6138
Adj. R^2	0.677	0.552
F 值	135.74	131.22
p = 0.0000		

注：括号中为回归系数对应的 t 值；*** 为 p < 0.01。

3. 税收优惠、研发投入与企业竞争力

研发投入在税收优惠与企业竞争力之间中介效应的回归结果如表 6 - 7 所示。在模型（6.1）中税收优惠的回归系数为 0.140，且在 1% 的水平下显著。在模型（6.2）中税收优惠的回归系数为 0.429，且在 1% 的水平下显著，说明税收优惠同样正向促进研发投入。在模型（6.3）中同时加入税收优惠和研发投入变量，发现此时税收优惠的回归系数下降为 0.130，且在 1% 的水平下显著，则说明税收优惠通过增加研发投入来提高企业竞争力，假设 H6 - 3 得到验证。

表 6 - 7   研发投入中介效应的回归结果

变量	模型（6.1） 被解释变量： *Compete*	模型（6.2） 被解释变量： *R&D*	模型（6.3） 被解释变量： *Compete*
Tax	0.140*** (33.07)	0.429*** (18.47)	0.130*** (29.93)

续表

变量	模型（6.1） 被解释变量： *Compete*	模型（6.2） 被解释变量： *R&D*	模型（6.3） 被解释变量： *Compete*
R&D			0.009 *** (4.33)
Lev	− 0.156 *** (− 17.29)	− 0.258 *** (− 5.08)	− 0.167 *** (− 17.96)
Salary	0.006 ** (2.29)	0.371 *** (24.30)	0.003 (1.20)
Board	0.002 ** (2.16)	− 0.015 *** (− 3.28)	0.002 ** (2.35)
Grow	0.404 *** (23.89)	1.161 *** (11.97)	0.430 *** (24.05)
Stock	0.001 *** (7.46)	0.001 ** (2.07)	0.001 *** (7.38)
Size	0.115 *** (54.34)	0.688 *** (58.51)	0.114 *** (44.51)
常数项	− 0.546 *** (− 3.8)	10.012 *** (13.08)	− 0.632 *** (− 4.48)
Industry	控制	控制	控制
Year	控制	控制	控制
观测值	9139	9139	9139
Adj. R^2	0.612	0.711	0.632
F 值	236.55	363.33	250.16

注：括号中为回归系数对应的 t 值；** 为 $p < 0.05$，*** 为 $p < 0.01$。

（四）稳健性检验

为了证明研究结果具有稳健性，本书更改税收优惠的测度方法。在控制变量不变的情况下，本节将收到的税费返还与总资产之比作为解释变量的替换指标依次进行回归。稳健性检验的回归结果如表6-8~表6-10所示，回归结果无实质性改变，结论依然成立。从表6-8可以发现，税收优惠对企业竞争力起正向促进作用；从表6-9可以发现，相比于非国有企业，税收优惠对国有企业竞争力的正向促进作用更大；从表6-10可以发现，研发投入在税收优惠和企业竞争力之间发挥着中介效应。因此，本节的研究结果具有稳健性。

表 6－8　税收优惠与企业竞争力的回归结果（Ⅰ）

变量	模型（6.1）被解释变量：*Compete*
Tax	0.627 *** (4.76)
Lev	－ 0.148 *** (－15.57)
Salary	0.015 *** (5.34)
Board	0.002 ** (2.12)
Grow	0.408 *** (22.78)
Stock	0.001 *** (6.80)
Size	0.144 *** (70.47)
常数项	－ 0.772 *** (－5.08)
Industry	控制
Year	控制
观测值	9139
Adj. R^2	0.565
F 值	195.31

注：括号中为回归系数对应的 t 值；** 为 $p < 0.05$，*** 为 $p < 0.01$。

表 6－9　分组回归结果及组间系数差异检验（Ⅱ）

变量	国有企业 *Compete*	非国有企业 *Compete*
Tax	2.068 *** (5.36)	0.309 *** (2.93)
Lev	－ 0.199 *** (－8.94)	－ 0.097 *** (－11.48)
Salary	0.014 ** (2.03)	0.021 *** (8.66)

续表

变量	国有企业 Compete	非国有企业 Compete
Board	0.002 (0.84)	−0.001* (−1.70)
Grow	0.436*** (11.45)	0.388*** (24.08)
Stock	0.001*** (5.32)	0.0004*** (3.85)
Size	0.189*** (42.37)	0.100.*** (52.63)
常数项	−1.007*** (−6.89)	−0.682*** (−6.32)
Industry	控制	控制
Year	控制	控制
观测值	3001	6138
Adj. R^2	0.627	0.521
F 值	109.14	116.20
	p = 0.0002	

注：括号中为回归系数对应的 t 值；* 为 p<0.1，** 为 p<0.05，*** 为 p<0.01。

表 6−10　研发投入中介效应的回归结果（Ⅲ）

变量	模型（6.1）被解释变量：Compete	模型（6.2）被解释变量：R&D	模型（6.3）被解释变量：Compete
Tax	0.627*** (4.76)	11.011*** (16.13)	0.387*** (2.92)
R&D			0.020*** (9.33)
Lev	−0.148*** (−15.57)	−0.277*** (−5.43)	−0.158*** (−16.13)
Salary	0.015*** (5.34)	0.377*** (24.58)	0.008*** (2.64)
Board	0.002** (2.12)	−0.015*** (−3.31)	0.002** (2.35)
Grow	0.408*** (22.78)	1.114*** (11.42)	0.424*** (22.53)

续表

变量	模型（6.1） 被解释变量： *Compete*	模型（6.2） 被解释变量： *R&D*	模型（6.3） 被解释变量： *Compete*
Stock	0.001 *** (6.80)	0.001 * (1.83)	0.001 *** (6.98)
Size	0.144 *** (70.47)	0.791 *** (73.30)	0.133 *** (49.97)
常数项	− 0.772 *** (− 5.08)	9.64 *** (12.54)	− 0.940 *** (− 6.34)
Industry	控制	控制	控制
Year	控制	控制	控制
观测值	9139	9139	9139
Adj. R^2	0.565	0.708	0.593
F 值	195.31	358.50	211.74

注：括号中为回归系数对应的 t 值；* 为 $p < 0.1$，** 为 $p < 0.05$，*** 为 $p < 0.01$。

　　本节利用 2009 ~ 2019 年我国 A 股先进制造业上市公司相关数据，采用固定效应模型与多元回归相结合的方式对税收优惠如何影响先进制造业企业竞争力进行了实证检验。研究发现：税收优惠对企业竞争力起正向促进作用；考虑到国有企业与非国有企业在税收优惠的实施效果方面存在较大差异，本节进一步研究了产权性质对税收优惠与企业竞争力关系的影响，发现相比于非国有企业，税收优惠对国有企业竞争力的正向促进作用更大；研发投入在税收优惠和企业竞争力之间发挥着中介效应。

第三节　政府补助与先进制造业竞争力研究

　　除税收优惠之外，政府补助也是另一种重要形式的经济政策，可以直接给予货币性资产对企业进行补助。我国在 2015 年之后相继出台了一系列政府补助与税收优惠政策，力图激励制造业转型升级，不断提高自身竞争力。本节使用 2009 ~ 2019 年我国 A 股先进制造业上市公司作为研究样本，采用多元回归与固定效应模型相结合的方法实证分析政府补助对企业竞争力的影响。

一　理论分析与研究假设

（一）政府补助与企业竞争力

在以公有制为主体的社会主义市场经济体制中，政府补助是政府参与企业经济运行最有效的途径之一（何红渠、刘家祯，2016）。本节认为政府补助对于先进制造业企业竞争力的提高有显著的正向促进作用，主要基于以下几点。

第一，波特的钻石理论阐述了企业要获得竞争优势，政府的支持就是最不可替代的外在驱动因素之一。早期有学者认为政府补助对企业竞争力有促进作用，因为政府的补助意味着企业有更多的可利用资源，同时企业开展各种相关活动与项目的资源消耗成本也得以降低，例如获得某种生产所必需的原材料等。政府补助对于企业有着明显的激励作用，促进企业对于新知识、新技术的吸收与融合，并且促进企业共享各自的创新成果（Behn et al.，2008）。

第二，政府补助可以弥补市场失灵、促进企业加快转型升级、解决人民苦恼的就业问题等。政府对于企业的补助可以让资本所有者看到一个关于该企业的良性信号，认为对该企业投入资本会得到预期的收益（Kler，2010）。政府补助也可以帮助企业克服较大的进入壁垒，从而研究新的产品、开拓新的市场，获得更多来自投资者或者银行的资金。从人力资源的角度来看，获得政府补助的企业能够吸引到更多的高质量人才，为企业提供更多的知识资本，从而提高企业的竞争力。

同时，目前大多数学者集中研究了政府补助与企业经济绩效的关系，发现政府补助对企业的研发能力、财务和投资绩效都会产生正向促进效果。政府补助可以降低企业研发活动的成本和不确定性风险，最终使企业收益增加（Lee and Cin，2010）。政府补助在很大程度上能够纠正研发投入的市场失灵并分散投资风险，从而激励企业进行研发活动（尚洪涛、房丹，2021）。政府补助越多，对创新产出的促进作用也越明显，越有利于提高企业的创新绩效。基于此，本书提出以下假设。

H6－4：政府补助对企业竞争力起正向促进作用。

（二）政府补助、产权性质与企业竞争力

企业的产权性质是影响政府补助效果的一个重要因素，而国有企业与非国有企业本身在经济绩效方面就有较大的差异（郝凤霞、郑婷婷，2019）。不同产权性质的企业在获取资源和创新研发方面的能力存在很大的差异。本节认为政府补助对国有企业竞争力的正向促进作用较之于非国有企业更显著，主要基于以下原因。

第一，国有企业现阶段经营业绩落后于非国有企业。国有企业在资源方面有更大的优势，一旦国有企业遭受损失或者面临高额的成本，政府必定会采取措施对国有企业进行补助（Liang et al.，2012），会使国有企业加大研发投入，而非国有企业长期以来饱受资源、融资问题的困扰，受到政府补助对于非国有企业竞争力的促进作用不明显。

第二，国有企业的经济地位在我国非常特殊，在国家经济中占有更大的比重，对市场经济的影响更大，因此政府更有可能对国有企业给予更多的补助。而非国有企业"融资难且贵"，政府补助对非国有企业很可能只起到一个短期的支持效果，长期来看对企业竞争力的促进作用不是非常明显。因此本书提出如下假设。

H6－5：相比于非国有企业，政府补助对国有企业竞争力的正向促进作用更大。

（三）政府补助、税收优惠与企业竞争力

政府补助与税收优惠能进行市场干预与成本控制，是国家扶持企业的重要手段，能激励企业参与研发活动以此实现技术创新（宋岩，2009；金玉，2010）。也有学者认为单一的税收激励效果或许并不明显，政府应该将税收优惠与政府补助两种政策协调施行，共同促进企业加大创新投入，提高自身竞争力（李浩研、崔景华，2014）。现有文献大多单独分析了政府补助或者税收优惠对企业竞争力的影响，因此本书探究政府补助与税收优惠的交乘项对于企业竞争力的影响，提出以下假设。

H6－6：政府补助与税收优惠的交乘项正向促进企业竞争力的提高。

综上，政府补助对企业竞争力的影响机理如图6－2所示。

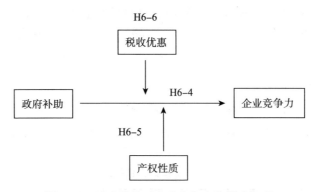

图 6 - 2　政府补助对企业竞争力的影响机理

二　研究设计

（一）样本选择及数据来源

本节以 2009 ~ 2019 年我国 A 股先进制造业上市公司作为研究样本，其中前文确定本书研究的先进制造业细分行业总共包括 8 个：C25、C26、C27、C35、C36、C37、C39、C40。剔除 ST 及 *ST、存在缺失值数据的先进制造业上市公司样本，最终保留了 1721 家上市公司 8504 条样本观测值。研究中使用的数据取自国泰安数据库，并且利用 Excel 和 Stata 16.0 软件进行数据整理和相关处理，本节对所有连续变量进行 1% 和 99% 的缩尾处理，从而消除极端值的影响。在实际检验过程中，本章结合数据的结构采用了混合截面回归。

（二）研究变量的选取与测度

1. 企业竞争力

企业竞争力仍然作为被解释变量，测算指标同本章第二节，用 *Compete* 表示。

2. 政府补助

政府补助作为解释变量，其数据从 CSMAR 数据库公司研究数据中下载，为了使数据更加平稳，对以亿元为单位的政府补助金额进行取对数处理，用 *Subsidy* 表示。

3. 控制变量

本节借鉴卞家喻（2019）、杨艳红（2021）、王维等（2020）的研究做法，选取行业垄断程度（*Lerner*）、可持续增长率（*Grow*）、薪酬激励（*Salary*）、股权集中度（*Stock*）、企业年龄（*Age*）、流动资产周转率（*CATR*）、董事会规模（*Board*）作为控制变量。此外，为控制行业环境和宏观经济环境的变动，本节还设置了行业（*Industry*）和年份（*Year*）虚拟变量，以此控制行业固定效应和年份固定效应对结果的影响。

对上述变量进行整理后，本节变量的具体描述定义见表6-11。

表6-11　变量的具体描述定义

变量类型	变量名称	变量符号	变量衡量
被解释变量	企业竞争力	*Compete*	由企业竞争力的评价指标体系计算得到
解释变量	政府补助	*Subsidy*	对数化"政府补助"
控制变量	可持续增长率	*Grow*	来源于 CSMAR 数据库
	行业垄断程度	*Lerner*	来源于 CSMAR 数据库
	薪酬激励	*Salary*	对数化董事、监事及高管年薪
	股权集中度	*Stock*	第一大股东持股比例
	企业年龄	*Age*	当前考察年份与企业成立年份之差加1
	流动资产周转率	*CATR*	对数化营业收入与流动资产期末余额之比
	董事会规模	*Board*	对数化董事会成员总人数
	行业	*Industry*	设置7个行业虚拟变量
	年度	*Year*	设置10个年份虚拟变量

（三）研究模型

根据前面的分析，本节使用多元回归方法检验政府补助对企业竞争力的影响。考虑到行业和年份因素可能对回归结果造成影响，模型中控制了行业固定效应和年份固定效应。为了反映政府补助对企业竞争力的影响程度，即验证假设H6-4，本书构建了模型（6.4）：

$$Compete_{i,t} = \beta_0 + \beta_1 Subsidy_{i,t} + \beta_2 Grow_{i,t} + \beta_3 Lerner_{i,t} + \beta_4 Salary_{i,t} + \beta_5 Stock_{i,t} +$$
$$\beta_6 Age_{i,t} + \beta_7 CATR_{i,t} + \beta_8 Board_{i,t} + \sum Year + \sum Industry + \varepsilon_{i,t} \quad (6.4)$$

主要关注模型（6.4）政府补助的系数，如果β_1显著为正，说明假设H6-4初步成立。假设H6-5的检验主要通过对比不同产权性质两组政府补助的系数，并用F检验测试组间系数的差异。

本节在模型（6.4）的基础上构建模型（6.5）以检验税收优惠与政府补助对企业竞争力的影响：

$$Compete_{i,t} = \beta_0 + \beta_1 Subsidy_{i,t} + \beta_2 Tax_{i,t} + \beta_3 Subsidy_{i,t} \times Tax_{i,t} +$$

$$\beta_4 Grow_{i,t} + \beta_5 Lerner_{i,t} + \beta_6 Salary_{i,t} + \beta_7 Stock_{i,t} + \beta_8 Age_{i,t} +$$

$$\beta_9 CATR_{i,t} + \beta_{10} Board_{i,t} + \sum Year + \sum Industry + \varepsilon_{i,t} \qquad (6.5)$$

主要关注模型（6.4）中政府补助的系数和模型（6.5）中政府补助与税收优惠交乘项的系数，若政府补助与税收优惠交乘项的系数显著为正，说明政府补助与税收优惠的交乘项能够提升企业的竞争力。模型（6.6）对政府补助采用滞后一期数据进行稳健性检验，模型（6.7）加入遗漏变量资产负债率 Lev、企业规模 $Size$ 进行稳健性检验：

$$Compete_{i,t} = \beta_0 + \beta_1 L. Subsidy_{i,t} + \beta_2 Grow_{i,t} + \beta_3 Lerner_{i,t} + \beta_4 Salary_{i,t} + \beta_5 Stock_{i,t} +$$

$$\beta_6 Age_{i,t} + \beta_7 CATR_{i,t} + \beta_8 Board_{i,t} + \sum Year + \sum Industry + \varepsilon_{i,t} \qquad (6.6)$$

$$Compete_{i,t} = \beta_0 + \beta_1 Subsidy_{i,t} + \beta_2 Grow_{i,t} + \beta_3 Lerner_{i,t} + \beta_4 Salary_{i,t} +$$

$$\beta_5 Stock_{i,t} + \beta_6 Age_{i,t} + \beta_7 CATR_{i,t} + \beta_8 Board_{i,t} + \beta_9 Lev_{i,t} +$$

$$\beta_{10} Size_{i,t} + \sum Year + \sum Industry + \varepsilon_{i,t} \qquad (6.7)$$

三　实证分析

（一）描述性统计

表 6-12 列示了主要变量描述性统计结果。其中企业竞争力的最小值和最大值分别是 -0.226、1.303，标准差较高，为 0.228，可见不同企业之间竞争力差别较大，具有较强的异质性。企业竞争力中位数 -0.084 小于均值 -0.014，表明选取的先进制造业企业有一半以上竞争力水平低于平均水平。政府补助的最小值和最大值分别为 9.739 和 20，标准差较高，为 1.986，中位数 15.61 大于均值 15.45，表明不同企业接受的政府补助数额存在很大差距，有一半以上先进制造业企业享受的政府补助已经达到平均水平。

表 6-12　描述性统计结果

变量	观测值	均值	中位数	标准差	最小值	最大值
Compete	8504	-0.014	-0.084	0.228	-0.226	1.303

续表

变量	观测值	均值	中位数	标准差	最小值	最大值
Subsidy	8504	15.45	15.61	1.986	9.739	20
Grow	8504	0.056	0.052	0.087	−0.337	0.348
Lerner	8504	0.125	0.112	0.114	−0.235	0.458
Salary	8504	15.22	15.2	0.728	13.4	17.18
Stock	8504	33.88	32.16	13.76	9.12	69.16
Age	8504	16.73	16	5.455	5	31
CATR	8504	1.106	0.939	0.709	0.206	4.315
Board	8504	8.664	9	1.917	4	15

（二）相关性分析

各变量相关性分析的结果见表 6 – 13，可以看出各变量之间基本存在一定的相关性。企业竞争力与政府补助的相关性系数为 0.324，且显著正相关，初步证明了假设 H6 – 4。控制变量可持续增长率、行业垄断程度、薪酬激励、股权集中度、企业年龄、流动资产周转率、董事会规模之间基本上也显著相关，说明以上选取的变量合适。

表 6 – 13　各变量的相关性分析

变量	Compete	Subsidy	Grow	Lerner	Salary	Stock	Age	CATR	Board
Compete	1								
Subsidy	0.324***	1							
Grow	0.243***	0.096***	1						
Lerner	0.034***	−0.103***	0.470***	1					
Salary	0.458***	0.175***	0.169***	0.178***	1				
Stock	0.126***	0.070***	0.074***	0.035***	−0.066***	1			
Age	0.140***	−0.110***	−0.025**	−0.064***	0.199***	−0.087***	1		
CATR	0.213***	0.069***	0.075***	−0.235***	0.084***	0.055***	0.087***	1	
Board	0.179***	0.167***	0.034***	−0.055***	0.177***	0.00700	0.026**	0.103***	1

注：** 为 $p < 0.05$，*** 为 $p < 0.01$。

（三）多元回归分析

1. 政府补助与企业竞争力

如表 6 – 14 所示，模型（6.4）中所有连续变量的 VIF 的取值范围为

[1.03，1.52]，远小于 10，说明模型不存在多重共线性问题。政府补助对企业竞争力影响的实证结果见表 6 - 15。此外，模型的 Adj. R^2 为 0.3847，且模型的 F 值为 91.1，通过了显著性检验，表明回归方程的拟合度比较高，可以很好地解释政府补助与企业竞争力的关系。从模型 (6.4) 的结果来看，政府补助的回归系数为 0.0326，且在 1% 的水平下显著。这表明，企业接受政府补助会提高企业竞争力，验证了本节的假设 H6 - 4。

控制变量除了 *Lerner* 之外回归系数均显著为正，可见随着可持续增长率、薪酬激励、股权集中度、企业年龄、流动资产周转率、董事会规模的增大，企业竞争力会得到提高；行业垄断程度的回归系数为负数，说明随着行业垄断程度的提高，企业的竞争力会下降。

表 6 - 14　多重共线性检验

变量	VIF	1/VIF
Lerner	1.52	0.659
Grow	1.39	0.721
Salary	1.19	0.838
CATR	1.14	0.879
Subsidy	1.13	0.887
Age	1.09	0.918
Board	1.06	0.940
Stock	1.03	0.974
平均 VIF	1.19	

表 6 - 15　政府补助与企业竞争力的回归结果

变量	模型 (6.4) 被解释变量：*Compete*
Subsidy	0.0326 *** (27.19)
Grow	0.4391 *** (16.33)
Lerner	- 0.1047 *** (4.71)
Salary	0.1062 *** (32.54)

变量	模型 （6.4）被解释变量： *Compete*
Stock	0.0019 *** （12.88）
Age	0.0025 *** （5.87）
CATR	0.0336 *** （9.87）
Board	0.0060 *** （5.54）
常数项	－ 2.2547 *** （－12.54）
Industry	控制
Year	控制
观测值	8504
Adj. R^2	0.3847
F 值	91.1

注：括号中为回归系数对应的 t 值；*** 为 $p < 0.01$。

2. 政府补助、产权性质与企业竞争力

考虑到国有企业与非国有企业产权性质的不同，接受政府补助金额可能存在差异，接下来研究产权性质对政府补助与企业竞争力关系是否有影响。政府补助对企业竞争力的影响按企业产权性质分组回归结果见表 6 - 16。对于国有企业样本，政府补助的回归系数为 0.0547，且在 1% 的水平下显著；对于非国有企业样本，政府补助的回归系数为 0.0135，且在 1% 的水平下显著。无论在国有企业还是在非国有企业中，政府补助与企业竞争力均呈显著正相关关系。可见，政府补助对于国有企业与非国有企业都存在正向的促进作用，从而再次检验了假设 H6 - 4。

相对于非国有企业，国有企业样本政府补助的回归系数更大，且组间系数差异检验表明，两组样本政府补助的系数在 1% 的水平下存在显著差异（p = 0.0000）。这表明相比于非国有企业，政府补助对国有企业竞争力的正向促进作用更加显著，假设 H6 - 5 得到验证。

表6-16 分组回归结果及组间系数差异检验

变量	国有企业 Compete	非国有企业 Compete
Subsidy	0.0547 *** (20.66)	0.0135 *** (12.84)
Grow	0.5087 *** (16.33)	0.184 *** (14.74)
Lerner	−0.1873 *** (−3.15)	0.027 (1.46)
Salary	0.1253 *** (17.25)	0.08729 *** (31.07)
Stock	0.0019 *** (12.88)	0.0005 *** (4.06)
Age	−0.002 (−0.21)	0.0017 *** (4.85)
CATR	0.0457 *** (7.14)	0.0294 *** (8.10)
Board	0.0065 ** (2.86)	−0.006 (−0.63)
常数项	−2.9294 *** (−17.84)	−1.6148 *** (−12.46)
Industry	控制	控制
Year	控制	控制
观测值	2760	5744
Adj. R^2	0.4795	0.3334
F 值	58.77	51.38
	p = 0.0000	

注：括号中为回归系数对应的 t 值；** 为 $p < 0.05$，*** 为 $p < 0.01$。

3. 政府补助、税收优惠与企业竞争力

政府补助与税收优惠的交乘项对企业竞争力影响的实证结果如表6-17所示。在模型（6.4）中政府补助的回归系数为0.0326，且在1%的水平下显著；在模型（6.5）中，同时加入政府补助和政府补助与税收优惠的交乘项，发现此时政府补助的回归系数下降为0.0115，且仍然显著，而政府补助与税收优惠交乘项的回归系数为0.0243，且在1%的水平下显著，则说明政府补助与税收优惠的交乘项能够起到正向促进企业竞争

力提升的作用，假设 H6 - 6 得到验证。

表6 - 17　政府补助、税收优惠与企业竞争力的回归结果

变量	Compete
Subsidy	0.0115 ***
	(10.12)
Tax	- 0.1982 ***
	(- 8.05)
Subsidy × Tax	0.0243 ***
	(17.09)
Grow	0.4237 ***
	(18.62)
Lerner	0.0118
	(0.63)
Salary	0.0577 ***
	(19.86)
Stock	0.0016 ***
	(13.43)
Age	0.0015 ***
	(4.34)
CATR	0.0247 ***
	(8.56)
Board	0.0026 **
	(2.88)
常数项	- 1.1835 ***
	(- 7.54)
Industry	控制
Year	控制
观测值	8504
Adj. R^2	0.5594
F 值	178.01

注：括号中为回归系数对应的 t 值； ** 为 $p < 0.05$， *** 为 $p < 0.01$。

（四）稳健性检验

为了证明研究结果具有稳健性，在控制变量不变的情况下，本节使用政府补助的滞后一期数据作为政府补助的替换指标进行回归分析。稳健性检验的回归结果如表 6 - 18 所示，回归结果无实质性改变，结论依然成立，说明本节的研究结果具有稳健性。

表 6 - 18　滞后一期政府补助的回归结果

变量	模型（6.6）被解释变量：*Compete*
L. *Subsidy*	0. 0419 *** (28. 79)
Grow	0. 5015 *** (16. 50)
Lerner	- 0. 985 *** (- 3. 82)
Salary	0. 0995 *** (26. 62)
Stock	0. 0019 *** (11. 46)
Age	0. 0023 *** (4. 99)
CATR	0. 0316 *** (8. 38)
Board	0. 0066 *** (5. 51)
常数项	- 2. 339 *** (- 12. 44)
Industry	控制
Year	控制
观测值	8504
Adj. R^2	0. 4072
F 值	86. 71

注：括号中为回归系数对应的 t 值；*** 为 $p < 0.01$。

接着加入遗漏变量资产负债率 *Lev*、企业规模 *Size*，结果如表 6 - 19、表 6 - 20 所示。各变量的 VIF 的取值范围为 [1.04，2.26]，远小于 10，说明变量之间不存在多重共线性。回归结果依然显著，与模型（6.4）的回归结果无实质性差异，说明本节的结果具有稳健性。

表 6 - 19　多重共线性检验

变量	VIF	1/VIF
Subsidy	1. 25	0. 799

变量	VIF	1/VIF
Lerner	1. 74	0. 574
Salary	1. 66	0. 604
Grow	1. 39	0. 720
CATR	1. 18	0. 848
Age	1. 13	0. 883
Board	1. 08	0. 930
Stock	1. 04	0. 958
Lev	1. 69	0. 593
Size	2. 26	0. 442
平均 VIF	1. 44	

表 6 – 20　加入遗漏变量后的回归结果

变量	模型（6.7）被解释变量：Compete
Subsidy	0. 00810 ***
	(7. 900)
Grow	0. 422 ***
	(19. 71)
Lerner	− 0. 0456 *
	(− 2. 430)
Salary	0. 0109 ***
	(3. 720)
Stock	0. 0008 ***
	(7. 290)
Age	− 0. 0002
	(− 0. 450)
CATR	0. 0238 ***
	(8. 630)
Board	− 0. 0007
	(− 0. 860)
Lev	− 0. 196 ***
	(− 18. 63)
Size	0. 147 ***
	(69. 37)

续表

变量	模型（6.7）被解释变量：*Compete*
常数项	-0.811^{***} （-5.48）
Industry	控制
Year	控制
观测值	8504
Adj. R^2	0.6109
F 值	219.89

注：括号中为回归系数对应的 t 值；* 为 p<0.1，*** 为 p<0.01。

　　本节利用 2009~2019 年我国 A 股先进制造业上市公司相关数据，采用固定效应模型与多元回归相结合的方法对政府补助对先进制造业企业竞争力的影响进行了实证检验。研究发现：政府补助会对企业竞争力起到显著的正向促进作用；因为国有企业与非国有企业在接受政府补助的数额方面可能存在较大差异，本节进一步研究了产权性质对政府补助与企业竞争力之间关系的影响，发现政府补助对国有企业竞争力的正向促进作用比对非国有企业的正向促进作用更大；政府补助与税收优惠的交乘项能够对企业竞争力产生明显的正向促进作用。

第四节　"一带一路"倡议与制造业竞争力研究

　　根据前文 PEST 模型分析，"一带一路"倡议会影响企业资源配置和投资方向，企业也会在"走出去"过程中与共建"一带一路"国家在文化、法律、经济和社会等多方面进行合作和交流，会对企业竞争力产生一定的促进作用。针对"一带一路"倡议提出后 A 股制造业上市公司竞争力的动态变化，本书测算了以改进后的 CBCM 为计算标准的样本年度竞争力变量。基于政策双重效应传导的理论机制，本书采用将倾向得分匹配法和双重差分法相结合的方法，实证研究了"一带一路"倡议对制造业上市公司竞争力的实际影响。

一　"一带一路"对我国制造业竞争力影响理论分析

　　目前关于"一带一路"倡议实施效果的研究大多从宏观层面出发，

探讨其对中国和其他共建"一带一路"国家的经济效应（韩永辉等，2015；孔庆峰、董虹蔚，2015；Fallon，2015；Huang，2016），学者们探讨了在"一带一路"背景下的价值链构建（孟祺，2016；陈健、龚晓莺，2018）、贸易成本（刘洪铎、蔡晓珊，2016；许统生、梁肖，2016）与产能合作（肖进杰、杨文武，2018；张海燕、郑亚莉，2018）等问题。而对于企业等微观经济主体，既有的研究主要从对外投资（孙焱林、覃飞，2018；郑丹青，2019）、创新水平（王桂军、卢潇潇，2019）等方面进行了探讨。现有研究结论显示，"一带一路"倡议可以降低支持企业的对外投资风险（孙焱林、覃飞，2018），也可以提高创新水平和研发能力（王桂军、卢潇潇，2019）。对于行业层面研究，从理论上分析，"一带一路"倡议的持续推进会提高产业的国际竞争力（苏杭，2015）。

从产业经济学角度来看，"一带一路"倡议与以往的产业扶持政策有较高的相似度，但宏观政策在不同的逻辑下可能对企业竞争力产生不同的影响（徐思等，2019）。本节基于"政府扶持"和"政策陷阱"两条主线进行理论梳理。

核心竞争力理论指出，企业核心竞争力受到宏观经济环境和企业所处的产业环境的影响（陈元，2009），而产业扶持政策会通过直接或者间接的方式改善企业所处的外部环境，对企业投资效率等竞争力构成要素产生积极影响（王克敏等，2017；张新民等，2017），从而间接促进企业的竞争力提升。由此看出，"一带一路"倡议会通过改善企业外部环境这一作用路径促进支持企业的竞争力提升。陈冬华和姚振晔（2018）的研究表明，自上而下的宏观及产业政策会受到职能部门和地方政府的大力支持，从而造成对支持企业的资源偏向，杨兴全等（2018）对"五年规划"的研究也支持了这一结论。因此，本节提出："一带一路"倡议会通过调节资源偏向这一路径间接作用于企业的生产运营过程，从而带来企业竞争力的提升。

此外，"一带一路"倡议会不会促使企业自发提高治理能力，由此带来企业竞争力的变化？外部制度和政策的改善是促使上市公司完善监督治理机制的重要因素，在企业国际化过程中，管理层会收敛代理行为，间接助力企业竞争力的提升（高雷、宋顺林，2007）。Lazear 和 Rosen（1981）首先提出了企业竞争的锦标赛理论，该理论指出内部薪酬激励和职位晋升等高管激励策略会抑制企业高管团队的不作为行为，从而降低代理成本并提升企业竞争力。由于资源存在稀缺性，企业必须尽量实现资源生产效率的最大化，由此带来核心竞争力的提升（纪良纲，1996）。因此，通过上述分析，本节提出："一带一路"倡议对企业竞争力的另一个影响路径，即促使企业自发地完善自身的治理机制，从而带来企业竞争力的提升。

但根据 Solow 的经济增长理论，由于边际产出存在递减的规律，初期产出水平较低的经济系统可能有较快的增长速度，即增长率与初期产出水平存在负相关关系（Sala-i-Martin，1994）。因此并不能将地区经济增长全部归因为政策的推动。此外，也有文献表明政府干预可能会产生促进和抑制的双重效应。有学者对西部大开发政策的实证研究发现，由于配套政策缺失、软投入约束等原因，政策在执行过程中可能过度注重短期增长而忽略长期目标，从而诱发政策陷阱（刘瑞明、赵仁杰，2015）。宏观政策的出台可能会导致市场对政策支持企业的乐观预期，从而导致企业进行过度的非理性投资（张新民等，2017），企业会通过忽略市场实际需求的快速投资以迎合政策并获取支持（王克敏等，2017），从而对企业产生不利影响，降低企业的竞争力。

二 研究设计

（一）模型介绍与构建

双重差分（Difference-in-Difference，DID）模型作为一种估计处理效应的工具方法，由 Heckman 等（1997）最早提出。由于可以较好地克服困扰研究者的内生性问题，近年来该模型在评价政策实施效应的研究中得到了广泛的应用。

利用双重差分模型研究"一带一路"倡议政策效应的基本思想是，"一带一路"倡议作用于每个微观企业个体的运行环境，可被看作准自然实验（Quasi-Natural Experiment）。其实施使样本企业受到政策的影响，并使政策重点惠及地区的企业与其他企业之间产生差异。基于这种差异，我们可以有效地控制共时性政策和经济自然增长的影响，以及政策重点地区与非重点地区的差异，从而消除系统性差异，并分离出"一带一路"倡议的提出与实践对制造业企业的经济效应。根据双重差分估计原理，模型设置如下：

$$Compete_{i,t} = \beta_0 + \beta_1 Post_t + \beta_2 Treat_i + \beta_3 Post_t \times Treat_i + \sum \beta_k Controls_{i,t} + \varepsilon_{i,t}$$

$$(6.8)$$

其中，$Compete_{i,t}$ 表示企业 i 在 t 年的竞争力指数；$Post_t$ 表示时间虚拟变量，在"一带一路"倡议实施之后赋值为1，之前则赋值为0；$Treat_i$ 表示政策虚拟变量，属于"一带一路"倡议重点地区的企业赋值为1，否则赋值为0（见表6–21）；$\sum \beta_k Controls_{i,t}$ 表示一系列控制变量；$\varepsilon_{i,t}$ 为随机扰动项。双重差分模型主要关注的是交互项的系数 β_3，其代表了"一带一路"倡议对企业竞争力的净效应，如果"一带一路"倡议显著促进了支持企业的竞争力，那么 β_3 应显著为正。

表 6–21 DID 模型中各参数的含义

类别	政策实施前($Post=0$)	政策实施后($Post=1$)	差分
重点地区(处理组，$Treat=1$)	$\beta_0 + \beta_2$	$\beta_0 + \beta_1 + \beta_2 + \beta_3$	$\Delta Compete = \beta_1 + \beta_3$
非重点地区(控制组，$Treat=0$)	β_0	$\beta_0 + \beta_1$	$\Delta Compete = \beta_1$
双重差分			$\Delta Compete = \beta_3$

（二）样本选择及数据来源

本节使用的数据均来自 CSMAR 数据库，初始数据集选择了 2006 ~ 2017 年沪深 A 股制造业上市公司数据（按证监会发布的《上市公司行业分类指引（2012 年修订）》），剔除了主要数据缺失、ST（包括 * ST）、所有者权益小于零和 2009 年后上市的样本，并对数据进行 1% 水平上的极端值缩尾处理，共得到了 760 家上市公司 8661 条样本观测值，其中重点地区企业 382 家、非重点地区企业 378 家。企业竞争力的测度主要依据金碚（2003b）的研究成果，使用财务指标赋权加总后的数值作为代理变量。在统计分析与实证检验中使用 Stata 15.0 软件。

（三）研究变量的选取与测度

1. 被解释变量

以往学者从不同角度出发建立了一系列测度企业竞争力的方法，主要包括综合指数评价法、神经网络评价法、灰色系统评价法、模糊综合评价法、主成分分析法等。而我国的企业竞争力评价体系又以金碚（2003b）提出的 CBCM 影响最大，该体系综合考虑后将规模因素、增长因素和效率因素三个方面作为企业竞争力的评价要素。在金碚（2003b）的实证研究及理论体系构建中，又是以中国工业企业的国际竞争力作为主要研究样本。因此该测评体系对本节所探讨的制造业企业具有很强的适配性。

李钢（2004）的实证研究结果表明，在 CBCM 中，出口收入比例这一项指标对企业竞争力的贡献和两者之间的相关性都较小，且使用问卷调查测评在实务中缺乏可行性。因此本节参照盛安琪等（2018）、张旭等（2010）的做法，在研究中将这一指标剔除，并按比例相应调整了其余指标的权重。

2. 解释变量

本节的主要解释变量是"一带一路"倡议的政策虚拟变量（$Treat_i$）和时间虚拟变量（$Post_t$）。根据 2015 年 3 月 28 日国家发改委、外交部、商务部联合发布的《推动共建丝绸之路经济带和 21 世纪海上丝绸之路的愿景与行动》中圈定的 18 个"一带一路"倡议重点省份，将来自这些省份的企业赋值为 1，其余赋值为 0；"一带一路"倡议由习近平主席在2013 年下半年出访哈萨克斯坦时正式提出，参考徐思等（2019）的做法，本节选用 2014 年作为政策实施的起始年份，2014 年之前赋值为 0，2014 年及之后的年份则赋值为 1。

3. 控制变量

为了控制其他因素对企业竞争力的影响，本节参照毕茜等（2018）、盛安琪等（2018）等学者的研究成果选取了一些重要的控制变量。

实证分析的主要变量释义如表 6 – 22 所示。

表 6 – 22 主要变量释义

变量类别		变量名称	权重(%)	变量释义
企业竞争力 *Compete*	规模因素	营业收入	20	营业收入
		净资产	16	净资产
		净利润	11	净利润
	增长因素	营业收入增长率	17	营业收入增长额/上年营业收入总额
		净利润增长率	14	净利润增长额/上年净利润总额

变量类别		变量名称	权重(%)	变量释义
企业竞争力 Compete	效率因素	股东权益报酬率	8	当期利润/平均净资产
		总资产利润率	8	当期利润/平均总资产
		全员劳动效率	6	营业收入/员工总人数
控制变量 Controls		企业规模（Size）		对数化员工数量
		薪酬激励（Salary）		对数化董事、监事及高管年薪
		市场势力（Market）		营业收入/营业成本，取对数
		监事会规模（Supervisor）		监事会人数
		大股东制衡（Share2_5）		第二到第五大股东持股比例合计
		企业年龄（Age）		企业成立的年数
分类变量 Categorical		产权属性（SOE）		国有企业取1，否则取0

资料来源：CSMAR 数据库。

（四）描述性统计

表 6 - 23 报告了实证研究所使用的主要变量的描述性统计结果。经过初步观察，政策虚拟变量 Treat 的均值为 0.501，接近 0.5，表明处理组数据与对照组数据数量近似相等。另外，各变量的标准差均较小，证明研究样本之间不存在较大的离散性。

表 6 - 23　主要变量的描述性统计结果

变量	观测值	均值	标准差	最小值	最大值
Compete	8661	-0.004	0.507	-3.989	9.356
Treat	8661	0.501	0.500	0.000	1.000
Size	8661	7.940	1.189	2.708	12.104
Salary	8661	14.020	1.181	0.000	17.869
Market	8661	1.422	0.681	0.660	14.094
Supervisor	8661	3.867	1.248	1.000	13.000
Share2_5	8661	0.535	0.150	0.104	1.000
Age	8661	15.745	5.387	2.000	39.000
SOE	8661	0.449	0.497	0.000	1.000

资料来源：CSMAR 数据库。

三　实证结果及分析

（一）倾向得分匹配

在进行双重差分分析之前，需要对样本进行倾向得分匹配（Propensity Score Matching，PSM），从而使样本数据具有可比性并在一定程度上消除内生性（Rosenbaum and Rubin，1983）。前提是所选样本需要满足共同支撑假设和平行趋势假设。在以往的研究中，研究者主要利用 ROC 曲线、共同支撑区域条形图和经验密度函数图来验证共同支撑假设（翟黎明等，2017）。图 6-3 给出了倾向得分匹配的共同支撑区域条形图，可以看出，绝大多数样本观测值处在共同取值范围之内，符合共同支撑假设条件。

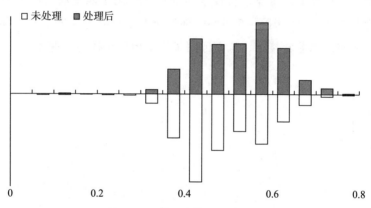

图 6-3　共同支撑区域条形图

Bertrand 等（2004）的研究表明，使用 DID 方法的另一个条件是在政策实施之前两组样本满足平行趋势假设，即在"一带一路"倡议提出并实施之前，重点地区企业与非重点地区企业的竞争力具有相同的变化趋势。因此，本节检验了处理组企业与控制组企业的平均竞争力在 2006~2017 年的趋势变化。图 6-4 为"一带一路"重点地区企业与非重点地区企业平均竞争力的平行趋势检验。可以直观地看出，两组企业的平均竞争力在"一带一路"倡议实施之前保持着基本一致的变化趋势，说明 PSM-DID 的样本平行趋势假设得以满足。

本节采用最近邻匹配法将属于"一带一路"重点地区企业与和其特

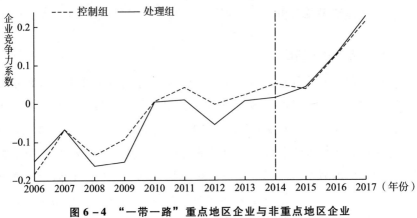

**图 6 - 4　"一带一路"重点地区企业与非重点地区企业
平均竞争力的平行趋势检验**

征类似的非重点地区企业进行样本匹配，并绘制了匹配前后两组样本的核密度分布图。观察图 6 - 5 可知，在经过匹配之后，处理组与控制组的核密度分布形态非常接近，从而证明了样本模型选择的合理性。

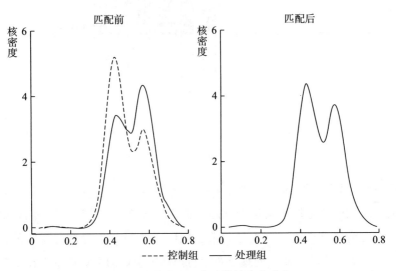

图 6 - 5　样本匹配前后的核密度分布

此外，表 6 - 24 还报告了倾向得分匹配的平衡性检验结果，可知各变量的标准化偏误在匹配后都明显缩小。匹配后绝对值最大的报告值为 6.6%，大部分小于 5%。这说明该匹配满足平衡性假设，匹配效果较好，从而说明 PSM 估计结果可信。基于以上结果，可以进行双重差分分析。

表6-24　倾向得分匹配的平衡性检验结果

变量	是否匹配	平均值		偏误（%）	偏误减小（%）	t检验	
		处理组	控制组			t	p > | t |
Size	否	7.836	8.035	-16.8	89.2	-7.82	0.000
	是	7.836	7.858	-1.8		-0.84	0.402
Salary	否	14.092	13.950	12.1	45.6	5.62	0.000
	是	14.092	14.015	6.6		3.14	0.002
Market	否	1.403	1.444	-6.1	97.4	-2.83	0.005
	是	1.403	1.404	-0.2		-0.09	0.930
Supervisor	否	3.796	3.923	-10.3	94.4	-4.77	0.000
	是	3.796	3.803	-0.6		-0.27	0.784
Share2_5	否	0.532	0.538	-3.9	90.0	-1.83	0.067
	是	0.532	0.533	-0.4		-0.18	0.855
Age	否	16.154	15.303	15.8	92.3	7.35	0.000
	是	16.154	16.219	-1.2		-0.56	0.575
SOE	否	0.526	0.380	29.6	85.9	13.78	0.000
	是	0.526	0.547	-4.2		-1.92	0.055

资料来源：CSMAR数据库。

（二）双重差分分析

1. 双重差分检验

表6-25报告了双重差分的回归结果，列（1）显示总体交乘项 $Post \times Treat$ 的估计系数为0.0308，在5%的水平下显著。这表明相比于非重点地区的制造业企业，"一带一路"倡议的实施对重点地区制造业企业的竞争力有着显著的正向影响。而控制变量的回归结果表明，除监事会规模（ $Supervisor$ ）在10%的水平下显著之外，其余控制变量都在1%的水平下显著为正。这说明企业规模越大，受到"一带一路"倡议的积极刺激越明显；市场势力越大的企业，越容易在政策激励下进一步提高竞争力水平；薪酬激励水平和大股东制衡程度越高，企业在"一带一路"倡议提出后的进步就越明显；企业年龄越大，受到政策的积极影响越明显。

2. 异质性检验

本节将"一带一路"倡议对制造业企业竞争力的影响效应进行了评估，但由于PSM-DID方法缺少对不同类别企业政策实施效果的检验，因此有针对性地提出以下问题：①"一带一路"倡议对不同产权属性企业的影响效应是否相同？②其对哪一类企业的影响更大？为了厘清此问题，本节将"一带一路"样本企业区分为国有企业和非国有企业，进行异质性检验。实证检验结果见表6-25的列（2）、列（3）。

根据表6-25报告的实证结果，国有企业相比于非国有企业受到"一带一路"倡议的积极影响程度更大（国有企业对应交乘项的回归系数为0.0465，在5%的水平下显著；而非国有企业对应交乘项的回归系数为-0.004，没有呈现统计学意义上的显著性）。与此同时，监事会规模对于国有企业竞争力的提升效果不显著；但是对于非国有企业，规模较大的监事会可能会在一定程度上提高企业的竞争力。

表6-25　"一带一路"倡议与制造业企业竞争力

变量	全样本 (1)	国有企业 (2)	非国有企业 (3)
Post	0.0020 (0.0128)	0.0150 (0.0195)	-0.0128 (0.0171)
Treat	0.0038 (0.0176)	-0.0090 (0.024)	0.0205 (0.026)
Post × Treat	0.0308 ** (0.0142)	0.0465 ** (0.0211)	-0.004 (0.0197)
Size	0.1769 *** (0.0054)	0.2010 *** (0.0075)	0.1425 *** (0.0079)
Salary	0.0456 *** (0.0037)	0.0794 *** (0.0075)	0.0336 *** (0.0043)
Market	0.1464 *** (0.0088)	0.1195 *** (0.0113)	0.1785 *** (0.0148)
Supervisor	0.0092 * (0.0051)	0.0043 (0.0095)	0.0129 ** (0.0064)
Share2_5	0.7069 *** (0.0369)	0.6156 *** (0.0487)	0.8241 *** (0.0571)
Age	0.0119 *** (0.0014)	0.0083 *** (0.0019)	0.0133 *** (0.0020)
常数项	-2.8660 *** (0.0662)	-3.3740 *** (0.1090)	-2.5672 *** (0.0903)
R^2_w	0.3464	0.3481	0.3692
观测值	8661	3929	4732

注：括号中为标准误；* 为 $p<0.1$，** 为 $p<0.05$，*** 为 $p<0.01$。
资料来源：CSMAR 数据库。

四　稳健性检验

（一）替代变量

为进一步确认结果的可靠性，本节通过考虑对企业竞争力变量进行对数化处理来消除异方差。由于测算得到的企业竞争力变量的数据有相当多的负数值，无法使用简单的取对数处理，因此本节参考 Trigueiros（2019）的做法，使用 John 和 Draper（1980）提出的"对数模量转换法"（Log-Modulus Transformation）对数据进行处理。表 6-26 的列（1）报告了替代变量的检验结果，交乘项的回归系数为 0.0116，且在 1% 的水平下显著，表明在消除异方差影响之后，"一带一路"倡议对重点地区制造业企业竞争力的提升效果依然显著，结论稳健。

（二）反事实检验

为了检验实证结论的可靠性，本节对模型进行反事实检验。反事实检验的基本假定是：企业竞争力的变化不是由"一带一路"倡议的实施造成的，而是随时间推移由其他外生变量引致的。此时企业竞争力的变化与"一带一路"倡议不存在因果联系。本节将"一带一路"倡议提出年份分别假定在 2008 年和 2010 年，检验此时"一带一路"倡议对样本企业竞争力指标的影响。检验结果见表 6-26 的列（2）、列（3）。结果表明，无论虚假"一带一路"倡议提出年份设定在 2008 年还是 2010 年，交乘项 $Post \times Treat$ 的回归系数均无法通过显著性检验。这说明除政策提出当年之外，在其他年份无法得到正确的回归结果，即双重差分回归结果不是由常规随机影响因素引起的，本节实证结论可信。

表 6-26　稳健性检验结果

变量	对数化替代检验 (1)	反事实检验	
		假定 2008 年 (2)	假定 2010 年 (3)
Post	0.0005 (0.0036)	-0.0059 (0.0147)	0.0536 *** (0.0129)
Treat	-0.0018 (0.0055)	0.0334 (0.0232)	0.0076 (0.0195)

续表

变量	对数化替代检验 （1）	反事实检验	
		假定 2008 年 （2）	假定 2010 年 （3）
$Post \times Treat$	0.0116 *** （0.0039）	− 0.0248 （0.0187）	0.0135 （0.0144）
$Size$	0.0562 *** （0.0016）	0.1777 *** （0.0054）	0.1742 *** （0.0054）
$Salary$	0.0137 *** （0.0010）	0.0469 *** （0.0038）	0.0429 *** （0.0037）
$Market$	0.0472 *** （0.0026）	0.1469 *** （0.0088）	0.1457 *** （0.0088）
$Supervisor$	0.0026 * （0.0015）	0.0089 * （0.0051）	0.0095 * （0.0051）
$Share2\_5$	0.2098 *** （0.0105）	0.7004 *** （0.0369）	0.7285 *** （0.0369）
Age	0.0045 *** （0.0004）	0.0143 *** （0.0011）	0.0086 *** （0.0013）
常数项	− 0.8999 *** （0.0190）	− 2.9162 *** （0.065）	− 2.8042 *** （0.0662）
R^2_w	0.2556	0.1958	0.1983
观测值	8661	8661	8661

注：括号中为标准误；＊为 p＜0.1，＊＊＊为 p＜0.01。
资料来源：CSMAR 数据库。

　　本节基于"一带一路"倡议，以 2006～2017 年 A 股制造业上市公司为研究对象，运用 PSM-DID 方法实证分析了"一带一路"倡议对制造业上市公司竞争力的影响，并加入企业规模、企业年龄等控制变量以及产权属性作为分组变量研究其对企业竞争力的调节作用。研究发现：①"一带一路"倡议对政策重点地区制造业上市公司竞争力的提升效果显著；②异质性检验表明，"一带一路"倡议的支持效果更多作用于重点地区的国有企业，而对非国有企业的提升效应有限；③理论分析表明，"一带一路"倡议可能通过资源偏向和改善企业外部环境来提高企业竞争力，而市场预期的提高或企业为迎合政策做出的非理性投资可能会削弱"一带一路"倡议的实施效果。

第五节　产业智能化与先进制造业竞争力研究

从技术环境来看，创新在先进制造业的发展中尤为重要，是一种"优胜劣汰"机制，会倒逼企业不断提升自身竞争力，以在行业中占有一席之地。当前，数字化、智能化是先进制造业发展的现实需求，产业智能化作为企业发展的重要技术环境因素，会对企业竞争力有着深远影响。因此，本节以2009~2019年我国A股先进制造业上市公司为样本，实证检验产业智能化对企业竞争力的影响，并进一步进行异质性分析，考察先进制造业企业在不同产权性质、资产密集度、员工密集度、融资约束程度、生命周期阶段以及经济政策不确定性维度下，其竞争力受产业智能化影响的差异。

一　理论分析与研究假设

智能化转型日益成为传统制造业创新发展的方向，事实上产业智能化水平不仅会影响宏观层面的产业结构转型升级（宣旸、张万里，2021）、消费升级（沈悦等，2021）、劳动力市场（Acemoglu and Restre-po，2018；孙早、侯玉琳，2019；杨飞，2022）以及产业绩效（李丫丫等，2018），而且在理论上可能会从微观层面通过技术进步与扩散效应和人力资本结构优化效应对先进制造业企业竞争力产生作用。

首先，技术进步与扩散效应。经济增长理论认为，要素投入与技术进步是经济增长的源泉。在产业智能化水平较高的地区或企业，其人工智能技术具有较强的扩散效应，能够引领新一轮产业变革。基于比较优势理论，智能技术进步能在较大程度上优化与改善生产流程与工艺，降低先进制造业企业的生产成本，形成"规模经济"优势，促进企业全要素生产率和经营能力的提升（李廉水等，2020）。同时，智能技术的进步与渗透提高了制造业企业的信息共享和处理能力，在一定程度上降低了创新过程中的成本，从而有助于企业创新绩效的提高（Liu et al.，2020；陈金亮等，2021）。沈悦等（2021）认为，产业智能化在一定程度上能促进企业技术创新，有利于提高研发成果的转化率，保证企业的可持续发展，提升市场竞争力。

其次，人力资本结构优化效应。人工智能的应用能够替代从事程序性、重复性工作的员工，减少对低技能劳动力的需求（郭凯明，2019），同时增加对从事研发和管理工作的高技能劳动力的需求（Acemoglu and Restrepo，2018）。产业智能化水平的提升会促使企业低技能劳动力通过培训与学习等自我提高方式向高技能劳动力转型，劳动力结构能够逐渐得到优化（杨飞，2022）。人力资本结构优化是提升经济增长水平的重要因素，同时高技能劳动力与智能化相互配合，借助智能化的机器学习和大数据的自动分析，有助于提升企业的生产效率和管理决策水平，有效增强先进制造业企业竞争力。因此，本节提出如下假设。

H6－7：产业智能化能显著提升先进制造业企业竞争力。

二　研究设计

（一）样本选择及数据来源

为了减少 2008 年金融危机事件和新冠肺炎疫情对研究结果的干扰，本节选取 2009～2019 年我国 A 股先进制造业上市公司数据样本。在国家统计局划分先进制造业重点产业的基础上，参照简晓彬和陈宏伟（2018）的做法，确定本节研究的先进制造业细分行业包含：C25、C26、C27、C35、C36、C37、C39、C40。剔除 ST 及 *ST、存在缺失值数据的样本，最终保留了 1264 家上市公司 8322 条样本观测值。本节对所有连续变量进行 1% 和 99% 的缩尾处理，从而消除极端值的影响。数据来源于 CSMAR 数据库和国际机器人联合会（IFR）。

（二）研究变量的选取与测度

1. 被解释变量

被解释变量为企业竞争力（Compete），根据现有相关文献（金碚，2003b；张进财、左小德，2013；韩海燕、任保平，2020），国内学者多采用神经网络评价法、主成分分析法、综合指数评价法等方法来衡量企业竞争力。其中，金碚在《中国企业竞争力报告（2003）——竞争力的性质和源泉》中提出的中国工业企业竞争力监测指标体系的国内影响力最大，相比较之下更加适用于本节所研究的先进制造业企业。同时，本节在此基础上参考了李钢（2004）、盛安琪等（2018）、张旭等（2010）的做法，最终得到先进制造业企业竞争力的评价指标体系，如表 6－27 所示。

表6-27　企业竞争力的评价指标体系

变量类型		变量名称	权重(%)	变量释义
企业竞争力	规模因素	营业收入	20	营业收入
		净资产	16	净资产
		净利润	11	净利润
	增长因素	营业收入增长率	17	营业收入增长额/上年营业收入总额
		净利润增长率	14	净利润增长额/上年净利润总额
	效率因素	股东权益报酬率	8	当期利润/平均净资产
		总资产利润率	8	当期利润/平均总资产
		全员劳动效率	6	营业收入/员工总人数

2. 解释变量

解释变量为产业智能化（*Intel*）。借鉴吕越等（2020）、王林辉等（2022）的方法，采用国际机器人联合会统计数据，同时为了消除量纲影响，以新增工业机器人安装量/100000来衡量产业智能化。本节主要使用两套数据匹配后的结果进行实证研究，一是CSMAR数据库数据，选取了2009～2019年我国8个先进制造业二位码行业的相关财务数据；二是国际机器人联合会提供的全球分行业工业机器人数据，涉及14个制造业细分行业。参考闫雪凌等（2020）的做法，根据分类标准和行业名称，手工将两部分数据进行一一匹配。

3. 控制变量

为保证研究模型的合理性以及控制其他因素对企业竞争力的影响，借鉴毕茜等（2018）、盛安琪等（2018）的研究做法，本节选取可持续增长率（*Grow*）、薪酬激励（*Salary*）、董事会规模（*Board*）、资产负债率（*Lev*）、股权集中度（*Stock*）、企业规模（*Size*）、资产密集度（*Ai*）作为控制变量。此外，本节还设置了省份（*Province*）和年份（*Year*）虚拟变量，以此控制省份和年份固定效应的影响。对上述变量进行整理后，本节变量的具体描述定义见表6-28。

表6-28　变量的具体描述定义

变量类型	变量名称	变量符号	变量衡量
被解释变量	企业竞争力	*Compete*	由企业竞争力的评价指标体系计算得到

变量类型	变量名称	变量符号	变量衡量
解释变量	产业智能化	*Intel*	新增工业机器人安装量/100000
控制变量	资产密集度	*Ai*	期末资产总额/当期营业收入
	资产负债率	*Lev*	期末负债总额/期末资产总额
	薪酬激励	*Salary*	对数化董事、监事及高管年薪
	董事会规模	*Board*	对数化董事会成员总人数
	可持续增长率	*Grow*	来源于 CSMAR 数据库
	股权集中度	*Stock*	第一大股东持股比例
	企业规模	*Size*	对数化以亿元为单位的总资产
	省份	*Province*	省份虚拟变量
	年份	*Year*	年份虚拟变量

（三）研究模型

本节使用多元回归方法实证检验产业智能化对先进制造业企业竞争力的影响，模型中控制了省份和年份固定效应。为了反映产业智能化对企业竞争力的影响程度，即验证假设 H6-7，本节构建了模型（6.9）：

$$Compete_{i,t} = \alpha_0 + \alpha_1 Intel_{i,t} + \alpha_2 Ai_{i,t} + \alpha_3 Lev_{i,t} + \alpha_4 Salary_{i,t} + \alpha_5 Board_{i,t} +$$
$$\alpha_6 Grow_{i,t} + \alpha_7 Stock_{i,t} + \alpha_8 Size_{i,t} + Province + Year + \varepsilon_{i,t} \qquad (6.9)$$

主要关注模型（6.9）中产业智能化的系数，假如 α_1 显著为正，则证明假设 H6-7 成立。其次，为了进一步探究在不同情境下产业智能化对企业竞争力的异质性影响，本节在模型（6.9）的基础上加入调节变量（*Moderator*），构建多元回归模型（6.10）：

$$Compete_{i,t} = \beta_0 + \beta_1 Intel_{i,t} + \beta_2 Moderator_{i,t} + \beta_3 Intel_{i,t} \times Moderator_{i,t} + \beta_4 Ai_{i,t} +$$
$$\beta_5 Lev_{i,t} + \beta_6 Salary_{i,t} + \beta_7 Board_{i,t} + \beta_8 Grow_{i,t} + \beta_9 Stock_{i,t} +$$
$$\beta_{10} Size_{i,t} + Province + Year + \varepsilon_{i,t} \qquad (6.10)$$

三　实证分析

（一）描述性统计

表 6-29 列示了主要变量描述性统计结果。其中企业竞争力的最小值和最大值分别是 -0.25、1.39，标准差较高，为 0.22，中位数 -0.08

小于均值 -0.02；产业智能化的最小值和最大值分别为 0、0.48，标准差较高，为 0.15，中位数 0.06 小于均值 0.13。可见不同企业之间竞争力和产业智能化差别较大，具有较强的异质性，并且超过半数的先进制造业企业的竞争力和产业智能化水平低于平均水平。

表 6-29　描述性统计结果

变量	观测值	均值	标准差	最小值	最大值	中位数
Compete	8322	-0.02	0.22	-0.25	1.39	-0.08
Intel	8322	0.13	0.15	0.00	0.48	0.06
Ai	8322	2.18	1.31	0.53	8.24	1.85
Lev	8322	0.37	0.20	0.05	0.89	0.35
Salary	8322	15.20	0.74	13.29	17.13	15.19
Board	8322	8.63	1.93	4.00	15.00	9.00
Grow	8322	0.06	0.09	-0.37	0.36	0.05
Stock	8322	34.13	13.99	9.16	69.99	32.15
Size	8322	3.43	1.12	1.49	6.80	3.26

（二）相关性分析

各变量的相关性分析结果见表 6-30，发现各变量之间基本存在较强的相关性。产业智能化（Intel）与企业竞争力（Compete）的相关性系数为 0.047，显著正相关，初步证明了假设 H6-7。对于控制变量，资产密集度、企业规模、资产负债率、股权集中度、薪酬激励、董事会规模、可持续增长率之间基本上也显著相关，说明控制变量选取合适。所有相关性系数的绝对值未超过警戒线 0.8，同时从表 6-31 中发现各变量的方差膨胀系数（VIF）的取值范围为 [1.09, 2.22]，远小于 10，说明模型不存在多重共线性问题。

表 6-30　各变量的相关性分析

变量	Compete	Intel	Ai	Lev	Salary	Board	Grow	Stock	Size
Compete	1.000								
Intel	0.047***	1.000							
Ai	-0.170***	-0.019*	1.000						
Lev	0.226***	0.029***	-0.194***	1.000					

续表

变量	Compete	Intel	Ai	Lev	Salary	Board	Grow	Stock	Size
Salary	0. 433 ***	0. 199 ***	− 0. 124 ***	0. 109 ***	1. 000				
Board	0. 206 ***	− 0. 122 ***	− 0. 109 ***	0. 132 ***	0. 188 ***	1. 000			
Grow	0. 244 ***	− 0. 028 **	− 0. 242 ***	− 0. 102 ***	0. 168 ***	0. 057 ***	1. 000		
Stock	0. 129 ***	− 0. 067 ***	− 0. 112 ***	0. 006	− 0. 054 ***	− 0. 005	0. 100 ***	1. 000	
Size	0. 701 ***	0. 061 ***	− 0. 096 ***	0. 475 ***	0. 549 ***	0. 257 ***	0. 064 ***	0. 072 ***	1. 000

注: * 为 $p < 0.1$, ** 为 $p < 0.05$, *** 为 $p < 0.01$。

表 6 − 31　　多重共线性检验

变量	VIF
Intel	1. 49
Ai	1. 23
Lev	1. 58
Salary	1. 90
Board	1. 20
Grow	1. 19
Stock	1. 09
Size	2. 22
平均 VIF	1. 49

(三) 多元回归分析

1. 产业智能化与企业竞争力

产业智能化对企业竞争力影响的实证结果见表 6 − 32。从只加入年份固定效应的列 (1) 和同时加入年份和省份固定效应的列 (2) 中可以看出，产业智能化的回归系数 α_1 分别为 0. 052 和 0. 043，且均在 1% 的水平下显著。这表明，产业智能化能显著提升先进制造业企业竞争力，验证了假设 H6 − 7。在同时加入年份和省份固定效应的列 (2) 中，控制变量企业规模、股权集中度、薪酬激励、董事会规模、可持续增长率的回归系数均显著为正，可见随着企业规模、股权集中度、薪酬激励、董事会规模、可持续增长率的增大，企业竞争力会得到提高；而资产密集度和资产负债率的回归系数分别为 − 0. 015 和 − 0. 166，且均在 1% 的水平下显著，说明两者均与企业竞争力显著负相关，资产密集度越大或者资产负债率越高的企业，研发投入和负债经营的风险可能越大，越不利于企业竞争力的提升。

表 6-32　产业智能化与企业竞争力的回归结果

变量	(1) *Compete*	(2) *Compete*
Intel	0.052 *** (4.26)	0.043 *** (3.45)
Ai	-0.015 *** (-10.93)	-0.015 *** (-11.38)
Lev	-0.174 *** (-17.46)	-0.166 *** (-16.71)
Salary	0.010 *** (3.38)	0.006 ** (2.16)
Board	0.001 (0.93)	0.002 * (1.78)
Grow	0.394 *** (20.27)	0.383 *** (19.88)
Stock	0.001 *** (6.05)	0.001 *** (5.63)
Size	0.154 *** (75.19)	0.154 *** (74.08)
常数项	-0.639 *** (-15.33)	-0.547 *** (-12.65)
Province	否	是
Year	是	是
观测值	8322	8322
Adj. R^2	0.591	0.603
F 值	667.7	264.1

注：括号中为回归系数对应的 t 值； * 为 $p < 0.1$，** 为 $p < 0.05$，*** 为 $p < 0.01$，下同。

2. 持续性检验

为检验产业智能化对企业竞争力的提升作用是否具有持续性，分别将滞后 1~4 期的产业智能化（*Intel*）代入模型（6.9）进行回归，具体结果如表 6-33 所示。从列（1）~列（4）中可以发现，产业智能化（*Intel*）的回归系数 α_1 依次为 0.051、0.071、0.157、0.265，可见产业智能化对企业竞争力的提升效应具有一定的持续性，同时表明产业智能化的效用发挥具有一定的滞后性。可能的原因是在产业智能化发展的初始阶段，先进制造业企业的各项配套设施和服务未能及时跟进，产业智能化的效能难以完全释放，而随着各项技术设施、服务、管理质量日益提升，产业智能化的效用逐渐提升。

表 6 – 33　持续性检验的回归结果

变量	(1) Compete	(2) Compete	(3) Compete	(4) Compete
Intel	0.051 *** (3.46)	0.071 *** (3.73)	0.157 *** (4.71)	0.265 *** (4.98)
Ai	− 0.016 *** (− 10.78)	− 0.017 *** (− 10.07)	− 0.018 *** (− 9.43)	− 0.018 *** (− 8.27)
Lev	− 0.167 *** (− 15.01)	− 0.166 *** (− 13.26)	− 0.168 *** (− 11.64)	− 0.177 *** (− 10.67)
Salary	0.007 ** (2.17)	0.009 ** (2.47)	0.010 ** (2.32)	0.011 ** (2.32)
Board	0.002 * (1.66)	0.001 (1.38)	0.000 (0.36)	0.001 (0.56)
Grow	0.392 *** (18.40)	0.387 *** (16.46)	0.390 *** (14.69)	0.390 *** (13.08)
Stock	0.001 *** (5.37)	0.001 *** (5.09)	0.001 *** (4.57)	0.001 *** (4.22)
Size	0.159 *** (69.08)	0.165 *** (63.73)	0.172 *** (57.94)	0.179 *** (52.57)
常数项	− 0.572 *** (− 11.81)	− 0.623 *** (− 11.46)	− 0.662 *** (− 10.65)	− 0.715 *** (− 10.09)
Province	是	是	是	是
Year	是	是	是	是
观测值	7218	6088	5003	4091
Adj. R^2	0.606	0.613	0.619	0.626
F 值	236.9	215.3	185.7	160.3

（四）稳健性检验

1. 替换核心变量

首先替换解释变量。参考刘斌和潘彤（2020）的研究，在控制变量不变的情况下，以工业机器人使用存量/100000 重新计算解释变量产业智能化（*Intel*），并对原假设重新进行检验。同样为了提高实证结果的稳健性，本节先只加入年份固定效应，然后同时加入年份和省份固定效应进行回归分析。回归结果如表 6 - 34 所示，与前述结果一致。

表 6 - 34　替换解释变量的回归结果

变量	(1) *Compete*	(2) *Compete*
Intel	0. 012 *** (3. 86)	0. 010 *** (3. 30)
Ai	- 0. 015 *** (- 10. 86)	- 0. 015 *** (- 11. 31)
Lev	- 0. 174 *** (- 17. 41)	- 0. 166 *** (- 16. 67)
Salary	0. 010 *** (3. 47)	0. 006 ** (2. 19)
Board	0. 001 (0. 84)	0. 002 * (1. 74)
Grow	0. 394 *** (20. 25)	0. 383 *** (19. 87)
Stock	0. 001 *** (6. 01)	0. 001 *** (5. 60)
Size	0. 154 *** (75. 13)	0. 153 *** (74. 03)
常数项	- 0. 643 *** (- 15. 41)	- 0. 547 *** (- 12. 66)
Province	否	是
Year	是	是
观测值	8322	8322
Adj. R²	0. 590	0. 603
F 值	667. 2	264

其次替换被解释变量。为了证明研究结果具有稳健性，在控制变量不变的情况下，以经过 min-max 标准化处理的企业竞争力（*Compete*）重新计算被解释变量，并对原假设重新进行检验。同样为了提高实证结果的稳健性，本节先只加入年份固定效应，然后同时加入年份和省份固定

效应进行回归分析。回归结果如表 6-35 所示，与前述结果一致。

表 6-35　替换被解释变量的回归结果

变量	(1) Compete	(2) Compete
Intel	0.002 *** (4.72)	0.001 *** (3.81)
Ai	-0.000 *** (-9.81)	-0.000 *** (-10.25)
Lev	-0.005 *** (-16.05)	-0.004 *** (-15.28)
Salary	0.000 *** (3.11)	0.000 * (1.87)
Board	0.000 (1.17)	0.000 ** (2.00)
Grow	0.008 *** (13.84)	0.007 *** (13.42)
Stock	0.000 *** (5.67)	0.000 *** (5.26)
Size	0.005 *** (78.01)	0.005 *** (76.90)
常数项	0.041 *** (33.76)	0.043 *** (34.76)
Province	否	是
Year	是	是
观测值	8322	8322
Adj. R^2	0.599	0.611
F 值	690.5	272.8

2. 改变样本研究区间

2015 年 3 月 9 日，工业和信息化部发布《2015 年智能制造试点示范专项行动实施方案》，决定自 2015 年启动实施智能制造试点示范专项行动，从而加快工业转型升级，提速制造强国建设进程。这意味着 2015 年后我国产业智能化的影响力进一步得到加强，这可能使其对上市公司竞争力的提升作用更加显著。因此本节重新选取 2015~2019 年我国 A 股先进制造业上市公司数据样本，对原假设重新进行检验。回归结果如表

6-36所示，与前述结果一致。

表6-36　改变样本研究区间的回归结果

变量	(1) Compete	(2) Compete
Intel	0.048 *** (3.79)	0.037 *** (2.89)
Ai	-0.017 *** (-9.75)	-0.017 *** (-9.76)
Lev	-0.193 *** (-14.43)	-0.185 *** (-13.82)
Salary	0.009 ** (2.46)	0.005 (1.30)
Board	0.001 (0.70)	0.001 (1.07)
Grow	0.439 *** (17.36)	0.430 *** (17.12)
Stock	0.001 *** (5.41)	0.001 *** (5.42)
Size	0.161 *** (62.07)	0.161 *** (60.79)
常数项	-0.654 *** (-11.67)	-0.549 *** (-9.45)
Province	否	是
Year	是	是
观测值	5055	5055
Adj. R^2	0.607	0.616
F 值	650.7	199.1

3. 考虑内生性问题

产业智能化对先进制造业企业竞争力的作用可能会受到内生性问题的干扰，为了提高以上结论的可靠性，本节通过控制个体固定效应、增加其他控制变量的方法来解决内生性问题。

第一，控制个体固定效应。原模型混合回归方法只控制了省份和年份固定效应，因此为降低不同上市公司间个体（Firm）差异对上述研究结果产生的影响，本节使用个体固定效应模型重新进行检验。回归结果如表 6 – 37 所示，结论依旧不变。

表 6 – 37　控制个体固定效应的回归结果

变量	(1) Compete	(2) Compete
Intel	0.064 *** (5.52)	0.034 ** (2.50)
Ai	– 0.013 *** (– 9.10)	– 0.013 *** (– 9.39)
Lev	– 0.135 *** (– 12.72)	– 0.132 *** (– 12.38)
Salary	0.014 *** (4.82)	0.005 (1.42)
Board	0.001 (1.08)	0.001 (1.03)
Grow	0.338 *** (25.70)	0.348 *** (26.26)
Stock	0.000 ** (2.13)	0.001 *** (3.35)
Size	0.092 *** (34.74)	0.089 *** (29.78)
常数项	– 0.528 *** (– 12.01)	– 0.402 *** (– 8.41)
Firm	是	是
Year	否	是
观测值	8322	8322
Adj. R^2	0.218	0.227
F 值	443.8	204.7

　　第二，增加其他控制变量。参考以往研究，模型（6.9）已控制了较多的重要干扰因素，为了提高实证结果的可靠性，本节进一步增加额外的控制变量：企业年龄（Age）、管理层持股比例（Mshare）、两职合一（Dual）、无形资产比例（intangible）以及 GDP 增长率（GDP），尽可能排除其他变量对前文研究结论的干扰，重新对原假设进行检验。回归结果如表 6 – 38 所示，与前述结果一致。

表6-38　增加其他控制变量的回归结果

变量	(1) Compete	(2) Compete
Intel	0.047 *** (3.81)	0.039 *** (3.15)
Ai	-0.015 *** (-11.53)	-0.017 *** (-12.18)
Lev	-0.166 *** (-16.39)	-0.157 *** (-15.59)
Salary	0.009 *** (3.18)	0.007 ** (2.27)
Board	0.002 * (1.71)	0.002 ** (2.57)
Grow	0.388 *** (19.97)	0.377 *** (19.57)
Stock	0.001 *** (5.68)	0.001 *** (5.11)
Size	0.157 *** (74.19)	0.156 *** (73.36)
Age	-0.013 *** (-3.09)	-0.019 *** (-4.42)
Mshare	0.024 *** (2.92)	0.020 ** (2.44)
Dual	0.010 *** (2.69)	0.009 *** (2.60)
intangible	-0.024 (-0.49)	-0.043 (-0.87)
GDP	0.761 ** (2.54)	0.533 * (1.79)
常数项	-0.689 *** (-12.82)	-0.571 *** (-10.35)
Province	否	是
Year	是	是
观测值	8322	8322
Adj. R²	0.592	0.605
F 值	550.1	245.7

四　进一步研究：异质性分析

（一）考察企业产权性质的影响

不同的产权性质会导致企业的资源配置、经营目标和内部管理行为存在较大差异，这可能会影响产业智能化对企业竞争力的提升效果。为了验证产业智能化与企业竞争力的关系是否会受到企业产权性质的影响，本节将我国 A 股先进制造业上市公司所有样本分为国有企业组和非国有企业组，依次使用模型（6.9）进行分组检验，表 6-39 是具体的回归结果。在国有企业样本列（1）中产业智能化（$Intel$）的系数 α_1 为正且在 1% 的水平下显著，而在非国有企业样本列（2）中产业智能化（$Intel$）的系数 α_1 为负且不显著，并且两组样本的系数 α_1 通过了组间系数差异检验（$p=0.000$）。由此表明，相比于非国有企业，产业智能化提升国有企业竞争力的效果更显著。

表 6-39　考察企业产权性质影响的回归结果

变量	国有企业 Compete	非国有企业 Compete
$Intel$	0.206 *** (6.02)	-0.007 (-0.70)
Ai	-0.029 *** (-7.94)	-0.010 *** (-9.00)
Lev	-0.234 *** (-10.02)	-0.110 *** (-13.13)
$Salary$	-0.005 (-0.64)	0.021 *** (8.65)
$Board$	0.002 (0.92)	-0.002 *** (-3.27)
$Grow$	0.411 *** (9.68)	0.378 *** (23.15)
$Stock$	0.000 (1.48)	0.000 *** (3.94)
$Size$	0.207 *** (45.21)	0.104 *** (56.27)

续表

变量	国有企业 *Compete*	非国有企业 *Compete*
常数项	-0.493 *** (-4.74)	-0.635 *** (-17.66)
Province	是	是
Year	是	是
观测值	2583	5739
Adj. R²	0.662	0.581
F 值	108.6	170
p = 0.000		

（二）考察资产密集度的影响

为了进一步探讨产业智能化与企业竞争力的关系是否会受到企业资产密集度的影响，对模型（6.10）进行回归检验，其中调节变量（*Moderator*）为资产密集度（*Ai*），*Ai* = 期末资产总额/当期营业收入。回归结果如表 6-40 所示，产业智能化（*Intel*）的系数为 0.074，在 1% 的水平下显著，产业智能化与资产密集度交乘项（*Intel × Ai*）的系数为 -0.014，在 10% 的水平下显著，两者系数符号相反。由此表明，随着资产密集度的增大，产业智能化对先进制造业企业竞争力的促进作用减弱。

表 6-40　考察资产密集度影响的回归结果

变量	*Compete*
Intel	0.074 *** (3.38)
Ai	-0.014 *** (-8.17)
Intel × Ai	-0.014 * (-1.73)
Lev	-0.167 *** (-16.75)
Salary	0.006 ** (2.13)

续表

变量	Compete
Board	0. 002 * (1. 81)
Grow	0. 383 *** (19. 85)
Stock	0. 001 *** (5. 60)
Size	0. 153 *** (74. 02)
常数项	− 0. 548 *** (− 12. 68)
Province	是
Year	是
观测值	8322
Adj. R^2	0. 603
F 值	258. 8

（三）考察员工密集度的影响

为了进一步探讨产业智能化与企业竞争力的关系是否会受到企业员工密集度的影响，对模型（6.10）进行回归检验，其中调节变量（Moderator）为员工密集度（Ei），Ei = 员工人数 × 10000 / 当期营业收入。回归结果如表 6 – 41 所示，产业智能化（Intel）的系数为 0.090，产业智能化与员工密集度交乘项（Intel × Ei）的系数为 − 0.028，二者系数分别在 1%、5% 的水平下显著但符号相反。由此表明，随着员工密集度的增大，产业智能化对先进制造业企业竞争力的促进作用减弱。

表 6 – 41　考察员工密集度影响的回归结果

变量	Compete
Intel	0. 090 *** (4. 32)
Ei	− 0. 001 (− 0. 56)

续表

变量	Compete
Intel × Ei	-0.028 ** (-2.56)
Ai	-0.014 *** (-10.09)
Lev	-0.166 *** (-16.65)
Salary	0.006 ** (2.17)
Board	0.002 * (1.87)
Grow	0.378 *** (19.55)
Stock	0.001 *** (5.90)
Size	0.152 *** (71.11)
常数项	-0.545 *** (-12.58)
Province	是
Year	是
观测值	8322
Adj. R²	0.603
F 值	254.1

（四）考察融资约束程度的影响

为了进一步探讨产业智能化与企业竞争力的关系是否会受到企业融资约束程度的影响，对模型（6.10）进行回归检验，其中调节变量（Moderator）为融资约束程度（FC）。本节参考陈峻和郑惠琼（2020）的研究，采用 FC 指数来反映融资约束程度，且 FC 指数越大表明公司的融资约束程度越高。回归结果如表 6-42 所示，产业智能化（Intel）的系数为 0.079，产业智能化与融资约束程度交乘项（Intel × FC）的系数为 -0.097，二者系数均在 1% 的水平下显著但符号相反。由此表明，随着融资约束程度的增大，产业智能化对先进制造业企业竞争力的促进作用减弱。

表 6 – 42　考察融资约束程度影响的回归结果

变量	Compete
Intel	0.079 ***
	(4.85)
FC	− 0.003
	(− 0.48)
Intel × FC	− 0.097 ***
	(− 3.52)
Ai	− 0.015 ***
	(− 11.42)
Lev	− 0.170 ***
	(− 16.79)
Salary	0.006 **
	(2.12)
Board	0.002 *
	(1.84)
Grow	0.397 ***
	(20.23)
Stock	0.001 ***
	(5.72)
Size	0.152 ***
	(70.64)
常数项	− 0.538 ***
	(− 12.46)
Province	是
Year	是
观测值	8322
Adj. R^2	0.604
F 值	254.6

（五）考察生命周期阶段的影响

本节进一步探讨产业智能化与企业竞争力的关系是否会受到企业生命周期阶段的影响。由于上市公司已经度过了初创期，本节将我国先进制造业上市公司的生命周期分为成长期、成熟期和衰退期三个阶段。参考李冬伟和李建良（2012）、梁上坤等（2019）的研究，运用综合得分判别法，根据销售收入增长率、公司年龄、留存收益率以及资本支出率四个变量的得分情况来划分先进制造业企业的生命周期阶段。具体做法为：（1）分行业分别对四个指标排序打分并算出综合得分；（2）根据综合得分对总样本分行业进行排序，得分最高的 1/4 部分企业处于成长期，得分最低的 1/4 部分企业处于衰退期，剩余中间部分的企业则处于成熟期。本节依次对模型（6.9）进行分组回归，结果如表 6-43 所示。在成长期组样本列（1）中和成熟期组样本列（2）中产业智能化（Intel）的系数 α_1 分别为 0.013 和 0.014，但均不显著。在衰退期组样本列（3）中产业智能化（Intel）的系数 α_1 为 0.119，在 1% 的水平下显著。由此表明，相比于成长期和成熟期阶段，产业智能化提升先进制造业企业竞争力的效果在衰退期阶段更显著。

表 6-43　考察生命周期阶段影响的回归结果

变量	（1）Compete 成长期	（2）Compete 成熟期	（3）Compete 衰退期
Intel	0.013 (0.52)	0.014 (0.79)	0.119 *** (5.49)
Ai	-0.020 *** (-6.30)	-0.020 *** (-9.73)	-0.007 *** (-3.32)
Lev	-0.162 *** (-7.95)	-0.197 *** (-13.06)	-0.118 *** (-6.90)
Salary	0.017 *** (3.03)	-0.003 (-0.74)	0.013 ** (2.50)
Board	0.001 (0.50)	0.001 (0.78)	0.002 * (1.68)
Grow	0.379 *** (9.65)	0.384 *** (13.60)	0.361 *** (9.36)
Stock	0.001 ** (2.19)	0.001 *** (4.28)	0.001 *** (2.58)
Size	0.134 *** (30.29)	0.167 *** (53.24)	0.144 *** (40.55)
常数项	-0.633 *** (-7.41)	-0.404 *** (-6.21)	-0.675 *** (-8.91)
Province	是	是	是
Year	是	是	是

续表

变量	(1) *Compete* 成长期	(2) *Compete* 成熟期	(3) *Compete* 衰退期
观测值	1503	4204	2615
Adj. R^2	0.613	0.606	0.619
F 值	51.68	135.7	91.31

（六）考察经济政策不确定性的影响

经济政策不确定性表现为经济主体难以准确预料政府是否、何时以及如何改变现行政策所产生的不确定性（Ghate et al.，2013；Gulen and Ion，2016），其会改变企业的外部环境和未来前景预期，从而可能会影响产业智能化和企业竞争力。因此，本节进一步探讨产业智能化与企业竞争力的关系是否会受到经济政策不确定性的影响。本节采用 Baker 等（2016）开发编制的中国月度经济政策不确定性指数并取几何平均数来衡量年度经济政策不确定性（EPU）。同时根据经济政策不确定性（EPU）的均值，将样本企业分为高经济政策不确定性组和低经济政策不确定性组，并对模型（6.9）进行分组回归，结果如表 6-44 所示。在高经济政策不确定性组样本列（1）中产业智能化（Intel）的系数 α_1 为 0.036，在低经济政策不确定性组样本列（2）中产业智能化的系数 α_1 为 0.186，二者系数均在1%的水平下显著，但后者的系数 α_1 更大，并且组间系数差异检验表明，两组样本的系数 α_1 在1%的水平下存在显著差异（p=0.002）。由此表明，产业智能化提升先进制造业企业竞争力的效果在经济政策不确定性较低时更显著。

表 6-44   考察经济政策不确定性影响的回归结果

变量	(1) 高于均值 Compete	(2) 低于均值 Compete
Intel	0.036 *** (2.78)	0.186 *** (4.08)
Ai	-0.019 *** (-9.99)	-0.011 *** (-5.69)
Lev	-0.194 *** (-13.32)	-0.138 *** (-10.03)

续表

变量	（1）高于均值 *Compete*	（2）低于均值 *Compete*
Salary	0.003 （0.75）	0.010 ** （2.44）
Board	0.002 （1.20）	0.002 （1.55）
Grow	0.426 *** （15.74）	0.335 *** （12.18）
Stock	0.001 *** （4.96）	0.001 *** （3.25）
Size	0.163 *** （56.79）	0.144 *** （47.63）
常数项	− 0.555 *** （− 8.77）	− 0.582 *** （− 9.81）
Province	是	是
Year	是	是
观测值	4274	4048
Adj. R^2	0.624	0.583
F 值	178	129.4
$p = 0.002$		

以 2009～2019 年我国 A 股先进制造业上市公司为样本，实证分析产业智能化对企业竞争力的影响。研究发现，产业智能化能显著提升先进制造业企业竞争力，并且这种促进效应具有一定的持续性。通过替换核心变量、改变样本研究区间、控制个体固定效应以及增加其他控制变量四种稳健性检验后，以上结论依然成立。异质性分析发现，先进制造业企业在资产密集度、员工密集度、融资约束程度以及经济政策不确定性较低且为国有企业、处于生命周期的衰退期阶段时，其竞争力受产业智能化提升的作用更加明显。

第七章　先进制造业竞争力典型案例研究

目前，随着政府政策的红利驱动，先进制造业获得了持续快速的发展。但与国外大企业相比，我国部分企业核心竞争力较为模糊，竞争优势不够凸显。本章基于组态视角，将模糊集定性比较分析（fsQCA）方法应用于先进制造业的研究中，对影响其竞争力的前因变量进行组态构型，研究变量间的因果关系，可有针对性地为先进制造业竞争力的提升提供理论依据。

第一节　我国先进制造业竞争力组态分析

一　定性比较分析

本章采用定性比较分析中的模糊集定性比较分析方法，主要基于以下原因。首先，该方法适用于小样本数据分析，对样本数量要求较低，而本节将我国 2020 年 64 家先进制造业上市公司作为样本，样本数量符合该方法要求。其次，先进制造业企业竞争力提升影响因素众多且实现过程复杂，该方法通过对比条件变量组态集合关系，确定实现高竞争力的变量组合及核心条件，可为具有不同发展特点的企业提升其竞争力提供参考。

二　案例及变量说明

本节使用的数据来源于色诺芬数据库，依据简晓彬和陈宏伟（2018）对先进制造业的行业界定，从 2021 年 3 月 22 日工业和信息化部公示的"先进制造业集群竞赛决赛优胜者名单"（包含 25 个先进制造业集群）手工筛选出属于先进制造业八大细分行业的上市公司，并剔除上市时间不足一年、样本缺失、退市公司，最终选定 64 家先进制造业上市公司作为本节的案例分析样本。数据处理使用 fsQCA 3.0 软件。

（一）结果变量

在结果变量上，本章依据金碚（2003b）的研究成果，使用财务指标标准化后赋权加总的数值作为代理变量，分别计算出 2020 年 64 家样本企业的竞争力，并以此结果作为模糊校准的依据，具体如表 7 - 1 所示。

表 7 - 1 结果变量度量

变量类别		变量名称	权重（%）	变量释义
企业竞争力 Compete	规模因素	营业收入	20	营业收入
		净资产	16	净资产
		净利润	11	净利润
	增长因素	营业收入增长率	17	营业收入增长额/上年营业收入总额
		净利润增长率	14	净利润增长额/上年净利润总额
	效率因素	股东权益报酬率	8	当期利润/平均净资产
		总资产利润率	8	当期利润/平均总资产
		全员劳动效率	6	营业收入/员工总人数

（二）条件变量

竞争优势外生论者强调外部环境对企业竞争优势的作用，认为企业竞争力会直接或间接地受到政府政策（李蓉，2021）、宏观经济环境（程翔等，2020）、产业环境（刘婷婷、高凯，2020）等因素的影响。竞争优势内生论者则认为导致竞争力差异的关键因素来自企业内部。人力资本（朱焱、张孟昌，2013；许照成、侯经川，2020；邹颖、谢恒，2020）、物质资本都是企业竞争优势发挥的必要条件，而企业的自身素质和资源配置优化的能力则是竞争力提升的决定性因素（傅贤治，2006），比如融资、经营管理等能力（黄辉，2012；刘霞，2020）。在实际中，影响先进制造业企业竞争力的前因多种多样，但将所有的因素均纳入研究既不可能也不现实。本书第五章从投资支出、创新投入、劳动投资、企业社会责任四个内部因素，第六章从税收优惠、政府补助、"一带一路"倡议、产业智能化四个外部因素对提高先进制造业竞争力的理论影响进行了分析，并通过实证检验发现这些因素均对提高先进制造业竞争力发挥了促进作用。将影响因素看作一个整体系统，各因素之间可能存在关联并相互影响，该系统综合运转并影响企业竞争力的提高。模糊集定性比较分析方法正是基于整体、系统和动态的视角，进行案例层面的比较分析，以点带面，该方法可以揭示不同的因素组合对结果的影响作用，深入挖掘各条件变量与结果变量之间的作用机制（杜运周、贾良定，2017）。模糊集定性比较分析方法结合了定量分析与定性分析的优点，对样本规模要求不高，在一定程度上弥补了大样本分析对定性变化和现象分析的不足。

　　为进一步系统分析内外部因素对先进制造业竞争力的系统影响，并结合模糊集定性比较分析方法对条件变量的要求，本节基于前文研究，综合考虑了宏观、微观因素，最终选取政府补助、税收优惠、投资支出、创新投入以及劳动投资五个要素作为条件变量进行组态分析，具体变量信息如表 7 - 2 所示。

表 7 - 2　　条件变量度量

条件变量	变量符号	度量方法
政府补助	*Subsidy*	收到的政府补助/万元
税收优惠	*Tax*	收到的各项税费返还/万元
投资支出	*Inv*	企业购建固定资产、无形资产和其他长期资产支付的现金/万元
创新投入	*R&D*	研发支出费用化和资本化之和/万元
劳动投资	*Netwage*	企业支付给职工以及为职工支付的现金/万元

三　数据校准与结果分析

（一）数据校准

　　在进行模糊集定性比较分析前，须将各变量校准为模糊集。参考已有的研究，本节设定政府补助、税收优惠、投资支出、创新投入与劳动投资这五个目标集合的三个锚点时，分别将样本数据的 95% 分位值、50% 分位值和 5% 分位值作为校准后的完全隶属点、中间点以及完全不隶属点。具体校准锚点如表 7 - 3 所示。

表 7 - 3 各变量校准锚点

变量类别	变量名称	锚点		
		完全不隶属点	中间点	完全隶属点
结果变量	企业竞争力（Compete）	-0.57	-0.17	1.48
条件变量	政府补助（Subsidy）	741.08	5185.47	154178.88
	税收优惠（Tax）	71.80	5609.68	299578.83
	投资支出（Inv）	1860.20	35047.00	584999.50
	创新投入（R&D）	2692.90	17290.66	484438.43
	劳动投资（Netwage）	4558.26	37728.07	802810.24

（二）必要性分析

在模糊集定性比较分析中，需根据一致性指标检测单个条件变量是否构成结果变量的充分或必要条件。一般认为，当一致性水平超过 0.8 时，该要素为结果发生的充分条件；当一致性水平超过 0.9 时，该要素为结果发生的必要条件。而覆盖度指标主要用于分析条件变量对结果变量的解释力度，指标值越大，变量间因果关系的解释效果越理想。具体必要性分析结果如表 7 - 4 所示。

表 7 - 4 单个条件变量的必要性分析

条件变量	一致性	覆盖度
政府补助（Subsidy）	0.737922	0.862657
~政府补助（~Subsidy）	0.679875	0.496573
税收优惠（Tax）	0.709420	0.805446
~税收优惠（~Tax）	0.694126	0.516555
投资支出（Inv）	0.794230	0.841621
~投资支出（~Inv）	0.620091	0.484125
创新投入（R&D）	0.811262	0.895282
~创新投入（~R&D）	0.622523	0.472186
劳动投资（Netwage）	0.794578	0.821416
~劳动投资（~Netwage）	0.590546	0.469726

注：不加波浪线 ~ 表示条件存在，加波浪线 ~ 表示条件缺席。

从表 7 - 4 中的一致性指标来看，创新投入（R&D）的一致性指标值为0.811262，介于0.8和0.9之间，即创新投入（R&D）构成了企业竞争力提升的充分条件，绝大部分先进制造业企业竞争力的提升需要满足创新投入（R&D）这一要素。另外，税收优惠（Tax）、投资支出（Inv）等条件变量的一致性指标值未达到0.8，虽然不能构成我国先进制造业企业竞争力提升的充分或必要条件，但仍然是其中的重要影响因素。

（三）条件组态分析

本章参照Fiss（2011）、杜运周和贾良定（2017）的做法，设置频率阈值为1，一致性阈值为0.8，进行标准分析，得出复杂解、中间解和简约解，并结合中间解和简约解绘制结果表格。在定性比较分析研究中，大多数人以中间解为最终参考结果。在满足路径一致性与覆盖度的条件下，本节采用中间解提供的三组构型。组态构型结果如表7-5所示。

表7-5　先进制造业竞争力影响因素的组态构型

变量	组态		
	投资+创新型		政策+科技型
	1	2	3
政府补助（Subsidy）		·	●
税收优惠（Tax）		U	
投资支出（Inv）	●	●	
创新投入（R&D）	●	●	●
劳动投资（Netwage）	·		●
一致性	0.942658	0.960846	0.928761
原始覆盖度	0.702815	0.426486	0.607230
特有覆盖度	0.0771638	0.0118179	0.0194649
总体一致性	0.919861		
总体覆盖度	0.734098		

注：● = 核心条件存在，U = 核心条件缺席，· = 辅助条件存在，空格表示该条件可存在亦可不存在。

就单个组态而言，三种组态的一致性指标值分别为0.94、0.96和0.93，均高于普遍接受的一致性水平0.80。三种组态中，组态1的原始覆盖度和特有覆盖度均是最高的，表明组态 1 是三种组态中经验相关性最强的组态。从总体上来看，三种组态的总体一致性为 0.919861，同样高于可接受的一致性水平 0.80，表明上述结果均符合最初设定要求。总体覆盖度为 0.734098，即上述结果可以解释先进制造业企业竞争力 73.41% 的影响因素，解释效果较为理想。

如表 7-5 所示，分析结果共给出了可提升企业竞争力的三组构型，分别为："$Inv * R\&D * Netwage$" "$Subsidy * \sim Tax * Inv * R\&D$" "$Subsidy * Tax * R\&D * Netwage$"。具体来看，组态 1 （$Inv * R\&D * Netwage$） 表示以企业投资支出和创新投入为核心条件，以劳动投资为辅助条件，可以构成企业竞争力的充分条件组态。组态 2 （$Subsidy * \sim Tax * Inv * R\&D$） 表示企业享受到较多政府补助和较少的税收优惠，投资支出和创新投入高，此时将构成企业竞争力的充分条件组态。在该组态下，企业投资支出和创新投入仍然为核心条件，政府补助和非税收优惠构成辅助条件。组态 3 （$Subsidy * Tax * R\&D * Netwage$） 表示企业享受到较多税收优惠、政府补助，同时增加创新投入和劳动投资，此时便可以有效提升先进制造业企业竞争力。相较于其他条件，政府补助、创新投入和劳动投资构成核心条件，税收优惠为辅助条件。总体来看，各组态构型中企业创新投入均作为核心条件，表明企业创新与先进制造业竞争力的提高有着密切联系。

（四）提升路径分析

第一，投资与创新双元主导逻辑下的人才拉动型。条件组态 1 表明，相较于其他条件，投资支出与创新投入对于先进制造业企业竞争力的提升具有重要作用，劳动投资发挥了辅助作用，其中约 70.28% 的先进制造业高企业竞争力案例能够被这条路径解释。这类企业面临的外部环境一般，即较低的政府补助和税收优惠，但是企业内部因素在促进竞争力提高的过程中发挥了主导作用，通过投资建设，同时加强技术创新以及人才投资，保持较高的企业竞争力。这类模式的代表企业有比亚迪、三一重工、复星医药、航发动力等。

第二，投资与创新双元主导逻辑下的政策驱动型。条件组态 2 表明，投资与创新的结合能够有效破除劳动投资、税收优惠等内外在禀赋条件对先进制造业发展的制约。在该路径下，来自企业内部因素中的投资支出与创新投入依然作为核心条件，外部因素中的政府补助作为辅助条件，其他条件对先进制造业高企业竞争力水平无关紧要。在这种模式下，内部驱动因素仍然作为核心条件，与此同时，政府补助对先进制造业竞争力的提高也发挥了一定的促进作用，因而将该驱动路径命名为投资与创新双元主导逻辑下的政策驱动型。这条路径可以解释42.65%的先进制造业高企业竞争力案例，代表企业有澜起科技、山河智能等。

第三，政策与科技双元主导驱动型。条件组态3表明，在享受到较多政府补助和税收优惠时，增加创新投入和劳动投资有助于先进制造业提升企业竞争力。在这条路径下，创新投入和劳动投资作为企业内部的强有力因素促进了先进制造业竞争力的提高，而政府补助和税收优惠也发挥了来自企业外部因素的重要推动作用。其中，政府补助、创新投入和劳动投资发挥了核心作用，税收优惠发挥了辅助作用。该组态能够解释60.72%的先进制造业高企业竞争力案例，代表企业有海康威视、开立医疗、深康佳A、先导智能等。

第二节　我国先进制造业集群案例分析

2021年3月，我国工业和信息化部公布"先进制造业集群竞赛决赛优胜者名单"，遴选出两批共25个先进制造业集群。提升先进制造业产业集群的核心竞争力、加快培育世界级先进制造业集群已经成为当前备受关注的焦点问题。本节选取江苏省无锡市物联网集群、广东省深圳市先进电池材料产业集群与湖南省长沙市工程机械集群作为研究对象，深入剖析三种集群及其重点集群企业的发展现状，对于引导先进制造业集群发展具有有益启发。

一　无锡市物联网集群及案例

（一）物联网集群概述

无锡作为国家传感网创新示范区，10多年来一直秉持开拓、探索国家物联网发展之路的责任，已成为我国物联网产业应用发展的前沿阵地。2021年，无锡物联网产业规模达3563.9亿元，居全省首位，并以第二名成绩入选首批先进制造业集群培育名单，也是全国唯一的物联网国家级先进制造业集群。

围绕物联网和工业互联网领域，无锡物联网企业协调产学研等各方高效协作，开展了新一代物联网信息技术等应用基础研究，相继建成投用 178 家包含国家智能交通综合测试基地在内的国字号创新载体，高端创新资源加速汇聚。目前已有 3500 多家物联网企业、70 余家物联网领域上市企业在此集聚。物联网产业规模不断壮大、创新能力全面提升，形成了较为完整的上下游产业链以及涵盖网络通信、智能硬件、系统集成等较为完整的产业生态。

随着重点项目的深入开展，针对产业资金、人才、项目、技术、应用等要素需求，国家制定了精准的物联网企业赋能政策，积极营造良好的物联网生态环境。例如，2018 年专门成立了无锡物联网创新促进中心，开展技术研讨、合作配套等交流活动，探索以集群促进机构服务产业创新发展的范式，并于 2021 年被批准为国家先进制造业集群培育机构；2022 年 4 月，由无锡市科学技术协会等共建的"物联网产业知识产权司法保护中心"正式成立，为无锡地区物联网产业知识产权保护和法治化营商环境改善提供了法制保障。

同时，无锡瞄准产业链的关键环节，实施"对外招引 + 向内扶持"多主体培育路径。一方面，围绕产业链的各个环节，无锡完善重点物联网企业招商名单，以重大项目为抓手，与行业龙头企业开展合作。另一方面，坚持"扶强孵新"的企业培育模式，扶持远景能源等一批本土骨干企业，鼓励其瞄准前瞻性领域进行并购重组，做大做强。无锡从保障产业链稳定入手，优化物联网上下游资源配置，推动解决实际问题，有效提振了物联网企业的信心。

（二）先导智能案例分析

无锡先导智能装备股份有限公司（简称"先导智能"）成立于 2002 年，是全球领先的新能源装备供应商，业务涵盖光伏智能装备、智能物流系统、汽车智能产线、燃料电池智能装备以及激光精密加工等领域。

1. 先导智能的竞争力分析

自 2013 年以来，我国光伏产业进入增长状态，光伏企业产能利用率、技术水平以及企业利润率得到有效提高，为先导智能开创市场创造了良好的条件。为加大锂电池产业规模的扩张，扩大公司产能，先导智能使用自有资金收购了无锡新区新洲路 18 号厂房的土地使用权。同时，公司开发的多种锂电池设备已趋于成熟。此外，随着企业智能制造的推广，公司在研发和人力方面节省了大量成本，也为企业进一步开拓国际市场奠定了基础。为进一步拓展海外市场，先导智能持续加大国际市场营销的投入，努力提升公司产品的国际影响力。

如图 7－1 所示，近年企业的业务规模逐步扩大，盈利增长较快，增加了公司业绩。一方面，国家逐渐重视新能源行业，出台了一系列支持政策，公司下游锂电池市场日益繁荣；另一方面，公司收购了泰坦新动力 100%股权，延伸了公司锂电池生产设备业务链，提升了公司的业务规模。

图 7－1　2015～2018 年先导智能的订单情况比较
资料来源：先导智能 2015～2018 年公司年报。

2. 先导智能的创新情况

先导智能坚持自主创新与研发，公司的开发能力为其立足于行业领先地位奠定了深厚的基础。公司作为高新技术企业，坚持自主创新与吸收引进相结合，不断加大研发投入。2018 年，公司新增包括精密激光智能装备研发及产业化在内的多个研发项目。2015～2018 年，公司不断加大研发投入、吸收研发人员，为企业研发创新奠定了深厚的基础。如图 7－2 和图 7－3 所示，2018 年，研发投入为 28366.48 万元，占当年营业收入的 7.29%；研发人员数量为 1193 人，占公司全体员工的 23.98%。

3. 先导智能的智能化程度分析

图 7－4 展示了 2015～2018 年先导智能的智能化程度词频统计，统计方法为计算人工智能技术、区块链技术、云计算技术、大数据技术和

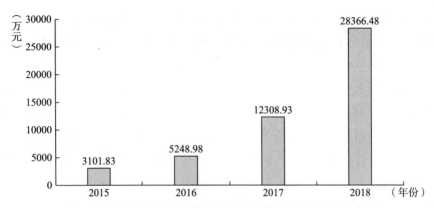

图 7 - 2　2015 ~ 2018 年先导智能的研发投入情况

资料来源：先导智能 2015 ~ 2018 年公司年报。

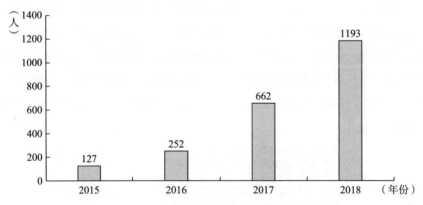

图 7 - 3　2015 ~ 2018 年先导智能的研发人员数量

资料来源：先导智能 2015 ~ 2018 年公司年报。

图 7 - 4　2015 ~ 2018 年先导智能的智能化程度词频统计

资料来源：国泰安数据库。

数字技术应用五个方面的细分指标在公司年报中出现的频次。从图中可以看出，2015年智能化程度词频共出现1次，2017年出现频次增加至5次，但总体上先导智能公司报告中对智能化五个方面的指标提及度不高，其中未提及人工智能技术、区块链技术、大数据技术。随着新一代信息技术与先进制造技术的快速发展，我国智能制造装备的发展深度和广度日益提升，以新型传感器、智能控制系统、工业机器人、自动化成套生产线为代表的智能制造装备产业体系初步形成。先导智能在公司发展战略中提到要抓住产业转型升级的契机，布局更具有价值和竞争力的智能制造领域，以技术创新引领产业升级，从而使企业在国内外的竞争力得到提高。

4. 先导智能的绿色化发展分析

从图7-5可以看出，2015年先导智能申请和授权的绿色发明专利与绿色实用新型专利数量都为0件，但2018年申请的绿色实用新型专利数量已有16件，获得授权的绿色实用新型专利数量为8件。绿色化、低碳化是实现高质量发展的关键环节，先导智能充分发挥数字化、网络化、智能化在生产制造降碳过程中的乘法效应，利用数字技术推进企业的绿色低碳转型。

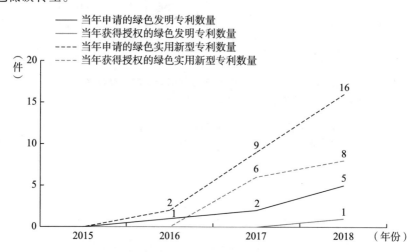

图7-5　2015～2018年先导智能绿色专利申请与授权情况

资料来源：CNRDS数据库。

5. 先导智能的财务分析

如表7-6、图7-6所示，2015～2018年，先导智能的营业收入保持较高的增长率，其中，2016年、2017年收入增幅较大，均比上年增长

100%以上，这得益于国家对新能源行业的大力支持。受国家对新能源汽车发展政策的影响，公司锂电设备业务增长明显，成为公司业绩增长的主要动因。2018年，营业收入较上年增长78.70%，一方面，由于国家对新能源汽车行业的支持；另一方面，公司收购了泰坦新动力100%股权，构建新的盈利增长，增加了公司业绩。

表7-6 2015~2018年先导智能的营业收入情况

年份	营业收入（万元）	同比增长率（%）	出口收入（万元）	同比增长率（%）
2015	53611.08	74.89	2056.27	333.36
2016	107898.08	101.26	2247.87	9.32
2017	217689.53	101.75	5542.10	146.55
2018	389003.50	78.70	6426.26	15.95

资料来源：先导智能2015~2018年公司年报。

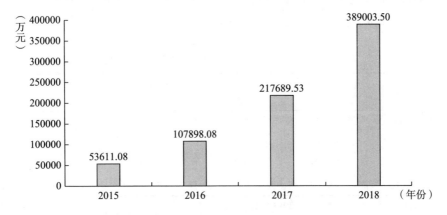

图7-6 2015~2018年先导智能的营业收入

资料来源：先导智能2015~2018年公司年报。

通过对先导智能2015~2018年的盈利能力进行分析，如表7-7所示，发现公司资产报酬率有下降趋势，表明先导智能的资产利用效率有些许下降。此外，销售净利率、销售毛利率、净资产收益率总体也呈下降趋势。虽然企业盈利能力有所下降，但是由于其生产节能环保和新能源产品，国家对新能源汽车行业大力扶持，给予相应的优惠政策以及相应补助，缓解了企业资金上的压力，为企业营运、创新提供了政策与资金支持。

表7-7　2015～2018年先导智能的盈利能力情况

单位：%

年份	销售净利率	销售毛利率	净资产收益率	资产报酬率
2015	27.15	43.05	27.34	10.33
2016	26.94	42.56	35.56	13.87
2017	24.69	41.14	34.16	9.04
2018	19.09	39.08	23.95	9.85

资料来源：先导智能2015～2018年公司年报。

通过分析先导智能2015～2018年的营运能力，如表7-8所示，发现公司的营业周期大致呈下降的趋势，仅在2017年存在小幅度的上升。从数据表面上看，营业周期的缩短主要得益于应收账款与存货周转天数的缩短，表明先导智能对应收账款及存货的管理水平有所提高，公司的销售状况良好。近年来，先导智能以"一带一路"相关政策为指导，加上国家对能源产业的扶持，企业扩大产能，积极开拓市场，提升市场份额。此外，企业积极研发核心技术，为增强国际竞争力打下了深厚的基础。

表7-8　2015～2018年先导智能的营运能力情况

年份	营业周期（天）	存货周转率（次）	存货周转天数（天）	应收账款周转天数（天）
2015	641.39	0.64	561.80	79.60
2016	543.08	0.74	488.07	55.01
2017	593.21	0.71	503.71	89.50
2018	452.02	0.95	377.68	74.34

资料来源：先导智能2015～2018年公司年报。

（三）长电科技案例分析

江苏长电科技股份有限公司（简称"长电科技"）成立于1972年，是全球领先的半导体微系统集成服务提供商，提供全方位的微系统集成一站式服务。公司的产品和技术涵盖了主流集成电路系统应用，在中国、韩国拥有两大研发中心，营销办事处分布于世界各地，可为全球客户提供高效的产业链支持。

1. 长电科技的竞争力分析

受国际贸易摩擦和美国限制对华高端半导体技术出口等的影响，集成电路整体行业波动较大。面对严峻的国际经营环境，国家相继出台了一系列财税、投融资及研究开发等政策，以推进集成电路产业的发展。2019 年，长电科技收到 6.51 亿元税费返还，2.96 亿元政府补助，推动企业在 5G、高性能计算和云端人工智能产品等新兴应用和市场的尖端封装与测试技术的研发。

　　长电科技紧跟客户需求，强化技术创新。如图 7-7 所示，2015～2019 年长电科技持续增加研发投入金额，公司的研发人员数量超过 5000人，拥有经验丰富的研发团队。2019 年，长电科技共获得专利授权 144件，新申请专利技术 158 项，覆盖中高端封测领域。另外，长电科技与国内外多家战略客户达成深度合作，通过资源共享、优势互补以及整合协同，成功实现了 5G 通信网络、5G 移动终端等经营业务的扩张。

图 7-7　2015～2019 年长电科技的研发投入情况

资料来源：长电科技 2015～2019 年公司年报。

2. 长电科技的智能化程度分析

　　从图 7-8 可以看出 2015～2019 年长电科技智能化程度词频统计情况，云计算技术在公司报告中被提及的次数逐年增加，人工智能技术在 2019 年公司年报中被多次提及，表明企业越来越重视智能化技术的发展应用。长电科技的产品主要应用于 5G 通信网络、智能移动终端、大数据中心与存储、人工智能与工业自动化控制等电子整机和智能化领域。终端设备智能化、功能多样化、轻薄小型化的特点，促使芯片封测技术不断向高密度、高速率、高散热、低功耗、低时延、低成本演进，因此，拥有核心技术优势、提高企业整体智能化程度，是形成企业竞争力的重要因素。

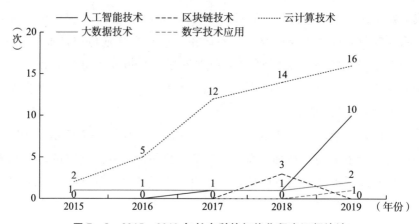

图 7 - 8　2015～2019 年长电科技智能化程度词频统计
资料来源：国泰安数据库。

3. 长电科技的绿色化发展分析

从图 7 - 9 可以看出，长电科技在 2015～2019 年申请的绿色发明专利和绿色实用新型专利数量变化不大。长电科技一直把可持续发展作为公司的一项基本管理策略，并将其细化到运营规范中贯彻执行。公司每年投入环保资金改进环保设施、实施环保治理，对主要环境监控项目和产品符合情况进行定期检测验证，实现生产全过程无害化。除此之外，还时刻关注生产过程中可能给周围带来的环境风险，在员工中普及环保理念，努力实现绿色制造、节能减排。

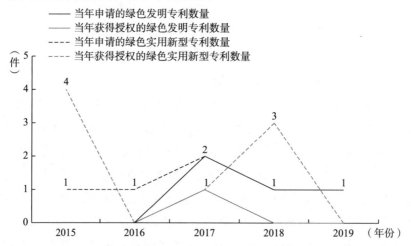

图 7 - 9　2015～2019 年长电科技绿色专利申请与授权情况
资料来源：CNRDS 数据库。

4. 长电科技的财务分析

由表 7 – 9、图 7 – 10 中 2015 ~ 2019 年数据可知，长电科技境内外营业收入大致呈增长趋势，仅在 2018 ~ 2019 年境外销售存在小幅度的下降。一方面，国内领先品牌的电子产品受关注程度不断提高，带动相关芯片需求的增长，长电科技在国际市场上具有显著的竞争优势。另一方面，2018 ~ 2019 年公司面临国际经营环境改变等诸多风险，销售收入增长趋缓，长电科技将进一步梳理核心产品、挖掘重点客户资源，并建立差异化销售服务体系以扩大市场份额。

表 7 – 9　2015 ~ 2019 年长电科技的营业收入分地区情况

年份	境内销售（万元）	同比增长率（%）	境外销售（万元）	同比增长率（%）
2015	254256.25	13.56	819945.23	97.38
2016	328307.80	29.12	1573915.32	91.95
2017	426012.36	29.76	1949668.87	23.87
2018	483949.33	13.60	1890615.31	- 3.03
2019	495187.85	2.32	1849393.84	- 2.18

资料来源：长电科技 2015 ~ 2019 年公司年报。

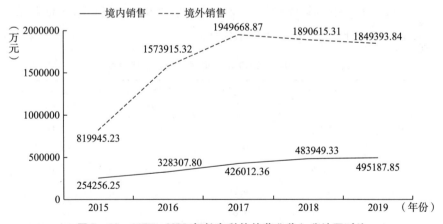

图 7 – 10　2015 ~ 2019 年长电科技的营业收入分地区对比

资料来源：长电科技 2015 ~ 2019 年公司年报。

通过对长电科技 2015 ~ 2019 年的盈利能力进行分析，发现公司销售净利率和净资产收益率不佳，资产利用效率较低，总体盈利能力不强。如表 7 – 10 所示，2015 年、2016 年和 2018 年，公司销售净利率和净资

产收益率为负。近些年，公司外部环境复杂多变，中美两国贸易摩擦不
断升级、数字货币市场大幅波动等不利因素叠加影响公司盈利，但是由
于具备强大的发展潜力和持续的研发能力，公司在集成电路和封装技术
领域仍具备鲜明的竞争优势。

表 7 – 10　2015 ~ 2019 年长电科技的盈利能力情况

单位：%

年份	销售净利率	销售毛利率	净资产收益率	资产报酬率
2015	– 1.47	17.83	– 2.37	1.83
2016	– 1.65	11.82	– 4.74	2.40
2017	0.31	11.71	0.77	3.28
2018	– 3.88	11.43	– 7.54	0.92
2019	0.41	11.18	0.76	2.83

资料来源：长电科技 2015 ~ 2019 年公司年报。

通过分析表 7 – 11 中长电科技 2015 ~ 2019 年的营运能力，发现公司
的营业周期大致呈下降的趋势，仅在 2019 年存在小幅度的上升。从数据
表面上看，营业周期的缩短主要得益于存货与应收账款周转天数的缩短，
表明长电科技对存货与应收账款的管理水平有所提高，公司的销售状况
良好。近年来，中国集成电路产业保持快速增长，市场需求不断扩大，
为长电科技提升市场占有率提供了便捷。

表 7 – 11　2015 ~ 2019 年长电科技的营运能力情况

年份	营业周期（天）	存货周转率（次）	存货周转天数（天）	应收账款周转天数（天）
2015	115.30	6.86	53.19	62.11
2016	92.12	9.12	40.12	52.01
2017	83.56	9.11	40.09	43.47
2018	81.80	9.29	39.27	42.52
2019	99.67	7.65	47.70	51.97

资料来源：长电科技 2015 ~ 2019 年公司年报。

二　深圳市先进电池材料产业集群及案例

（一）先进电池材料产业集群概述

深圳市先进电池材料产业集群作为国家首批重点培育的集群之一，

旨在依托广东省先进电池与材料产学研技术创新联盟，整合先进电池材料产业资源，协调政产学研金用等各方高效协作，充分发挥集群创新发展能力，着力打造世界级先进制造业集群。

依托电子信息产业的发展，电池材料产业迅速崛起，逐步向新能源汽车动力电池、储能电池等领域发展，成为深圳战略新兴产业的重要组成部分。目前，先进电池材料产业集群在我国动力电池产业中处于引领地位，涌现出一批产业生态主导型企业、专精特新"小巨人"企业和国家级绿色制造业企业。如德方纳米是动力电池正极材料的领跑者，比亚迪是国内新能源汽车产业链最完整的企业之一，赢合科技是国内锂电生产设备头部供应商。在先进电池材料产业的协同带动下，我国在先进电池材料产业链各环节的市场占有率和技术水平均处于世界前列。

作为国家和地区经济高质量发展的重要支撑，深圳市先进电池材料产业集群具有诸多优势。一是人才团队集聚。依托粤港澳大湾区的人才政策，集群集聚了国内外高层次人才，每年吸引博士后、行业领军人才、院士团队等高层次人才超过1000人。二是高新技术及创新载体集聚。目前，集群汇聚了超过200家从事新能源汽车、电池关键材料生产、电池回收等领域的企业，100多家规模以上企业，为产业集群配备了完善的上下游产业链。三是产业布局与金融资源集聚。深圳已成为全国重要的股权投资和创业投资的聚集地，是国家制造业转型升级基金的专项投资载体。

（二）比亚迪案例分析

比亚迪股份有限公司（简称"比亚迪"）成立于1995年，是一家致力于"用技术创新，满足人们对美好生活的向往"的高新技术企业，已在全球设立30多个工业园，业务布局涵盖电子、新能源汽车和轨道交通等领域。

1. 比亚迪的竞争力分析

比亚迪主要从事汽车业务、二次充电电池及光伏业务，并积极拓展城市轨道交通业务领域，具备完整的动力电池研发及生产体系。目前，比亚迪动力电池应用车型超过40款，业务涵盖乘用车、商用车、专用车等领域。

作为全球新能源汽车研发和推广的引领者，比亚迪在新能源汽车领域拥有雄厚的技术积累、领先的市场份额，并具备了在新能源汽车核心零部件方面的技术研发优势，奠定了在全球新能源汽车领域的行业领导地位。凭借自主研发和丰富的实践经验，经过可靠性的全面升级，比亚迪实现了在核电应急电源领域的储能系统的全面升级。同时，比亚迪双玻组件拥有 7 项核心技术及相关专利，已累计出口至日本、以色列及巴西等国家和地区。

2. 比亚迪的创新情况

"技术为王，创新为本"是比亚迪一直坚持的发展理念，20 多年来，比亚迪在各地成立了汽车智慧生态研究院、汽车新技术研究院等多家研发机构，从事新产品的研发和设计、产业孵化等工作。2015 年，比亚迪荣获"联合国特别能源奖"。2016 年，比亚迪荣获"扎耶德未来能源奖"大型企业奖。2017 年，比亚迪蝉联《财富》杂志"最受赞赏的中国公司"，位列汽车行业榜首。2020 年，比亚迪成为 2020 BrandZ 最具价值中国品牌 100 强上榜车企。2022 年，比亚迪上榜美国商业杂志《快公司》发布的"2022 年全球最具创新性公司年度榜单"。

近年来比亚迪持续加大对刀片电池技术、汽车智能系统、开放性智能汽车平台等领域的研发投入及延长产品链。如图 7-11 所示，2017～2021 年，比亚迪的研发投入总体呈增长趋势，尤其是 2021 年，企业研发投入的金额和人员数量增幅较大。在轨道交通方面，比亚迪组建 1000 多人的研发团队，凭借强大的技术研发实力，历时 5 年，累计投入 50 亿元，成功打造跨座式单轨"云轨"。通过持续地创新与迭代技术，比亚迪拥有多项国家专利、先进的材料与制造技术以及完善成熟的生产线。

图 7-11　2017～2021 年比亚迪的研发投入情况

资料来源：比亚迪 2017～2021 年公司年报。

3. 比亚迪的智能化程度分析

从图 7 – 12 中 2017 ~ 2021 年比亚迪智能化程度词频统计情况来看，人工智能技术和云计算技术在公司年报中被提及的次数较多，2021 年数字技术应用被提及 7 次，智能化中区块链技术和大数据技术被提及的次数较少。2021 年，随着新能源行业的兴起，比亚迪于当年 1 月和 11 月精准把握发行窗口期，分别成功完成两次新 H 股闪电配售，合计募集资金近 438 亿港元，为加大汽车电动化、智能化和动力电池等领域的创新投入提供了充分的资金支持。此外，企业牢牢把握新能源汽车行业历史性的发展机遇，坚持技术创新，逐步实现核心技术的自主可控，积极探索并发展智能化，为消费者提供更丰富的用车体验。在此基础上，坚持以市场为导向，以顾客为中心，持续提升产品质量和服务意识，稳步提高品牌影响力和竞争力。

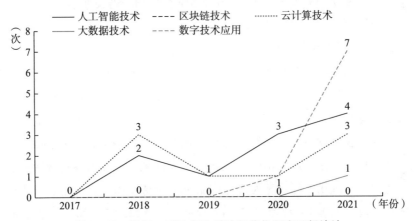

图 7 – 12　2017 ~ 2021 年比亚迪智能化程度词频统计

资料来源：国泰安数据库。

4. 比亚迪的绿色化发展分析

如图 7 – 13 所示，比亚迪在 2017 ~ 2021 年一直保持较高的绿色发明专利和绿色实用新型专利授权数量，2021 年获得授权的绿色发明专利数量达到了 223 件。比亚迪将绿色发展理念贯彻到企业生产经营中，通过构建绿色能源管理体系、推进可再生能源代替传统能源、开展技术和管理节能等方式，持续减少能源消耗和二氧化碳排放。比亚迪始终以解决社会问题为导向，以技术创新为驱动，在解决问题的过程中实现企业发展，努力构建"绿色供应商、绿色原材料"的绿色采购体系，力争成为新能源汽车领域碳减排的标杆企业。

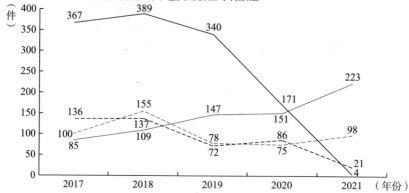

图 7－13　2017～2021 年比亚迪绿色专利申请与授权情况

资料来源：CNRDS 数据库。

5. 比亚迪的财务分析

受益于新能源汽车行业的发展前景，比亚迪的汽车智能系统产品出货量大幅增长。根据中国汽车工业协会公布的数据，2021 年比亚迪新能源汽车市场占有率达 17.1%，年内增长近 8%，销量遥遥领跑国内新能源汽车市场，并稳居全球前列，品牌影响力持续扩大。聚焦提升核心业务的同时，比亚迪坚持多元化布局，不断导入新的业务领域，产品份额持续提升。其中智能家居、游戏硬件、无人机等产品出货量持续增长，带动收入迈向高速增长轨道。如表 7－12 和图 7－14 所示，比亚迪2017～2021 年营业收入大致呈增长趋势，仅在 2019 年和 2020 年国内营业收入存在小幅度的下降。

表 7－12　2017～2021 年比亚迪的营业收入情况

年份	国内营业收入（万元）	同比增长率（%）	国外营业收入（万元）	同比增长率（%）
2017	9250254.60	—	1341215.60	—
2018	11472763.20	24.03	1532707.50	14.28
2019	10821547.30	−5.68	1952305.00	27.38
2020	9746814.50	−9.93	5912954.60	202.87
2021	15223537.80	56.19	6390701.70	8.08

资料来源：比亚迪 2017～2021 年公司年报。

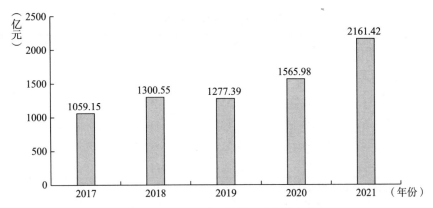

图 7 - 14　2017～2021 年比亚迪的营业收入

资料来源：比亚迪 2017～2021 年公司年报。

通过对表 7 - 13 中比亚迪 2017～2021 年的盈利能力进行分析，发现公司整体盈利能力处于下降的态势，这与我国宏观经济环境有较大关系。近些年，受疫情反复等多方面影响，我国宏观经济下行压力加大，消费和投资均表现疲弱，经济复苏进程放缓。同时原材料和零部件价格上涨等不利因素也降低了公司盈利能力。但是比亚迪拥有持续的研发能力及较多的专利，其产品在欧洲、美国等境外市场出现了井喷式增长，总体而言，企业仍然具有广阔的市场前景和极强的发展潜质。

表 7 - 13　2017～2021 年比亚迪的盈利能力情况

单位：%

年份	销售净利率	销售毛利率	净资产收益率	资产报酬率
2017	4.64	19.01	8.20	4.46
2018	2.73	16.40	5.86	3.79
2019	1.66	16.29	3.38	2.78
2020	3.84	19.38	9.33	5.30
2021	1.84	13.02	3.81	2.13

资料来源：比亚迪 2017～2021 年公司年报。

通过分析表 7 - 14 中比亚迪 2017～2021 年的营运能力，发现公司的营业周期呈下降的趋势。综合各数据来看，营业周期的缩短主要得益于应收账款周转天数的缩短，表明比亚迪对应收账款的管理水平有所提高，公司的销售状况良好。

表7-14　2017~2021年比亚迪的营运能力情况

年份	营业周期（天）	存货周转率（次）	存货周转天数（天）	应收账款周转天数（天）
2017	263.35	4.32	84.56	178.79
2018	226.71	4.13	88.39	138.31
2019	212.83	4.18	87.29	125.54
2020	187.35	4.02	91.02	96.33
2021	145.39	4.34	84.17	61.22

资料来源：比亚迪2017~2021年公司年报。

（三）德方纳米案例分析

深圳市德方纳米科技股份有限公司（简称"德方纳米"）成立于2007年1月，总部位于深圳市南山区，是一家致力于锂离子电池核心材料的研发、生产和销售的国家高新技术企业。

1. 德方纳米的竞争力分析

德方纳米的核心产品为纳米磷酸铁锂，其上游主要为锂矿等原材料，下游用于制备锂离子电池，最终广泛应用在新能源汽车、储能系统等领域。经过多年技术创新与经营实践，公司共申请发明专利110余项，已获授权发明专利50余项，主导和参与制定了10余项国际标准和国家标准，承担数十项国家级、省市级科研项目，荣获广东省科技进步奖，深圳市科技进步奖、专利奖等。2015年，公司荣获"中国中小企业创新成长之星"称号；2021年，公司入选国家专精特新"小巨人"企业。

德方纳米的核心竞争力主要体现在三个方面。一是研发优势。多年来，公司紧跟国内外科技发展前沿，始终坚持以技术创新为先导，在广东、云南等地建有大型研发基地，并成立了锂动力研究院。此外，公司建立了专注于技术创新和产品性能改善的研发团队，拥有"非连续石墨烯包覆技术"等多项核心技术，研发实力雄厚。二是产品性能优势。凭借深厚的技术积累，德方纳米生产的纳米磷酸铁锂以其优异的产品性能获得了较高的市场认可，并拥有完全自主的知识产权，被评为广东省高新技术产品。三是客户优势。经过多年市场开拓，德方纳米与比亚迪、亿纬锂能等先进电池行业领先企业建立了长期稳定的业务合作关系。通过与产业链上下游企业的稳定合作，公司能够为客户提供更加优质的产品和售后服务，赢得了客户的广泛认可。

2. 德方纳米的智能化程度分析

图 7－15 反映了德方纳米在 2019～2021 年智能化程度词频统计情况，在三年间公司年报中并未提及人工智能技术、区块链技术、云计算技术与大数据技术四个方面的智能化指标，数字技术应用被提及次数也较少，表明德方纳米的智能化发展缓慢。企业始终将研发创新视为保持核心竞争力和市场领先地位的关键驱动力，不断加大研发投入，着力推动研发团队建设，通过有效的激励措施，公司研发团队的创新能力和积极性大幅提升，研发成果显著。然而，高强度的研发创新并没有为企业带来智能化程度的提高，对于制造业企业来说，构建智能制造系统的核心价值主要还是降低生产成本、提升生产效率和重塑生产方式，德方纳米应该在今后企业发展战略中充分考虑如何促进智能化转型、提高智能化程度。

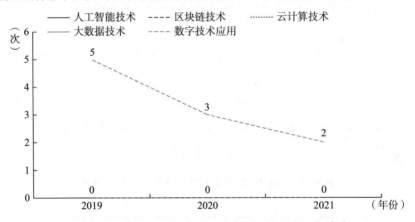

图 7－15　2019～2021 年德方纳米智能化程度词频统计

资料来源：国泰安数据库。

3. 德方纳米的绿色化发展分析

德方纳米近几年在绿色专利申请和授权情况上，仅在 2019 年获得 1 件授权的绿色发明专利，在绿色创新上的投入不足。绿色制造是制造业转型升级的必由之路，当前制造业企业产品资源能源消耗高，对生态环境的影响突出，绿色化水平有待提高，迫切需要加快绿色发展，以改变高投入、高消耗、高排放的传统发展模式，构筑绿色制造体系，提高企业的绿色国际竞争力。

4. 德方纳米的财务分析

磷酸铁锂电池生产成本低、循环性能优异，在储能行业大发展的市场环境下，优势日益凸显。根据表 7-15 可知，随着德方纳米的磷酸铁锂电池市场渗透率的逐步提升，2017~2021 年公司的营业收入总体呈增长趋势。2020 年公司的营业收入同比下降 10.62%，但凭借着企业长期积累的成本优势、技术优势和客户优势，2021 年德方纳米的营业收入突破了 40 亿元，同比增长 413.93%，进一步拓展了市场份额。

表 7-15　2017~2021 年德方纳米的营业收入情况

年份	营业收入（万元）	同比增长率（%）
2017	85485.15	—
2018	105364.90	23.26
2019	105408.77	0.04
2020	94212.83	-10.62
2021	484187.83	413.93

资料来源：德方纳米 2017~2021 年公司年报。

由表 7-16 可知，2020 年德方纳米的销售净利率、净资产收益率和资产报酬率均降至零以下，处于较低水平，造成该年公司盈利能力较低的原因很大程度上是受疫情影响。但是，随着公司的积极调整，影响公司盈利能力的不利因素逐渐消除，2021 年公司的销售毛利率上升至这 5 年最高水平，净资产收益率也有了较大水平的提升。

表 7-16　2017~2021 年德方纳米的盈利能力情况

单位：%

年份	销售净利率	销售毛利率	净资产收益率	资产报酬率
2017	0.11	0.24	0.23	0.14
2018	0.09	0.20	0.20	0.14
2019	0.10	0.21	0.10	0.07
2020	-0.04	0.10	-0.02	-0.01
2021	0.17	0.29	0.20	0.11

资料来源：德方纳米 2017~2021 年公司年报。

通过分析表 7-17 中德方纳米 2017~2021 年的营运能力，发现公司的整体营运能力骤降，营业周期自 2020 年开始有了一个明显的延长。综合各数据来看，营业周期的延长主要受到存货周转天数和应收账款周转天数的影响，并且存货周转率大幅降低，表明德方纳米对存货和应收账款的管理水平有所下降。

表 7 - 17　2017 ~ 2021 年德方纳米的营运能力情况

年份	营业周期（天）	存货周转率（次）	存货周转天数（天）	应收账款周转天数（天）
2017	131.40	8.56	42.64	88.75
2018	79.07	9.44	38.68	40.38
2019	123.36	8.38	43.56	79.79
2020	209.77	3.38	108.41	101.36
2021	265.18	2.20	165.55	99.63

资料来源：德方纳米 2017 ~ 2021 年公司年报。

三　长沙市工程机械集群及案例

（一）工程机械集群概述

湖南省长沙市工程机械集群起步于 20 世纪 60 年代，快速成长于 21 世纪初。2010 年，长沙市工程机械集群成为湖南第一个千亿产业集群。党的十八大以来，长沙市工程机械集群实现更高质量发展，2021 年集群总产值突破 2800 亿元，占全国的比重约 1/3，资产、收入、利润总额连续 12 年居全国首位。目前，"工程机械之都"长沙拥有 5 家"全球工程机械 50 强"企业，是仅次于美国伊利诺伊州、日本东京的世界第三大工程机械产业集聚地，工程机械领域形成全系列产品、全链条服务，为湖南打造国家重要先进制造业高地提供强劲动力。

2020 年，长沙工程机械产业链共有规模以上工业企业 349 家，较 2019 年增加 158 家，涉及通用设备制造业、专用设备制造业、金属制品业等多个行业。长沙经开区经过多年积累发展，已经形成了以铁建重工、山河智能等龙头企业为引领，汇集一批优秀工程机械产业链相关企业的产业集群。

在国家政策扶持下，工程机械产业企业订单充足，2020 年长沙工程机械产业企业经营效益高于全市规模以上工业企业整体水平，营业收入比上年增长 42.4%，高于全部规模以上工业企业 36.1 个百分点；利润总额比上年增长 41.8%，高于全部规模以上工业企业 23.6 个百分点；亏损企业亏损额比上年下降63.7%，降幅高于全部规模以上工业企业44.0个百分点。工程机械产业近年发展速度较快，市场潜力较大，随着数字化、网络化、智能化转型的持续推进，长沙本土企业加大研发、不断创新，推出适应市场需求的新产品，品牌竞争力不断提升。

（二）三一重工案例分析

三一重工股份有限公司（简称"三一重工"）由三一集团投资创建于1994年，于2003年7月3日上市，是中国首家股权分置改革成功并实现全流通的企业。2011年7月，三一重工首次入围FT全球市值500强，是唯一上榜的中国工程机械企业。2012年，三一重工跨国并购"全球混凝土机械第一品牌"德国普茨迈斯特、持股"全球随车起重机械巨头"奥地利帕尔菲格。2021年5月13日，三一重工入围福布斯全球企业2000强榜单，排名第468位，首次跻身全球企业500强，是榜单中排名中国第一、全球第二的工程机械企业。

1. 三一重工的竞争力分析

2022年，面临复杂多变的经营环境，三一重工坚持稳健的经营模式，坚定地加大研发投入、推进"三化"战略。面临国内工程机械市场需求大幅下降，企业坚持价值销售政策，重视风险控制，依然保持高质量发展。产品竞争力持续增强，主导产品市场份额持续提升，大型挖掘机等11类主导产品国内市场份额第一。在"以我为主、本土经营、服务先行"的经营策略指导下，三一重工国际竞争力持续提升，海外市场连续多年实现高速增长。

为进一步提高电动化核心竞争力，公司通过自主开发、对外战略合作，在电动化领域针对电芯、电驱桥技术、VCU集控平台、充换电站、燃料电池系统及控制技术等五大方向布局，围绕高压化、高效化、集成化方向，重点突破集成电驱桥、滑板底盘、电子电气架构等核心技术。

2. 三一重工的创新能力分析

研发创新是三一重工事业发展的第一推动力。如表7-18、图7-16所示，三一重工2018~2022年研发投入金额与研发投入金额占营业收入的比例呈现逐年增加的趋势。2022年，公司研发投入金额为78.26亿元，主要投向新产品、新技术、电动化、智能化及国际化产品。除在长沙、北京、上海、昆山等地设立研发中心外，公司还在美国、印度、德国、印度尼西亚等地设立海外研发中心，以各国际研发中心为平台，为国际产品的本地化开发赋能。2022年，公司申请国内外专利2663件，授权专利1787件；截至2022年，三一重工已累计申请专利15803件，授权专利10905件，申请及授权数量居国内行业第一。

公司秉承"一切源于创新"的理念，致力于研发世界工程机械最前沿技术与最先进产品。公司每年将销售收入的5%以上投入研发创新，形成了集群化的研发创新平台体系，拥有2个国家级企业技术中心、1个国家级企业技术分中心、3个国家级博士后科研工作站等。通过完善的激励机制和多渠道合作吸引并留住人才，确保研发引领创新。2018年公司研发人员数量仅有2264人，截至2022年底已增加至7466人，研发人员占比达到28.31%，研发人员数量在五年间得到了大幅度增加。

表7-18 2018~2022年三一重工的研发投入情况

年份	研发投入金额（万元）	研发投入金额占营业收入的比例（%）	研发人员数量（人）	研发人员数量占比（%）
2018	300098	5.38	2264	13.02
2019	469909	6.21	3204	17.37
2020	625917	6.30	5346	21.74
2021	769709	7.25	7231	30.52
2022	782634	9.78	7466	28.31

资料来源：三一重工2018~2022年公司年报。

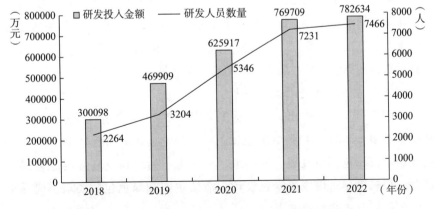

图7-16 2018~2022年三一重工的研发投入情况分析
资料来源：三一重工2018~2022年公司年报。

3. 三一重工的智能化程度分析

图 7 – 17 列示了 2018 ~ 2022 年三一重工智能化程度词频统计情况，可以看出数字技术应用被提及的频次较多，表示企业十分重视数字化、智能化发展。目前，三一重工加快数智化建设，在朝着"全球智能制造的先驱"迈进的同时，不断发挥示范带头作用，助推中国制造业数字化、智能化水平的提升。"一切业务数据化，一切数据业务化"，是三一重工数智化转型的要求，也是未来企业管理运营的必然要求。

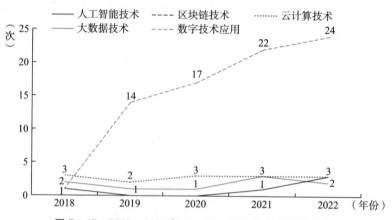

图 7 – 17　2018 ~ 2022 年三一重工智能化程度词频统计

资料来源：国泰安数据库。

企业坚持将数智化作为首要任务，积极推进数智化转型。在智能制造方面，推进灯塔工厂建设、工业互联网建设，实现硬件技术突破、软件技术突破，持续发力打造绝对领先的智能化产品及技术，在智能驾驶、智能作业、智能服务等方面取得显著成果。今后，三一重工应该加速数智化转型升级，推动互联网、大数据、人工智能和实体经济深度融合，打造数据、软件、算法等核心能力，推动高质量发展，加强自身竞争优势。

4. 三一重工的绿色化发展分析

从图 7 – 18 可以看出，三一重工 2017 ~ 2020 年申请与授权的绿色专利数量不多，2021 年申请的绿色发明专利数量显著增加至 16 件，表明企业开始重视绿色创新发展。近年来，三一重工始终树立良好的绿色采购理念，积极提高对供应商绿色设计、清洁生产和绿色包装要求，建立企业绿色原料及产品可追溯系统。此外，三一重工还积极应用物联网、大数据和云计算三种信息技术，打造绿色供应链管理体系的典型示范。

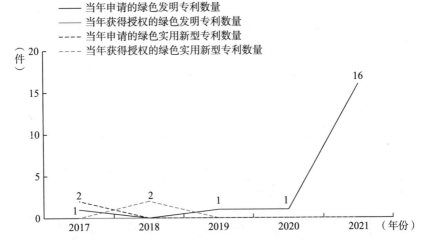

图7-18 2017~2021年三一重工绿色专利申请与授权情况

资料来源：CNRDS数据库。

5. 三一重工的财务分析

2022年，中国经济面对超预期冲击，增速放缓，但在短时间内实现了企稳，展现出强大的韧性和潜力。国内工程机械市场处于下行调整期，叠加宏观经济增速放缓、工程有效开工率不足等影响因素，市场需求大幅下降。2022年，公司主营业务收入同比下降24.58%、归属于上市公司股东的净利润同比下降64.49%。"三化"战略取得积极成果，国际市场保持强劲增长，2022年国外主营业务收入为365.71亿元，同比增长47.19%（见表7-19）。

表7-19 2018~2022年三一重工的营业收入情况

年份	主营业务收入（万元）	国内主营业务收入（万元）	同比增长率（%）	国外主营业务收入（万元）	同比增长率（%）
2018	5433647	4070954	—	1362693	—
2019	7392586	5975903	46.79	1416683	3.96
2020	9682467	8272026	38.42	1410441	-0.44
2021	10356055	7871443	-4.84	2484612	76.16
2022	7810056	4152926	-47.24	3657130	47.19

资料来源：三一重工2018~2022年公司年报。

　　从表7-20中盈利能力来看，得益于国内外市场结构与产品结构的改善以及降本增效措施的推进，三一重工各项盈利能力指标在2020年之前保持了较好的增长趋势，但在2021年和2022年盈利能力下降明显。三一重工应该通过减少存货、加大回款提高现金流，通过增强产品竞争力提升盈利能力与市场占有率。

表7-20　2018~2022年三一重工的盈利能力情况

单位：%

年份	销售净利率	销售毛利率	净资产收益率	资产报酬率
2018	11.2922	30.62	19.43	23.8009
2019	15.1911	32.69	25.23	25.5793
2020	15.9657	29.82	27.28	22.5568
2021	11.6156	25.85	18.89	18.6348
2022	5.5045	24.02	6.58	11.9229

资料来源：三一重工2018~2022年公司年报。

　　表7-21列示了2018~2022年三一重工的营运能力情况。2018年总资产周转率为0.8457次，2022年下降至0.5383次，近些年存货周转天数与应收账款周转天数变长，体现出企业的营运能力有所下降，对资金的利用效率降低。

表7-21　2018~2022年三一重工的营运能力情况

年份	总资产周转率（次）	存货周转率（次）	存货周转天数（天）	应收账款周转天数（天）
2018	0.8457	4.0265	89.4077	124.1422
2019	0.9210	3.9412	91.3427	99.7368
2020	0.9165	4.1687	86.3579	78.4656
2021	0.8014	4.1784	86.1574	69.8324
2022	0.5383	3.1832	113.0937	100.4997

资料来源：三一重工2018~2022年公司年报。

（三）山河智能案例分析

　　山河智能装备股份有限公司（简称"山河智能"）于1999年创办，

现已发展为以上市公司山河智能为核心，以长沙为总部，以装备制造为主业，在国内外具有一定影响力的国际化企业集团。

1. 山河智能的竞争力分析

山河智能自成立伊始，就以极具中国特色的原创性产品——液压静力压桩机为起点走上了自主创新的发展之路。公司从创立到发展、壮大，始终将自主创新作为生存与发展的首要任务，贯穿于企业的一切工作之中，凭借其独具特色的"先导式创新"模式，摒弃"克隆"和"模仿"的市场跟随方式，以敏锐的眼光、创新的理念先于他人切入市场，积累了深厚的技术底蕴，已成为研发创新特色显著的企业。

山河智能建立了具有竞争力的薪酬体系，员工薪酬水平位于行业中上游。公司根据年度业绩及员工表现，为员工提供年度奖金激励。对拥有核心技术及关键岗位的员工开展职称评定，实行"双通道"薪酬职级激励模式，保持其薪酬水平行业领先的模式，并定期对表现优秀的团队及员工予以先进团队、先进个人表彰及奖励。此外，山河智能秉持组织与人才共同成长的原则，重点推进人才培养，在提升人才竞争力的同时为公司的快速发展提供了有力支撑。

2. 山河智能的智能化程度分析

山河智能加速形成智能制造新模式，推进智能制造升级。公司秉持"做装备制造领域世界价值的创造者"的使命愿景，结合国家方针政策的发展要求，以"先导式创新"为抓手，大力发展极具技术含量的工程机械产品，围绕工艺设计、计划调度、生产作业、设备管理、供应链管理等重点环节，建立高效柔性、敏捷响应、人机协同和动态调度的装备制造业智能制造工厂，并获得工信部公示的"2021年度智能制造示范工厂"荣誉。

从图7-19可以看出，山河智能2018~2022年公司年报中对智能化五个方面指标的提及总次数较多，特别是在数字技术应用方面，企业高度重视智能化发展。山河智能在"十四五"期间紧密围绕国家方针政策制定发展战略，持续做强主业、做优新业、做大企业，推动企业朝智能化、网联化、国际化、绿色化、高端化方向深入发展，打造高端装备制造业创新发展的山河智能样板。

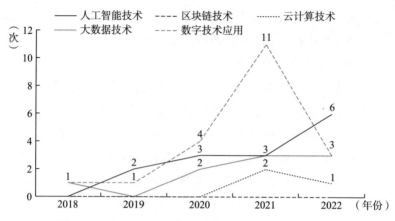

图 7 - 19　2018 ~ 2022 年山河智能智能化程度词频统计

资料来源：国泰安数据库。

3. 山河智能的绿色化发展分析

如图 7 - 20 所示，2016 ~ 2020 年山河智能获得授权的绿色发明专利数量为 0 件，2020 年获得授权的绿色实用新型专利数量为 4 件，申请的绿色发明专利数量为 2 件。山河智能多年来围绕绿色智慧矿山建设，以新技术加新装备为重要支撑，倾力打造覆盖钻、挖、运、碎、选、冶等流程的一体化绿色智慧矿山成套装备，为矿业客户提供全方位、全系列、一站式的绿色智慧矿山施工解决方案。在绿色发展的行业趋势推动下，山河智能努

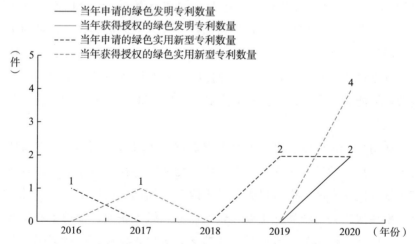

图 7 - 20　2016 ~ 2020 年山河智能绿色专利申请与授权情况

资料来源：CNRDS 数据库。

力构建工程机械绿色制造体系，积极开展一系列以智能制造和绿色制造为目标的技术攻关，以实现企业的高质量、绿色化、可持续发展。

4. 山河智能的财务分析

根据表7-22统计情况来看，山河智能在2018~2021年营业收入呈现逐年增加的趋势，但在2022年营业收入出现一定降低，但国外营业收入仍同比增加了61.57%，表明企业国外市场规模在扩大、盈利能力在增强。2022年，山河智能在公司经营计划中提到，今后发展要以"持续提高经营质量"为主线，巩固和提升主营业务核心竞争力，抓住发展机遇持续拓展海外市场与新业务领域，确保实现质的有效提升和量的合理增长，助推企业实现高质量发展。

表7-22 2018~2022年山河智能的营业收入情况

年份	营业收入（万元）	国内营业收入（万元）	同比增长率（%）	国外营业收入（万元）	同比增长率（%）
2018	575552.05	412887.43	—	162664.62	—
2019	742735.56	538842.34	30.51	203893.22	25.35
2020	937736.75	792704.49	47.11	145032.26	-28.87
2021	1140766.43	941671.80	18.79	199094.63	37.28
2022	730227.57	408548.42	-56.61	321679.15	61.57

资料来源：山河智能2018~2022年公司年报。

从表7-23中的盈利能力情况来看，山河智能的销售净利率、销售毛利率、净资产收益率与资产报酬率在2022年都降低了，表示企业的盈利能力遇到了一定的发展困境。因此，山河智能首先提出以"双聚焦"巩固桩工、挖机等传统主业发展，聚焦巩固优势产品、攻克短板产品，优化产品结构，同时聚焦优势细分市场，发挥差异化竞争优势；其次，加大对高空机械、矿山装备、新材料等效益贡献板块的投入支持，实现高空机械营收规模及市场地位的快速提升；最后，建立健全公司经营预警和经营过程管控机制，监督其经营状况，全力推进经营效益提升。

表 7-23　2018～2022 年山河智能的盈利能力情况

单位：%

年份	销售净利率	销售毛利率	净资产收益率	资产报酬率
2018	8.00	30.82	9.56	6.20
2019	6.97	30.09	10.22	5.93
2020	6.15	27.64	10.71	5.61
2021	2.82	23.19	5.72	3.09
2022	-16.02	21.35	-22.61	-4.71

资料来源：山河智能 2018～2022 年公司年报。

从表 7-24 中的营运能力情况来看，山河智能的总资产周转率在 2022 年下降至 0.37 次，同年企业销售净利率也出现下降，表明企业销售能力出现问题，投资效益不好。2022 年，企业各项经营指标出现恶化，可能是由于复杂严峻的国际形势和国内疫情的散发多发给经济复苏带来超预期的严重冲击，全国工业生产出现明显波动，但随着国家稳增长政策措施的落实，市场环境的改善和优化能够使企业的发展逐步向好。

表 7-24　2018～2022 年山河智能的营运能力情况

年份	总资产周转率 （次）	存货周转率 （次）	存货周转天数 （天）	应收账款周转天数 （天）
2018	0.53	1.82	198	183
2019	0.50	2.00	180	166
2020	0.57	2.58	139	146
2021	0.62	3.26	110	129
2022	0.37	1.96	184	240

资料来源：山河智能 2018～2022 年公司年报。

第三节　江苏省先进制造业竞争力案例分析

近年来江苏省先进制造业蓬勃发展，先后形成了一批规模较大且实力雄厚的产业集群。在公布的 25 个先进制造业集群竞赛优胜者中，6 个先进制造业集群位于江苏省。鉴于此，本节选取江苏省内三家先进制造业企业——红宝丽集团股份有限公司、今创集团股份有限公司和江苏宝利国际投资股份有限公司作为化学制品制造业和轨道装备制造业的代表，分析其核心竞争力、研发创新和财务指标等方面的现状。

一 红宝丽集团股份有限公司

红宝丽集团股份有限公司（简称"红宝丽"）始创于 1987 年，为我国聚氨酯硬泡组合聚醚的大供应商。公司主要从事聚氨酯硬泡组合聚醚和异丙醇胺系列产品的研究开发、生产与销售。公司业务涵盖三大产业，拥有丰富的生产资源和较好的产业基础。目前，"红宝丽"商标已在美国、日本等 36 个国家和地区完成了注册。

（一）红宝丽的竞争力分析

随着国家对于环保事业的重视，国家先后出台了一系列建筑节能政策，大力推动建筑节能的发展。红宝丽在立足传统业务的同时，有计划地拓宽保温板的新应用领域，目前已在相关铁路设计部门进行了专业定向推广工作。在冷藏运输车的保温、特种罐箱的保温方面，已经同国内相关行业的龙头企业建立合作关系，预计未来将迎来发展机会。

此外，红宝丽在海外不同区域设置了代理商，通过区域代理商及直销等方式实现异丙醇胺国外销售。针对国际冰箱市场，红宝丽积极与美的、海信、美菱、伊莱克斯、LG、三星等国内外家电企业结成战略合作伙伴，扩大国际销售市场，推动出口贸易。此外，红宝丽还在海外设立了聚醚业务的办事处，从事相应产品生产经营业务。

（二）红宝丽的创新情况

红宝丽及其子公司都属于高新技术企业，具备雄厚的研发力量。红宝丽积极与高等院校建立合作关系，成立了国家级博士后科研工作站等技术中心，并与南京理工大学、南京林业大学、中国科学院产学研合作，培养并拥有了一批高素质的专业研发技术人员、服务人员。同时，红宝丽也重视引进国外优秀人才，打造与国际接轨的研发团队，学习国外先进技术。红宝丽设立以来，始终秉持"技术创新"理念。如图 7 - 21 所示，2015 ~ 2018 年研发投入总体上保持较快速的增长。红宝丽建成和配置相关的研发设施，为创新提供了巨大保障。

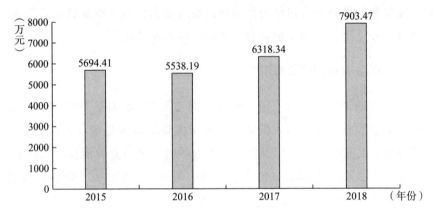

图 7 - 21　2015 ~ 2018 年红宝丽的研发投入情况

资料来源：红宝丽 2015 ~ 2018 年公司年报。

（三）红宝丽的财务分析

1. 营业收入情况分析

由表 7 - 25、图 7 - 22 中 2015 ~ 2018 年数据可知，红宝丽公司国内和国外营业收入均总体呈增长趋势，2017 年国外营业收入比上年增长 30.39%，增长幅度较大，主要是因为公司采取了不同的营销策略，开拓国外产品市场。公司加大了创新力度，以个性化的产品和服务塑造竞争优势，进一步细化销售网络，主要产品总销售量同比增长。

表 7 - 25　2015 ~ 2018 年红宝丽的营业收入情况

年份	国内营业收入 （万元）	同比增长率 （%）	国外营业收入 （万元）	同比增长率 （%）
2015	127214.72	- 15.64	55532.96	- 10.78
2016	128105.06	0.70	55278.72	- 0.46
2017	145046.20	13.22	72078.99	30.39
2018	159769.78	10.15	86945.62	20.63

资料来源：红宝丽 2015 ~ 2018 年公司年报。

同时，由于主要原辅材料价格上涨，公司产品年度销售均价不同程度上涨，也导致了营业收入增长。2018 年，红宝丽加快推进国际化战略，稳步推进东南亚及美洲市场，先后完成多个工厂的试料试机，推动

图 7-22　2015～2018 年红宝丽的营业收入分地区对比

资料来源：红宝丽 2015～2018 年公司年报。

了产品出口量快速增长。

2. 盈利能力情况分析

由表 7-26 中 2015～2018 年数据可知，红宝丽公司盈利能力大致呈下降趋势。2018 年，高阻燃保温板材实现营业收入 1683.93 万元，同比下降 56.61%。同时，由于原辅材料价格上涨，生产成本增加，再加上人民币汇率波动、产品综合毛利率下降、项目建设费用增加等，净利润同比下降 28.91%。

表 7-26　2015～2018 年红宝丽的盈利能力情况

单位：%

指标	2015 年	2016 年	2017 年	2018 年
销售净利率	5.95	7.37	2.19	1.26
资产报酬率	20.11	17.11	13.30	11.87
净资产收益率	9.61	8.12	2.63	1.94

资料来源：红宝丽 2015～2018 年公司年报。

但是随着企业一体化战略的逐步实施，异丙醇胺等新产品生产成功，将有助于企业扩大规模、控制成本、整合资源。

3. 营运能力情况分析

通过分析红宝丽 2015～2018 年的营运能力，发现公司的营业周期大致呈下降的趋势，仅在 2016 年存在小幅度的上升，如表 7-27 所示。

表 7 – 27　　2015～2018 年红宝丽的营运能力情况

年份	营业周期（天）	存货周转率（次）	存货周转天数（天）	应收账款周转天数（天）
2015	110. 06	6. 75	53. 36	56. 70
2016	111. 61	6. 45	55. 84	55. 78
2017	109. 44	5. 95	60. 48	48. 97
2018	96. 43	6. 66	54. 09	42. 34

资料来源：红宝丽 2015～2018 年公司年报。

从数据表面上看，营业周期的缩短主要得益于应收账款周转天数的缩短，表明红宝丽对应收账款的管理水平有所提高，公司的销售状况良好。随着建筑节能政策的不断推进、监管措施落实，相关政策为公司项目的签订提供了广大的平台及重要的保证，为红宝丽开拓国际市场提供了便捷，增强了海外市场的销售能力，最终提高了公司的国际竞争力。

二　今创集团股份有限公司

今创集团股份有限公司（简称"今创集团"）成立于 2003 年 3 月 26 日，主要从事轨道交通相关产品的研发、设计、生产、销售和服务。公司在国内的销售市场几乎涵盖了全国主要城市，同时，公司也积极进军国际市场，相关产品已出口并应用于数十个国家的轨道交通车辆项目。

（一）今创集团的竞争力分析

随着经济的不断发展和城市化建设的不断完善，轨道交通装备的市场需求持续增长。铁路交通方面，国外许多国家将铁路建设纳入了规划之中，持续增长的国外需求也推动了我国轨道交通行业进入国际市场，为今创集团创造了良好的市场环境。

2018 年，今创集团围绕公司战略规划目标，加快对外投资布局，积极拓展国际市场。公司积极推进国际化经营，进一步完善服务网络。2018 年，今创集团实现境外营业收入 678483731.00 元，较上年增长 8.85%。此外，公司积极抓住轨道交通全球化发展带来的机遇。随着国际市场的开拓，企业订单也大幅增加。2018 年，今创集团各产品订单较上年均呈上升趋势，其中城轨地铁车辆的订单增量最大，普通客车车辆的订单增量最小（见图 7 – 23）。

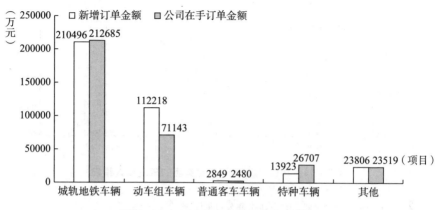

图 7 – 23　2018 年今创集团的订单情况

资料来源：今创集团 2018 年公司年报。

（二）今创集团的创新情况

随着全球化市场竞争加剧，创新能力成为企业获得核心竞争力的关键。为抓住市场机遇，今创集团在技术创新、研发能力方面继续开拓，努力提升企业产品性能，加大海外市场的开拓力度，进一步提升公司的综合实力和行业地位。在产品研发方面，今创集团采取自主研发、合作研发和联合设计三种研发模式相结合。公司设有技术中心，围绕公司轨道交通配套产品的关键技术，不断进行深入研究与创新突破，统筹整个公司的研发设计。合作研发根据车辆制造业企业提出的新产品技术要求，制定相关研发课题，今创集团承担研发工作，通过技术开发及创新达到车辆制造业企业的要求。针对有着特定技术要求的车辆制造，公司的技术团队与车辆制造业企业技术团队联合设计，从而达到特定的技术指标。

如图 7 – 24 所示，2018 年今创集团的研发投入金额为 166336908.49元，较上年增长 20.01%；研发人员数量为 1031 人，较上年增长 7.5%。公司一直重视产品研发，不仅自主参与创新，还与行业内专业研究机构成立了国际合作研发团队，力求进一步完善产品性能，缩短产品研发周期。

图 7 - 24　2016 ~ 2018 年今创集团的研发投入情况

注：公司未披露 2016 年研发人员数量。

资料来源：今创集团 2016 ~ 2018 年公司年报。

(三) 今创集团的财务分析

1. 营业收入情况分析

如表 7 - 28、图 7 - 25 所示，2018 年今创集团实现境外营业收入为 678483731.00 元，主要是今创集团收购今创法国座椅公司，因此其子公司今创法国座椅公司 2018 年营业收入均纳入合并报表范围。今创集团表示该收购行为实现了更大的产能。同时由于公司积极开拓国际市场，国外需求进一步扩大，出口订单也大幅增长。

表 7 - 28　2016 ~ 2018 年今创集团的境外营业收入情况

年份	境外营业收入（元）	境外营业收入占比（%）	同比增长率（%）
2016	403693396.81	16.16	—
2017	623342974.02	21.87	54.41
2018	678483731.00	21.55	8.85

资料来源：今创集团 2016 ~ 2018 年公司年报。

按照今创集团发展战略，今创法国座椅公司在面向国际市场，为地铁、轻轨、城际列车、高铁提供各类高品质座椅的同时，也承担了今创集团在欧洲研发中心的任务。如 2017 年今创集团实现的境外营业收入为 623342974.02 元，较上年增长 54.41%，主要是香港铁路有限公司 861A 机车项目在本期完成交付实现销售 6706.73 万元所致，同时由于公司积

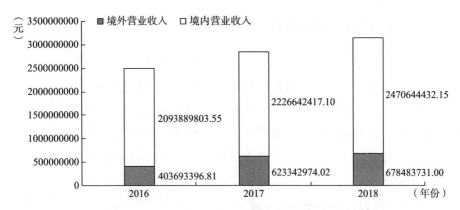

图 7 – 25　2016 ~ 2018 年今创集团的营业收入分地区对比

资料来源：今创集团 2016 ~ 2018 年公司年报。

极开拓国际市场，境外需求进一步扩大，出口订单也大幅增长。

2. 营运能力情况分析

通过分析今创集团 2015 ~ 2018 年的营运能力，发现公司的营业周期呈上升的趋势（见表 7 – 29）。营业周期的延长主要由于应收账款与存货周转天数的增加，表明今创集团对应收账款及存货的管理水平有所下降，公司采取了较宽松的信用政策。

表 7 – 29　2015 ~ 2018 年今创集团的营运能力情况

年份	营业周期（天）	存货周转率（次）	存货周转天数（天）	应收账款周转天数（天）
2015	284.75	2.13	168.88	115.87
2016	330.78	2.12	169.94	160.84
2017	403.48	1.74	207.30	169.17
2018	433.98	1.55	232.81	201.16

资料来源：今创集团 2015 ~ 2018 年公司年报。

随着企业营销网络的拓展，业务规模的扩大，今创集团对于一些客户采取了较宽松的信用政策，使得应收账款的周转天数增加，延长了企业的营业周期。虽然今创集团实力较雄厚，但是企业面临的经营成本可能会有所上升，因此企业应注意寻求提高营运效率的方法，尽可能地降低营运成本。

三　江苏宝利国际投资股份有限公司

江苏宝利国际投资股份有限公司（简称"宝利国际"）成立于 2002 年，是一家专业从事道路路面新材料研发、生产与销售的高新技术上市公司。公司行业涵盖通用航空、工程项目投资建设、融资租赁等，主营产品道路石油沥青、通用型改性沥青、高铁乳化沥青等广泛应用于高速公路、高速铁路、机场跑道等各类道路。宝利国际的业务网络基本覆盖全国，并延伸到俄罗斯、新加坡等国家。

（一）宝利国际的竞争力分析

2019 年，公司坚持以市场开拓为核心，以业务协同整合为主线，以资本市场为依托，明确发展思路，努力践行公司长期发展战略，强化公司核心竞争力，努力提升公司产品和服务品质，稳步推进各项业务顺利开展，使公司在管理经营、技术研发和管理水平等各方面都取得了一定的成绩。

宝利国际以产品研发创新为核心竞争力，保证公司业绩在激烈的市场竞争中稳健提升。公司技术研发及生产团队在产品上严控品质、保障供应，产品质量得到了用户的一致好评。在新产品的开发及推广中，技术团队高度注重与高校院所进行合作开发与应用研究。2019 年，公司自主开发并且正在进行研发的项目有 8 项，已被授权的专利技术达 30 余项。

2015～2019 年，公司不断扩大研发团队规模，如图 7 - 26 所示，五年来公司研发人员数量持续增长，为企业研发创新奠定了深厚的基础。2015～2017 年，研发投入金额虽有小幅度回落，但此后数额持续增加，有利于公司技术研发水平在行业内领先。

（二）宝利国际的财务分析

1. 营业收入情况分析

由表 7 - 30、图 7 - 27 可知，2015～2019 年，宝利国际的营业收入总体呈增长趋势，其中，2017 年、2018 年收入增幅较大，这得益于企业大力加强研发创新，积极开拓国内外产品市场。受国家基础设施建设发展规划的影响，公司主营业务行业前景广阔，市场需求潜力较大。但正因如此，越来越多的有一定资本实力的企业参与到此市场当

图 7-26 2015~2019 年宝利国际的研发投入情况

资料来源：宝利国际 2015~2019 年公司年报。

中来，加剧了行业竞争。

表 7-30 2015~2019 年宝利国际的营业收入情况

年份	国内营业收入 （万元）	同比增长率 （%）	国外营业收入 （万元）	同比增长率 （%）
2015	175239.67	-0.97	0.00	—
2016	137994.03	-21.25	0.00	—
2017	176244.57	27.72	3733.37	—
2018	197016.30	11.79	7968.02	113.43
2019	242966.94	23.32	0.00	-100

资料来源：宝利国际 2015~2019 年公司年报。

为了保障业绩的持续增长，一方面，公司以资本市场为依托，制定了清晰明确的发展战略，积极开辟通航运营等其他业务。2015 年公司开始进入通用航空产业；2017 年公司国外营业收入实现"零"的突破。另一方面，宝利国际持续加强技术和服务创新，这也成为公司业绩增长的主要动因。

2. 盈利能力情况分析

通过对宝利国际 2015~2019 年的盈利能力进行分析，如表 7-31 所示，发现公司资产利用效率变动幅度较大，2019 年销售净利率、销售毛利率、净资产收益率和资产报酬率有较大幅度下降。这与公司本身的行

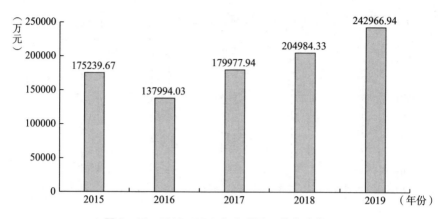

图 7 - 27 2015 ~ 2019 年宝利国际的营业收入
资料来源：宝利国际 2015 ~ 2019 年公司年报。

业背景有关，近几年公司所处行业竞争激烈程度加剧，企业盈利能力有所下降。但是宝利国际充分发挥行业规模优势，紧紧围绕市场需求，加强技术和服务创新，提高企业核心竞争力。

表 7 - 31 2015 ~ 2019 年宝利国际的盈利能力情况

单位：%

年份	销售净利率	销售毛利率	净资产收益率	资产报酬率
2015	1. 34	11. 23	2. 02	3. 30
2016	1. 83	14. 44	2. 13	2. 83
2017	1. 99	12. 39	2. 98	2. 70
2018	1. 98	14. 89	3. 28	4. 91
2019	1. 42	12. 70	2. 74	4. 10

资料来源：宝利国际 2015 ~ 2019 年公司年报。

3. 营运能力情况分析

通过分析宝利国际 2015 ~ 2019 年的营运能力，如表 7 - 32 所示，发现公司的营业周期大致呈下降的趋势，仅在 2016 年存在小幅度的上升。从数据表面上看，近几年营业周期的缩短主要得益于存货与应收账款周转天数的缩短，表明宝利国际对存货及应收账款的管理水平有所提高，公司的销售状况良好。

表 7 - 32　2015~2019 年宝利国际的营运能力情况

年份	营业周期（天）	存货周转率（次）	存货周转天数（天）	应收账款周转天数（天）
2015	147.97	17.89	20.41	127.56
2016	166.80	10.18	35.95	130.86
2017	150.73	5.14	71.01	79.72
2018	130.39	5.86	62.29	68.10
2019	95.52	13.71	26.62	68.89

资料来源：宝利国际 2015~2019 年公司年报。

　　近年来，倚仗资本市场的资金和品牌优势，宝利国际的产销规模一直处于行业前列。此外，宝利国际始终以科技创新为目标，致力于道路新材料的研发与推广，具备强大的研发创新能力，在行业竞争中取得了优势地位。

第八章 "双循环"新发展格局下先进制造业竞争力提升路径

先进制造业现已成为各国经济发展与竞争的制高点，党的十九大报告明确提出要"培育若干世界级先进制造业集群"，提升先进制造业的国际竞争力已刻不容缓。在此背景下，分析影响先进制造业竞争力的薄弱环节，并提出加快提升先进制造业竞争力的对策建议，将有助于促进先进制造业的创新改革与转型升级，加快先进制造业融入全球产业链分工体系，逐步实现我国制造业从全球价值链低端向中高端递进升级。为此，本章将结合前文的研究结论，从企业、行业和政府三个层面，研究如何凝聚三方合力提升我国先进制造业的国际竞争力。

第一节 企业层面

根据前面章节的分析可以看出，我国先进制造业依然存在资源配置效率不高、创新产品国际竞争力不强等问题，并在关键技术突破、行业标准制定、创新人才培养与积累等方面面临巨大挑战。在激烈的国际化竞争中，先进制造业企业应不断提高资源利用效率、加大研发投入，增强自身竞争优势。除此之外，在国家大力推行"碳中和""碳达峰"的背景下，先进制造业企业应积极履行社会责任，提高自身的软实力，实现从全球价值链的低端向中高端迈进。在此基础上，应以国内国际双循环为主要抓手，打通先进制造业的产业链、价值链，形成产业协同正向溢出效应，构造先进制造业与其他产业协同综合体，努力提高产业链稳定性。基于此，本节将结合前面章节的研究，从企业资本投资效率、研发投入与创新效率、人力资本积累、履行社会责任以及构建"智能＋绿色"发展模式等五个方面为提高"双循环"新发展格局下先进制造业企业的竞争力提供具体可行的建议。

一 提高资本投资效率

投资是企业经营管理中重要的内容之一,在一定程度上反映了企业的有形资源情况,直接或间接地影响企业的生产管理能力、财务能力和研发能力等。提高资本投资效率能够拉动企业价值的增长,对先进制造业的国际竞争力起正向促进作用。

本书认为通过以下几种途径可以提高企业的资本投资效率,帮助先进制造业企业获得竞争优势。

第一,先进制造业企业在发展过程中应避免投资过度问题,通过减少董事长与总经理两职兼任、增加机构投资者持股等手段来缓解企业的非效率投资问题,从而避免先进制造业企业在产品生产和设备采购等方面投资过多,降低产能过剩给企业带来的经营风险。

第二,应依据企业所处的发展阶段动态地调整管理层权力,减少投资中的代理问题,促进先进制造业可持续发展。例如,可以采取员工持股计划等激励机制,应对成长期企业的投资过度、成熟期企业的投资不足等。在先进制造业企业的薪酬激励改革中,提高员工的福利待遇并与员工建立沟通渠道,充分调动员工的工作积极性,有针对性地改善公司的治理结构,减少管理层的机会主义行为。

第三,大型跨国先进制造业企业应响应"双循环"倡议,通过"走出去"扩大对外投资。鉴于发展水平较高的国家基础设施较为完备、营商环境优越,对企业产能利用率的提升效应较大,大型先进制造业企业应向工业配套设施较为完备的国家或地区展开对外投资。在增强自主创新能力的同时,积极参与国际投资合作,吸收先进的管理经验,通过"走出去"参与国际竞争来提升资本的配置效率。同时,加大自身的人力资本投资,以充分吸收溢出技术,提高自身的国际竞争力。

二 提高研发投入与创新效率

从理论层面来看,企业进行研发投入是创造稀缺的异质性资源的基础,这是获得竞争优势的源泉,研发投入和技术并购的交互影响显著促进了企业的持续竞争力。此外,研发投入过程为企业提供了接触、模仿、吸收、利用新的外部技术知识的可能性和机会,这使得企业对技术未来发展方向的判断和预测更加准确，形成了进行技术创新工作的有利条件，可以使企业竞争力得到进一步提升。

从实践层面来看，与发达国家相比，目前我国制造业企业的中高端关键设备和零部件技术差距较大，主要依赖进口，受到国外先进制造产品与产品更新换代的双重威胁。同时，科研人员很难提前对市场充分调研，使得科研成果与制造业的市场需求匹配度不高，还未真正形成以企业为主体、市场为导向、产学研用相结合的技术创新体系，不利于我国制造业的转型升级。数字经济时代下，新兴科学技术方兴未艾，虽然给制造业更好地进行资源配置、细化与延伸产业、实现高效便捷的生产提供了机会，但是也给制造业带来了强大冲击，落后的制造方式仍以传统的要素驱动产业发展，不符合当今时代对生产制造智能化、高效化和绿色化的要求，随时面临被淘汰的危机，亟须通过研发创新，实现自身的跨越式发展。

企业要坚持自主创新，通过吸引投资、政府补贴、数字金融等资金来加大研发投入，实现知识存量积累与技术创新。鉴于创新对于提高先进制造业竞争力的重要战略意义，结合前面章节的研究，本书提出采取以下措施提升创新效率。

第一，企业可通过有效的内部治理和合理的高管激励方式，优化资源配置进一步提升企业盈利能力和竞争力。同时，应推动数字化、智能化转型来提升生产制造质量，对自身生产工艺体系进行优化，注重完善生产质量管理体系，优化产学研合作的激励机制。

第二，企业在政府的扶持和自身的规模优势下，应积极推进优秀科教资源与企业产业链有机融合，并通过与高校、科研机构进行技术中心共建、股份合作、创新成果孵化等多种形式的产学研合作，提升企业整体创新效率。

第三，企业在面临不太有利的宏观环境时，应充分利用资源优势和规模优势，积极寻求与行业龙头企业的技术合作，通过履行社会责任等方式，获得投资者、消费者等利益相关方的关注，以获得更多的资源支持，在市场竞争中获得领先地位。

三　提升人力资本积累

我国人才队伍中拥有高级职称的技术人员相较于发达国家来说比重

较低,我国先进制造业的创新发展能力也受到了在该领域中高技术人员不足的制约。同时,我国制造业缺乏成熟的人才服务平台,在人才的引进、培育和服务这三个阶段的衔接不是特别完善,高校人才培养与地方产业的适应度不高,导致年轻的创新型、技能型人才引进难,人才结构趋于老龄化。因此,只有持续优化人力资本结构、提升人力资本积累,才能增强先进制造业竞争力。

先进制造业的发展对先进技术具有依赖性,需要较高的人力资本支撑。本书提出要建立健全企业科技创新人才培养与引进体系,从以下几种路径来提升企业人力资本积累,增强先进制造业企业的竞争力。

首先,要引进创新型高素质、高技能人才及团队,为企业先进技术与新产品的研究开发提供人才支持。为此,企业要加大雇佣支出力度,以丰厚的薪酬与福利吸引人才为企业效力。同时,要营造良好的企业文化,明确企业愿景与使命,并以此吸引人才加入企业,鼓励其实现人生价值。此外,企业可以采用员工持股计划,提高企业信息披露质量,通过更积极的市场公告效应,吸纳高素质人才从市场中流入企业,同时还能提升员工的忠诚度,降低离职率。

其次,可以通过"互联网+"等数字化技术对员工进行培训,提升其对前沿技术的知识储备与能力,从而培养一批有助于企业转型升级的复合型人才。在引进高端技术型人才的同时,企业还要加大对原有员工的培训投入力度,实现企业人力资本素质水平的整体提升,为企业未来发展提供人力支持。企业可以通过定期组织技术培训、聘请海内外高端技术专家开展线上讲座等方式,让熟悉企业运营方式的内部员工紧跟时代与技术发展,适应企业科技创新与发展升级的需要。"互联网+"技术还为企业之间的技术交流提供了渠道,有助于科研人员通过知识外溢与共享提升其技术能力与创新效率,从而提升企业人力资本积累。

最后,要通过融合大数据、人工智能等新一代信息技术促进智能化转型升级,扩大对机器人、自动化生产线等智能生产设备的使用。在人口老龄化的现实背景下,企业要对人口结构改变做出积极回应,加大对科技创新的研发投入,推进企业智能化转型,用资本与技术替代劳动。生产设备智能化在保障并提高生产效率的同时,还能够实现对低技能劳动力的替代,促进企业劳动节省型的技术进步。企业可以将节省下来的长期雇佣支出用于培养、引进高素质人才，从而促进企业人力资本优化升级。

四　履行社会责任

履行社会责任是企业的一种战略性规划，也是企业实力的一种体现，有助于企业获得与竞争优势相关的资源。从理论层面来说，企业履行社会责任可以被视为一种投资行为，该行为的目的就是帮助企业获取更多资源，进而使企业形成竞争优势。此外，企业在生存和发展中离不开利益相关者的投入与参与，企业不仅仅追求某些主体的利益，更追求利益相关者的整体利益。企业与利益相关者间的长期良好互动，最终形成竞争力这一战略产物。

从实践层面来看，企业通过积极履行社会责任满足更多利益相关者的需求，可获得更多社会支持，进而提升企业竞争力。最重要的是，企业通过履行对股东、债权人、消费者、供应商、员工、政府和环境的社会责任，可以保证企业资金充足、扩大融资渠道和规模、提升客户品牌忠诚度、获得质优价美的原材料、增强生产和创新能力、获得政府优惠和补助支持、实现企业健康可持续发展，最终转化为企业不可模仿的竞争优势。

结合本书第五章企业社会责任与竞争力的实证研究结果，可见，履行社会责任可以提升企业的软实力，增强先进制造业的竞争力。由此，本节提出可以通过以下路径提升先进制造业的竞争力。

首先，企业应通过积极履行社会责任来帮助自身争取更多的资源，这种资源包括政府政策优惠、利益相关者的投资等。此外，企业还应该多承担社会责任，建立良好的声誉，以此来改善企业融资环境，更好地抵御外部风险。履行社会责任的同时，注重建立关爱员工的企业文化，增强企业内部的凝聚力和员工认同感，提升企业核心竞争力。

其次，企业履行社会责任，是向利益相关者承担受托责任的有效路径，能够实现与利益相关者间的长期良好互动，最终形成企业的战略性竞争力。企业应加强与投资者、政府等利益相关者的互动，切实履行社会责任，向外界展示自身的实力，这也有助于公司的销售、供应、融资、生产等主要环节的运转效率提升，形成持续的竞争优势。

最后, 社会责任的履行是企业向外界传递自身具备较强的财务实力、较大的发展空间、较新的经营理念等的重要载体。企业应积极主动进行社会责任信息披露, 这也间接地反映出自身的资源配置状况, 有利于投资者更加了解企业内部经营情况。总而言之, 通过履行社会责任, 企业可以赢得各利益相关者的信赖和支持, 吸引更优质、更丰富的资源, 为提升竞争力打下坚实基础。

五 构建 "智能 + 绿色" 发展模式

当前, 信息化科技革命给全球产业链带来颠覆性的改变。以信息科技、智能制造、新能源为代表的技术创新与传统制造业的相互渗透和深度整合已经开启新一轮产业变革, 将对先进制造业的发展产生重要而广泛的影响。本书提出要站在战略高度推进企业高端化、智能化与绿色化发展, 从以下几种路径来构建 "智能 + 绿色" 发展模式, 增强先进制造业企业的竞争力。

首先, 要响应 "碳达峰" "碳中和" 倡议, 打造高质量的清洁环保制造体系, 促进绿色循环生产。企业要提升高管的绿色战略认知, 包括绿色发展认知、社会责任意识、外部压力感知等因素, 将绿色低碳列入企业发展重点战略。要聚焦效率和创新, 从传统低效的发展模式向绿色低碳发展模式转型, 建立基于低碳循环的高质量绿色制造体系。利用财政补贴、税率优惠和信贷扶持等支持政策, 加大对排放废弃物无害化处理领域的投资, 更新升级相关设备, 实现低碳循环生产的转型升级。企业要率先突破生产节能、绿色回收等关键性技术瓶颈, 严格遵守贯穿产品全生命周期的绿色行业标准和管理规范, 促进先进制造业绿色发展。

其次, 要加速智能化转型, 培育绿色发展新的增长极。在实现动能转换过程中, 企业要始终把科技创新摆在新增长极培育的核心位置, 加速向智能化和科技创新驱动转变。加强企业与高校、科研机构的合作, 打造充满活力的科技创新生态系统, 同时有效利用国家制造业创新中心等公共技术平台, 通过建立稳定的合作机制, 开展对战略性前沿技术和产业薄弱技术的联合攻关, 强化对制造业发展中核心技术的控制, 从而突破国外企业对我国先进制造业关键技术的封锁。企业要充分利用互联网、大数据等信息技术, 助推企业智能化升级和跨领域合作, 减少企业的资源错配，从而提升先进制造业企业的全要素生产率与竞争力。

最后，要营造绿色导向的企业文化并建立绿色化的人力资源管理体系。企业要树立员工的绿色价值观，将绿色低碳发展作为企业生存与发展的基础之一，并推行绿色管理，从而使得企业内部各部门给予绿色创新活动配合与支持，并在各部门与全体员工的一致努力下实现企业的低碳智能化发展。此外，要培养和引进相关人才进行绿色技术创新与低碳技术研发活动，并鼓励其与相关科研机构进行合作，加快绿色技术与低碳技术成果转化，提升企业绿色绩效。

第二节　行业层面

根据前面章节的分析可以看出，我国不同行业的先进制造业竞争力存在较大差异。在先进制造业八大行业中，从利润和竞争力指数来看，汽车制造业竞争优势明显，仪器仪表制造业与其他先进制造业的竞争力差距较大；从行业整体的竞争力指数来看，石油加工、炼焦和核燃料加工业、汽车制造业以及铁路、船舶、航空航天和其他运输设备制造业是我国先进制造业发挥竞争优势的主要产业，化学原料和化学制品制造业以及计算机、通信和其他电子设备制造业在先进制造业行业竞争中处于中间位置。总的来说，医药制造业、专用设备制造业和仪器仪表制造业在目前我国先进制造业的发展过程中竞争力处于相对劣势地位。随着"十四五"时期大规模"新基建"的实施以及国家对科技创新的投入，医药制造业、专用设备制造业和仪器仪表制造业等先进制造业将迎来新一轮的快速发展机遇，企业应抓住这一重要历史性机遇，提高创新能力，增强自身实力。基于此，本书将从行业层面提出进一步增强先进制造业竞争力的对策建议。

一　产业集聚形成规模效益

在知识溢出效应和劳动匹配效应的影响下，高就业密度或高人口密度的地区往往能产生更高的生产效率，就我国来看，三大产业集聚区分别是：珠三角、长三角和京津冀。产业集聚作为先进制造业参与全球价值链的重要竞争手段，各种生产要素的集聚容易转化为新的经济增长极。

先进制造业依托人才、技术、信息等高级生产要素的集聚，通过带动周边地区的发展，凭借规模经济扩大生产规模，为实现智能化转型创造条件。我国政府一直致力于打造国际化先进制造业集聚区，例如在长三角地区，区域一体化过程中关注基础设施建设、公共服务均等化等方面，有助于商品、服务、劳动力以及其他要素向更远的地方拓展，能够促进区域内人流、物流、资金流、信息流的流动（邓慧慧、李慧榕，2021），有助于形成先进制造业的集聚。

首先，应该构建一种以主体多元化、领域跨界化、结构扁平化、组织开放化为首要特征的网络化创新组织模式，大力推动协同创新共同体和创新型产业集群的设立。一方面，资源要素的集聚可以提高资源配置效率，并可以倒逼企业优化生产经营模式；另一方面，区域一体化可以使边界效应减弱，加快要素流动并使企业在区域内集聚，提高区域内企业的生产效率（彭洋等，2019），由此增强先进制造业的竞争力。

其次，资源型经济区域要专注于突破关键技术，与国家的创新驱动发展战略和集群策动策略充分对接。建立资源型经济区域的核心是本地资源优势，要以发展创新性产业群为导向，制定区域经济转型以及产业集群化高质量发展的完备方案。与此同时，加快集群组织、联盟组织等网络化协作组织的建立，通过其跨区域协同合作网络推动构建本地技术创新网络和全球协同创新网络，推进区域发展路径的演化与转型，最终提高先进制造业的竞争力。

最后，先进制造业应积极响应"一带一路"倡议，根据地区产业特点，通过抱团"走出去"，提升产业的国际竞争力。地方政府和行业协会应进一步推进互联互通，促进资源高效配置和创新集聚，帮助本地先进制造业产品找到新的发展空间，优化产业供给结构，深度参与国际合作，增强产业链和价值链韧性。

二　构建技术与人才合作平台

生产同一细分领域产品的企业聚集在一起，通过相互间的交流合作与市场竞争，对相关弱势企业进行合并与重组，形成数家大型龙头企业，这些大型龙头企业凭借其超大的体量可以维持大规模的创新投入，这在区域集群形成的早期阶段司空见惯。因为区域集群专业化水平的提高，集群与外部环境需要建立一定联系并嵌入互联网之中，所以建设技术与人才信息交流平台的需求越来越迫切。集群参与者获取新知识的渠道由本地网络扩展到区域间或国家间合作网络，为知识创新、集群更新与重组提供了无限可能，有助于进一步加强先进制造业的合作与创新能力，进一步增强自身竞争力。基于此，本书将从以下几个方面提出建议。

首先，我国制造业在未来的发展中应进一步与当地科研机构、大学等协同合作，形成行业协同创新平台。不断地吸收优秀的技术人才可以为企业提供新的力量，要充分利用科技人才，不断提高创新效率和优化高素质劳动力资源的配置，以此增强创新能力和国际竞争力。同样地，在实施具体的创新项目时，高等院校或者专业机构的相关专家和产业链、产品链、创新链的其他环节企业攻关团队全程参与其中，可以有效解决从 R&D 环节到工程化、产业化过程中可能出现的不衔接、不配套问题。最终形成以核心技术创新领域的最终产品的研发为主导的处理系统、问题的协同处理体系，提高我国先进制造业企业的协同创新能力，最终增强先进制造业的竞争力。

其次，先进制造业要成立技术与人才合作平台，加快建立集群组织、联盟组织等网络化协作组织，通过跨区域的合作推动构建本地技术创新网络，推进先进制造业发展路径的演化与转型。单个企业尤其是民营企业可能不具备持续地进行高强度研发投入的资金基础，更无法承担巨额投入产生的巨大风险，因此需要行业和地方政府大力扶持企业的基础研究和应用基础研究过程中的高强度和持续性的资金投入与融资活动，增强各类企业与多层次的研发团队在应用开发、中间实验研究和产业化能力等方面的自主性，并构建产业链、创新链协同合作攻关体系，最终提高我国先进制造业的整体竞争力。

最后，要利用省际的比邻发展模式，充分挖掘不同区域间的优势资源和人力资本。这种发展模式适用于产业发展具有关联性的区域，能够有效降低先进制造业企业合作中的交易以及磨合成本，在实现自身利益最大化的同时，可以通过共同开发周边区域的优势资源降低成本，充分利用人力资本增强自身的市场竞争力，最终实现先进制造业转型升级以及提高整体效益的目的。

三 构建全产业生态链，提升产业链韧性

为实现中国式现代化与高质量发展，必须提高先进制造业产业链、供应链的韧性。从理论层面来看，产业位势理论认为创新和管理优势是影响先进制造业竞争力的关键因素。产业集群理论将产业集群通常定义为在一个特定的区域，聚集一组相互关联的公司和供应商。以区域聚集来形成有效的市场竞争，使得先进制造业企业能够在一定区域内实现资源共享与协同发展，最终形成规模效应，提高企业的区域竞争力。从实践层面来看，当前国际贸易中存在的保护主义、单边主义进一步蔓延，对全球产业布局和供应链配置产生了不利影响。此外，发达国家近年来对我国企业的芯片、集成电路等关键技术的封锁力度加大，倒逼先进制造业企业进行供应链和产业链的调整。基于理论与现实的分析，本书认为在激烈的国际化竞争中，先进制造业必须构造全产业生态链，提升产业链韧性，逐步实现我国制造业从全球价值链低端向中高端递进升级。具体而言有以下三个方面。

首先，要着力推进先进制造业集群化与基地化，并与当地高校与科研机构加强合作。为增强产业链各主体与环节之间的紧密联系，要充分发挥企业主体地位，促进大中小企业联动发展，完善上中下游企业的合作机制，建立长期稳定的合作关系。在空间布局上缩短产业链距离能够降低交易成本，优化产业链各环节衔接，提高产业链的生态黏性。通过与高校、科研机构的合作协同，合力攻关技术性难题，优化企业创新方式，提升企业创新绩效。

其次，要实现供应链国产化，充分保障产业链、供应链的安全。我国具备较为完整的产业链，多数零部件可以使用本地厂商替代供应。2020年，疫情发生时期东部沿海地区企业凭借已经形成的产业集群，迅速实现零部件采购的本土化，有力地降低了国外零部件"断供"给企业的生产经营带来的风险，助推了企业的复工复产。因此，市场要给予上游供应商企业更多的机会，建立科学的容错机制并加强对下游企业的政策扶持，给予国产产品更多的机会和展示的舞台，未来供应链国产化替代的红利必将加倍释放。

最后，要促进制造业产业基础高级化。面对国外企业对于核心技术

的封锁，国内先进制造业企业应实现供应链的国产化并根据市场需求加大研发创新力度，重点突破一批"卡脖子"关键共性技术，提升产业体系自主可控能力。企业间要加强技术交流与合作，构建互相学习的沟通平台，在提高产业链技术薄弱环节企业主体的技术与管理能力的同时，深层次挖掘核心技术，打破国外技术垄断，实现产业链的升级与协同发展，从而提升产业链整体韧性。同时，要促进产业链绿色发展，提升可持续性竞争力。为此，企业要推进绿色转型，通过减少对高耗能能源的依赖，加大清洁能源使用力度，利用区块链、人工智能等技术优化产品设计与生产制造流程，实现产品绿色化。此外，要进一步加大开放合作力度，使企业能够利用全球资源，在互利共赢的基础上促进全球产业链优势互补，从而提升我国先进制造业产业链的韧性。

四 发挥龙头企业引领作用，完善制造业标准体系

制定技术标准是提升我国先进制造业国际竞争优势的重要途径。拥有被认可的标准体系是产业竞争的制高点，也是保证先进制造业企业市场竞争力的关键因素，有利于减少企业间产品口径的不匹配。因此，当前主要工业强国均非常重视标准体系的建立与普及，尤其重视对国际标准的制定权。以德国为例，大约2/3的国际机械制造标准来自"德国标准化学会标准"，比较出名的标准制定机构有技术监督协会（TUV）、机械制造标准委员会（NAM）等，标准巩固强化了德国的制造强国地位。在信息化、智能化背景下，产品生命周期不断缩短，同时也要求标准体系必须实时演进，适应产品更新。基于此，先进制造业必须高度重视标准化工作，尤其是在集成电路、航空航天等重点领域。新的制造业标准要具有更强的系统性、协调性、动态性和适应性，在为制造业企业提供通用性框架的同时，也有助于我国的先进制造业在全球制造领域提高话语权和国际竞争力。综合上述分析，本书从以下三个方面提出完善制造业标准体系的建议。

首先，要大力培育一批具有生态主导力和核心竞争力的龙头企业，发挥其引领带动作用。龙头企业要充分整合内外部优势资源，带领企业解决我国现有制造业标准建设中存在的缺失、矛盾等问题，重建更完善的行业标准体系。同时，龙头企业要带头设计标准的制定、实施与监督

机制，打破企业"技术锁定"现象，监督企业履行承诺义务，提高标准的实施效率。

其次，先进制造业要瞄准国际先进水平，制定更高水平的技术标准，结合新一代信息技术提升标准的适用性与先进性，接轨国际标准。龙头企业要利用其国际资源，及时引进先进的国际标准，并转化为适用于我国先进制造业的国内标准。此外，要推动优质企业的科技成果转化为技术标准，实现标准化工作的自主发展，并以标准引领产业发展。龙头企业要牵头制定先进标准，并将自主制定的标准推向国际化，提升我国先进制造业在全球制造业产业链中的话语权。

最后，要充分利用工业机器人等信息化技术实现生产标准化。在以劳动力为基础的工业生产中，熟练和非熟练工人的生产效率具有明显的差异，并最终体现为企业的生产率差异。工业智能化推动了工业机器人的普及，由此推进了生产的标准化。标准化的生产意味着投入的生产要素相同，企业之间的生产率离散程度降低。工业智能化带来的技术进步会减少资源的错配，并最终提高生产效率和全要素生产率。因此，企业应持续深入实施标准化建设，充分利用互联网、大数据等信息技术为先进制造业赋能，提高生产效率，为先进制造业全要素生产率的提升打下坚实基础，增强市场竞争力。

第三节 政府层面

近年来，为了促进实体企业的高质量发展，特别是增强先进制造业的竞争力，党中央和国务院出台了一系列措施。2019年，习近平主持召开中央全面深化改革委员会第七次会议，会议审议通过了《关于促进人工智能和实体经济深度融合的指导意见》。实体经济是我国高质量发展和参与国际经济竞争的根基。2022年，工业和信息化部提出从推进产业基础再造、提升产业科技创新能力、培育一批具有核心竞争力的企业、推进制造业集群发展、统筹推进传统产业的改造提升和新兴产业的培育壮大等五个方面来推动我国先进制造业发展。这些政策的出台无疑会对进一步发展壮大先进制造业产生重要影响，也为本书提出增强先进制造业竞争力的路径提供了依据。由此，本书将从政府层面提出增强先进制造业竞争力的对策建议。

一　提供综合集成的政策支持

（一）研发补贴

随着国际竞争的日益激烈，各级政府都非常重视鼓励和引导企业的研发和创新行为，对企业 R&D 投资的激励与补贴措施逐步规范化，相关的补贴措施由不规范的"项目支持""研究计划扶持"等向规范化的税收政策转变；补贴范围和力度不断加大，从国有企业、新兴企业逐步覆盖到各类企业。在当前中国经济迈入"双循环"发展的背景下，为推动先进制造业从"中国制造"向"中国创造"转型，追赶高端技术，相关部门可以从以下方面入手。

第一，有效筛选各类企业研发补贴的门槛，精准定位需要研发补贴的对象。每个行业都需要设立评估委员会，对研究开发阶段特征、市场环境、企业所在行业的整体研究开发水平进行具体分析和综合评分，审查是否需要进行研发补助。对于需要补贴的企业，要建立有效的补贴机制，将更多的研发补贴资金流向创新效率高的企业，避免出现逆向选择和"骗补"等问题（安同良、千慧雄，2021），充分发挥政府补贴对企业创新效率和竞争力的支持保障作用。

第二，创新研发补贴模式，实现补贴模式与补贴对象高效匹配。理论上的补贴模式有两种，即税收优惠和直接财政补贴。由于税收优惠的政策效果对盈利较低的中小微企业与初创企业不太明显，本书建议提高这些企业研发投资的加计扣除比例并延后其扣除时间。此外，要充分利用直接财政补贴的灵活性，根据企业的具体特征，设计出根据行业特征、地区而异的针对性补贴政策，做到因地制宜、因时制宜。

第三，建立研发补贴跟踪评估机制，不断提高研发补贴的使用效率。要及时评估研发补贴对企业创新的政策带动效应，对于研发补贴带来的影响不是很显著的企业要能够找出其原因，研究其是不是由公司内部治理问题导致，由此要考虑采取减少补贴或者加强监管等方式进行校正。研发补贴利用效率的提高需要通过以下三种机制：一是提高执行效率，相关部门要降低将研发补贴发放给补贴对象所需的执行成本；二是提高选择效率，要通过合理有效的筛选审核机制甄别出最需要研发补贴的企

业；三是提高监督效率，要建立后期的动向跟踪与监督机制，能够保证
这些资金是用于企业的研发活动，而不是进入管理层私人的腰包。通过
上述三种方式，可以最大化地利用政府补贴这一政策工具，实现先进制
造业创新能力和竞争力的跃升。

（二）税收优惠

高风险、高投资、周期长、回报慢是先进制造业企业进行创新活动
时表现出的特征，因此企业通常会面临融资困难的问题，然而高水平创
新难以仅靠自身完成，在宏观经济下行压力加大的背景下，实施合理的
税收优惠政策对于提高企业竞争力、助推经济高质量发展尤为必要（张
伦伦、蔡伊娜，2018）。

近年来，增值税优惠政策有效推动了先进制造业企业的创新和发展。
《2021年国务院政府工作报告》提出"对先进制造业企业按月全额退还
增值税增量留抵税额"。该政策将提高先进制造业企业增值税留抵退税时
效，增加企业的当期现金流，促进其对创新活动的投资。由于先进制造
业企业增值税存量留抵额较大，增值税优惠政策还需进一步完善，进一
步减轻由存量留抵税额给企业造成的资金占用负担。此外，为充分发挥
留抵退税政策的红利，应进一步优化先进制造业企业留抵退税配套举措，
出台明确的先进制造业退税业务指引，实现税务机关办理退税的标准化
和规范化，快速高效办理先进制造业企业退税业务。

此外，先进制造业所得税的优惠力度或范围还需要进一步加大。
《2021年国务院政府工作报告》提出"延续执行企业研发费用加计扣除
75%政策，将制造业企业加计扣除比例提高到100%"。该政策将促进先
进制造业企业增加对创新活动的投入。未来可考虑进一步加大对先进制
造业企业在基础研究领域研发费用的加计扣除，提升其实质性创新水平。
当前我国所得税优惠政策主要集中于国家鼓励的重点集成电路部分子行
业的生产企业，本书建议对先进制造业重点领域进一步加大所得税优惠
范围，对于创新成果突出的企业要进一步地给予更多的政策支持，加速
推动先进制造业高质量发展。

最后，应基于地域特点制定有针对性的先进制造业所得税优惠政策。
要充分利用优惠税收区域协调发展战略，针对不同区域特点制定先进制
造业所得税优惠政策。东部地区的整体创新水平较高，为促进东部地区

现代化进程，在所得税优惠政策设计上要有实质性创新要求，特别是针对技术创新难以突破瓶颈的先进制造业。为提升先进制造业的制造水平，同时促进中部地区的崛起，要加大对中部地区先进制造业企业与创新相关的所得税优惠力度，从而促进这些企业的创新升级。西部地区创新较弱，应当通过落实与创新相关的所得税优惠政策，提升先进制造业在推动西部大开发形成新格局中的作用。东北地区发展比较落后，通过设计有针对性的所得税优惠政策能够引导其加快发展先进制造业，从而开辟新的增长点，促进东北振兴（李远慧、徐一鸣，2021）。

（三）优化营商环境

政府需要转变理念。一方面，政府和相关部门要不断提升管理和服务能力，为先进制造业企业的发展和区域招商引资创造良好的政策环境，保证企业的健康发展。同时，政府要提高服务效率，最大限度地减少先进制造业企业投资项目的审批时间。各类政府优惠政策、简政放权事项都应及时公布，以便先进制造业企业能够及时了解相关政策。此外，还应提供税收政策服务支持，让更多企业更好地利用和享受减税红利政策。

另一方面，市场经济不应该只依靠政府的干预。政府和有关部门要简政放权，从而减轻先进制造业的政务负担，让市场自主运作。要提升企业投资和融资的自由度，降低投资和融资成本，创造更加开放的贸易和投资环境以及运营成本适度的产业发展环境。从国内外国家和地区优化营商环境的经验来看，建设有担当的服务型政府才能创造好的政务环境，从而最大限度地发挥区位、产业、市场等综合优势，抓住机会扩大投资额，提高外商投资质量，形成优化营商环境的良性循环。因此，应实施一系列具体措施，例如简化项目审批登记手续、完善法律法规体系、合并和清理各类证件执照、深入推进"互联网＋政务服务"等。这将提升市场配置资源的效率，对推动"双循环"新发展格局的发展产生积极影响。

二　推动制造业主动型对外开放

在新发展格局下，实行高水平对外开放是党的十九届五中全会对"十四五"时期做出的重要部署。持续加大对外开放力度能够引进有利于我国制造业发展的资源与其他相关要素，同时借鉴发达国家制造业发展的先进经验,从而加快建设制造强国。经历了 40 多年的改革开放,我国制造业取得了一定的发展与进步,成为全球第一制造业大国并获得"世界工厂"称号。然而,在目前的国际产业分工体系中,我国制造业在劳动密集型加工制造类产业中占比较高,长期位于国际产业链低端,在国际产业分工中缺乏话语权。基于此,本书认为先进制造业必须争取国际产业分工的主动权,提升在全球价值链中的地位,这要求推动制造业全方位地主动对外开放。具体而言有以下三个方面。

首先,要提升开放合作层次,营造良好的外部环境。地方政府要深刻认识到加大对外开放力度的战略意义与重要性,避免盲目保护主义,深入推进先进制造业产业领域的对外开放,提升对外贸易与交流的便利程度,以促进企业在相关领域薄弱环节的技术进步。此外,政府要加强国际协调与合作,加强与经贸伙伴的沟通,构建全球互联互通伙伴关系;加大与世界银行、国际货币基金组织、世界贸易组织等国际组织的合作力度;鼓励和支持中小企业参与"一带一路"与 RCEP 区域合作的高质量建设;等等。

其次,要鼓励企业主动构建产业链,走出国门并稳步推进国际化。要大力培育一批具有国际竞争力的"链主"企业,带领全产业链争取国际产业分工协作的主动权与国际技术标准的制定权,提升我国先进制造业企业的国际话语权与竞争力。政府可以通过完善先进制造业产业集群与基地的配套基础设施、完善标准体系建设助力制造业产业升级。此外,在先进制造业全产业链国际化进程中,要引导全产业链分链中的"弱链"到海外发展,并给予资金、技术等方面的政策支持,促进协同发展;同时,要引导企业在海外申请专利与研发标准保护,以巩固全产业链优势企业的发展,推动我国先进制造业向全球价值链高端攀升。

最后,为推动企业"走出去",政府要提供一定的协助。要建立健全外商投资审查机制、海外投资监管体系、产业链与供应链安全数据库、安全评价体系等,以保障企业权益。此外,应当提供信息咨询与风险预警服务,为企业提供投资项目所在国家的文化、宗教、资源及配套基础设施、营商环境、贸易政策等相关信息,帮助企业建立与当地消费者、供应商和政府的良好关系。

三　搭建国家级制造业创新研究网络

区域性和全球性创新网络的出现促使先进制造业企业间的联系愈加紧密。创新网络中成员之间的信任使得新的创新思想不断产生。它们通过跨界合作来实现资源吸收，并通过转化整合这些资源来促进企业创新。因此，我国先进制造业企业应当充分利用跨界合作，在创新网络中提高其创新能力。政府要在打造国家级创新网络的过程中扮演"领路人"的重要角色。

一是完善先进制造业公共服务体系，成立国家级的科技成果转化服务平台。在平台上建立与全国信息服务平台联通的纵向网络以及与高校和科研院所联结的科技成果转化横向服务网络。此外，通过建立先进制造业信息服务平台，完善先进制造业大数据管理中心，形成网络化联动管理。最后，建立与大学等科研机构的成果孵化器园区，加快科技成果的转化。围绕现有的航空航天、新能源等优势领域，在国家、省、市一级的经济开发区和高新技术产业园区中，为发展较好的园区改善基础设施条件，并提供配套的设施与相关政策服务，解决人才落户的问题，吸引高质量的产业转移。

二是根据先进制造业企业的发展阶段，确定适用的跨界合作模式。处于不同发展阶段的先进制造业企业对跨界合作有着不同的需求。首先，中小企业无法从创新网络中获得高端技术知识，无法通过横向跨界合作突破大型企业对核心技术的封锁，因此应当鼓励中小企业进行垂直跨界合作。其次，对于发展较为成熟的大型先进制造业企业，应鼓励其进行水平跨界合作。这是因为创新网络内现有的网络资源已经被大部分企业吸收利用，通过选择合适的同等级的跨界合作伙伴，才能获取有益的核心知识资源和市场信息，从而提高企业的创新能力和国际竞争力（刘璟，2021）。

三是鼓励企业进行更多的自主性创新活动，提升企业的知识吸收能力与自主创新能力。应以先进制造业与科技服务业融合为基础，加强知识网络融入、市场体系融入、产业链融入、全球价值链融入以及信息网络融入，全面实施自主创新，从而实现知识的吸收、溢出与自主创新的充分耦合，打造创新价值网络体系。通过产业的数字化、智慧城市的构建、国家创新研究网络的构建等来确立产业创新的生态，应该是未来政策制定部门所关注的重点问题。

四 完善人才引进与专利保护制度

在当前国际竞争日渐激烈的背景之下，先进制造业在系统性创新方面仍然存在短板。从基础研究到规模化量产的创新机制存在一定的割裂；科研活动的管理体系、科技成果的评价体系需要进一步的完善；对知识产权的保护水平还有待提高，对专利和科研成果保护措施不到位，削弱了科研人才和先进制造业企业创新的热情与动力；产学研合作不够紧密深入，科技成果转化率低，导致很多科研机构的科研成果仅仅停留在纸面，无法实现大规模的量产，造成了资源的严重浪费。上述问题的存在不利于先进制造业竞争力的提升，要解决上述的种种问题，相关部门需要采取如下措施。

一是要想引进和留住稀缺性的创新人才，就需要完善薪酬激励制度和住房保障制度，为吸纳海外高端人才创造良好的政策环境。首先，有关部门要完善以海外归国人才为对象的公共租赁住房制度，使人才的居住环境达到中高端水平；同时，为了给海外优秀人才提供高质量的生活环境，需建设与完善生活配套设施和医疗服务机构。其次，改革完善海外归国人才的薪酬制度，按照其对企业和社会做出的贡献而非资历，按劳分配薪酬和社会保险等，并且要做好高端人才子女的教育、家属工作和社会保险等配套工作。制定与科技成果转化规模相适应的差别化税收优惠政策，降低科技成果转化所得税税率，增加科技人员报酬。最后，改革签证和绿卡制度，简化工作签证程序，放宽永久居留签证发放标准。

二是为了摆脱"低技术—低附加值"的陷阱，国家必须寻求技术突破，重视专利技术的应用和保护。一方面要加强对技术人员的教育和培训，另一方面要加强专利保护，以有效促进高端制造业的产业升级。首先，可以制定专门的创新保护法律法规，对先进制造业领域的新技术、新发明和新设计要提供有效的制度保护。制定相关法规和措施，使先进制造专利申请人有更多机会修改和完善专利，提高专利创新水平；要加快建设全球领先的专利申请服务平台，提高专利申请工作效率，进一步提升专利审查批准机关的服务意识和信息化水平；对程序合法且通过实质性审查的专利申请，尽早给出终审结论，加速创新转化的效率。其次，要切实保护先进制造业公司的设计开发能力和品牌声誉等软实力，打造国际化品牌。要重点培育高精密机械制造、3D 打印、电磁加工和纳米制造等尖端加工制造的先进制造业企业。引导企业从用户体验入手、从个性化服务入手满足消费者需求，形成黏性壁垒。最后，高端制造业企业要完善全球供应链体系，严格管控产品质量，通过稳定供应商和代工厂数量降低供应风险。支持企业根据实际情况实施线上与线下相结合的销售服务模式，通过创新营销扩大新产品的推广渠道，提高新产品在国内外市场的知名度。支持企业开发多元化产品，避免过度依赖单一产品，打造中国高端制造品牌。综合上述分析，只有充分重视人才、不断完善知识产权保护制度和促进企业建立品牌声誉，才能有效增强先进制造业的竞争力。

五　促进产业东西部联动发展

我国制造业区域发展不平衡的矛盾长期存在，我国中西部地区与东北地区的先进制造业竞争力整体偏弱。尽管区域间产业转移取得了一定进展，尤其是中部地区承接了大量产业转移，如安徽、湖北等省份，已发展成为我国重要的制造业基地。但东西部地区间的发展差距仍然较大，持续优化先进制造业空间布局是提升中国制造业竞争力的现实需要。基于此，本书提出三条路径以促进先进制造业东西部联动发展，提升我国先进制造业的整体竞争力。

首先，东部地区要加快提升竞争能级并加强引领带动作用。政府要进一步提高东部地区要素一体化水平，通过提供金融、人才教育、知识产权保护等方面的机制保障，助力东部地区制造业实现高端技术的研发与创新。政府要引导跨省市国家级开发区的深入合作，加强跨区域合作，发挥东部地区先进制造业技术对中西部地区的辐射带动作用。同时，稳步推进中东部劳动密集型产业向西部与东北地区有序转移，把产业链关键环节留在国内。

其次，要加快培育一批中西部地区产业增长极。充分利用中西部地区丰富的矿产能源，因地制宜地培育核心材料产业基地，为先进制造业提供优质原材料与资源，在保障我国战略性矿产资源供应能力的同时，促进东西部地区的产业联动。同时，中西部地区要坚持绿色低碳发展战略，保持自然资源优势，实现可持续发展。此外，要搭建中西部地区的高水平对外开放平台，注重"引进来"与"走出去"协同互动，引导外资流入中西部地区，通过引进、消化与吸收先进技术助力先进制造业发展，同时引导中西部企业积极参与"一带一路"的高质量建设，充分发挥作为我国对外开放新窗口的作用。

最后，要加大对中西部地区教育、科研的投入，提升先进制造业发展的知识资本积累。推动跨区域教育与人才培养，建设跨区域合作交流平台，利用政策引导更多的优质人才流入中西部地区就业。通过加大资金与人才投入，促进中西部地区先进制造业转型升级。此外，要完善中西部产业集聚区的配套基础设施，降低企业间的交易成本与交流成本，提高生产效率，同时促进制造业协同创新与转型升级。

结论与展望

本书融合比较优势理论、要素禀赋理论、新贸易理论、竞争优势理论、产业集群理论、政府干预理论等相关理论，综合运用理论推导、文献阅读、PSM、DID、fsQCA 等多种方法，聚焦先进制造业的发展及其竞争力的测度评价、驱动机理与提升路径，得出以下主要结论。

第一，关于先进制造业的内涵、特征与行业界定。先进制造业是在传统制造业基础上，将机械、信息、生物、能源及现代管理等先进技术综合应用于产品研发、生产、营销以及售后服务全过程，实现"高附加值、低消耗、低污染"的良好经济社会效益和市场效益的现代制造业。具体来说，包括石油加工、炼焦及核燃料加工业，化学原料和化学制品制造业，医药制造业，专用设备制造业，汽车制造业，铁路、船舶、航空航天和其他运输设备制造业，计算机、通信和其他电子设备制造业，仪器仪表制造业共 8 个行业。在动态的市场竞争环境中，先进制造业通过不断整合和重构企业的内外部资源，形成了可持续竞争力。这种竞争力是一种全面的系统比较能力，是相对于竞争对手的创新能力、生产经营能力、先进的管理模式与可持续发展能力的汇总。

第二，关于先进制造业的发展现状。近年来我国先进制造业总体发展比较迅速，但各区域在行业分布、经济效益、规模和结构等方面存在非均衡性，尤其是不同省份、城市之间具有较大差异。以苏州、无锡和深圳的先进制造业为例进行横向对比，发现苏州市先进制造业行业分布比较广泛，总体形成了以电子信息产业为主，专用设备制造业、化学原料和化学制品制造业、医药制造业为辅的多样化布局；深圳市先进制造业则在计算机、通信等电子设备制造业和专用设备制造业具有突出规模优势；与苏深两市相比，无锡市先进制造业在企业数量、行业规模等方面的竞争力有待提升。

第三，关于各国先进制造业的发展历程和经验。德国注重电气、电子、信息和通信的技术创新以及"双轨制教育"人才保障，日本侧重于对先进制造技术的研发和高技术人才的培养，美国则通过产学研政协同等多种举措加强技术成果转化，保持先进制造业在创新方面的领先优势。通过学习与比较德、日、美三国先进制造业发展的特征和经验，未来我国先进制造业要始终坚持以创新驱动引领高质量发展、以协调发展完善市场创新机制、以绿色发展保障持续效益、以开放发展增强双循环联动、以细分行业培育先进制造业集群的发展方向。

第四，借鉴国内外学者常用的竞争力评价方法和已有的竞争力指标体系研究，构建先进制造业竞争力评价指标体系，据此对我国先进制造业上市公司竞争力进行测度评价和群体分析。研究发现：分区域来看，我国先进制造业发展过程中呈现出区域不平衡的特点，东部、北部和南部沿海地区竞争力总体处于中上等水平，中部、西南、西北和东北等地区先进制造业竞争力整体偏弱，远低于全国平均水平。分行业来看，不同行业的先进制造业竞争力存在较大差异，汽车制造业具有明显的竞争优势，仪器仪表制造业竞争力指数与其他先进制造业的竞争力差距较大。分产权来看，国有先进制造业企业的竞争力明显大于非国有企业。分生命周期来看，我国先进制造业企业的竞争力在成熟期阶段最高，其次为成长期，而处于衰退期的企业竞争力最低。分企业战略来看，我国先进制造业上市企业更多选择实施成本领先战略，而非差异化战略。选择成本领先战略的企业的竞争战略各维度指标得分均明显低于实施差异化战略的企业。

第五，从先进制造业竞争力的内在驱动机理来看，企业所拥有的独特资源与能力相互依存，共同构成了企业的竞争优势源泉。基于企业资源角度，具有稀缺性、不可模仿性、不可替代性和持久性的企业资源是有价值的，可以帮助企业获得竞争优势，企业拥有的有形资源、无形资源和人力资源共同影响着企业竞争力。基于企业能力角度，对顾客有价值、与竞争对手相比有优势、难以被模仿或复制的企业能力构成了企业的核心能力，能够帮助企业在具有重要竞争意义的竞争活动中比竞争对手做得更好，企业在研发、生产管理、营销、财务和组织管理方面的能力越强，企业的竞争力越强。投资支出、创新投入和劳动投资可以分别反映企业有形资源、无形资源和人力资源情况，直接或间接地影响着企业的各项能力。理论和实证研究表明先进制造业投资支出、创新投入、劳动投资和企业社会责任均能显著提升企业竞争力。

第六，从先进制造业竞争力的外在驱动机理来看，先进制造业的外在驱动因素主要包括政治和法律因素、经济因素、社会和文化因素、技术因素等4个方面。其中，税收优惠政策成为促进企业科技创新和扩大投资的重要政策工具，有利于激励企业提升自身竞争力乃至长远稳定发展。政府补助对企业竞争力起正向促进作用，政府补助与税收优惠的交乘项也正向促进企业竞争力的提高。此外，本书基于政策双重效应传导的理论机制，采用将倾向得分匹配法和双重差分法相结合的方法，实证研究发现"一带一路"倡议可能通过资源偏向和改善企业外部环境来提高企业竞争力。同时，产业智能化能显著提升先进制造业企业竞争力，并且先进制造业企业在资产密集度、员工密集度、融资约束程度以及经济政策不确定性较低且为国有企业、处于生命周期的衰退期阶段时，其竞争力受产业智能化提升的作用更加明显。据此，进一步综合考虑先进制造业内外部多因素组合对竞争力的影响，有针对性地为先进制造业竞争力的提升提供理论依据。

第七，本书结合上述研究结论，从企业、行业和政府三个层面提出"双循环"新发展格局下先进制造业竞争力提升路径。为了提升先进制造业竞争力，基于企业层面，先进制造业企业应当提高资本投资效率、提高研发投入与创新效率、提升人力资本积累、履行社会责任、构建"智能＋绿色"发展模式，实现从全球价值链的中低端向高端迈进。基于行业层面，先进制造业应重视产业集聚形成规模效益；构建技术与人才合作平台；构建全产业生态链，提升产业链韧性；发挥龙头企业引领作用，完善制造业标准体系。基于政府层面，政府应当在研发补贴、税收优惠、优化营商环境等方面提供综合集成的政策支持，推动制造业主动型对外开放，搭建国家级制造业创新研究网络，完善人才引进与专利保护制度，促进产业东西部联动发展。

本书研究结论对于先进制造业在"双循环"新发展格局下提升国际竞争力具有重要的指导意义。但是，本书还存在以下一些不足。

一是互联网、大数据、人工智能作为新一代信息技术的核心，将带动新一轮的制造业升级，如何实现先进制造业的智能化转型将成为研究的热点，即如何将大数据、人工智能等技术应用于传统基础设施转型升级的融合基础设施，更好地为先进制造业产业升级提供支撑平台。

二是"十四五"时期我国经济社会发展不仅面临复杂严峻的挑战，也急需解决人与自然和谐共生的问题，"碳达峰"目标的实现困难重重。推进先进制造业更加"低碳化"，意味着制造业能够为人们提供更多的绿色产品，更好地满足国内日益升级的绿色消费需求，而如何衡量其发展水平，将是今后研究的重点。

三是人口老龄化导致劳动力资源逐渐紧缺，我国部分地区和行业已经出现了招工不足和招工困难的现象，劳动力成本不断攀升，相关的税收政策、制度改革措施还不够具体。科技的竞争归根到底是人才的竞争，先进制造业产业优化升级，既需要高技能的科研人才，也需要高质量的管理人才团队。如何更好地吸引人才和提高人才的配置效率，也是研究的重要方向。

参考文献

安同良，千慧雄．中国企业 R&D 补贴策略：补贴阈限、最优规模与模式
　　选择 [J].经济研究，2021，56（1）：122 – 137.

毕茜，李萧言，于连超．环境税对企业竞争力的影响——基于面板分位
　　数的研究 [J].财经论丛，2018（7）：37 – 47.

卞家喻．政府补助对资源型企业核心竞争力影响的实证研究 [J].商业会
　　计，2019（11）：29 – 34.

蔡昌，田依灵．产权性质、税收负担与企业财务绩效关系研究 [J].税务
　　研究，2017（6）：9 – 14.

曹桂珍．我国制造业国际竞争力影响因素分析 [J].金融与经济，2010
　　（2）：52 – 55.

陈昌兵．中国“双循环”的测度及其新发展格局模式——基于全球投入
　　产出（ICIO）表调整缩并的分析 [J].北京工业大学学报（社会科
　　学版），2022，22（5）：123 – 141.

陈东，邢霖．税收优惠与企业研发投入：内部控制的视角 [J].现代经济
　　探讨，2020（12）：80 – 90.

陈冬华，姚振晔．政府行为必然会提高股价同步性吗？——基于我国产
　　业政策的实证研究 [J].经济研究，2018（12）：112 – 128.

陈虹，李赠铨．中国先进制造业国际竞争力的实证分析 [J].统计与决
　　策，2019，35（7）：154 – 157.

陈剑平，盛亚．创新政策激励机理的多案例研究——以利益相关者权利
　　需求为中介 [J].科学学研究，2013，31（7）：1109 – 1120 + 1059.

陈健，龚晓莺．中国产业主导的“一带一路”区域价值链构建研究 [J].
　　财经问题研究，2018（1）：43 – 49.

陈金亮，赵雅欣，林嵩．智能制造能促进企业创新绩效吗？ [J].外国经
　　济与管理，2021，43（9）：83 – 101.

陈婧，方军雄，秦璇．证券分析师跟踪与企业劳动投资效率的改善 [J].

投资研究，2018，37（12）：80 – 99.

陈峻，郑惠琼. 融资约束、客户议价能力与企业社会责任 [J]. 会计研究，2020（8）：50 – 63.

陈楠，蔡跃洲. 新科技革命下主要经济体制造业发展战略与国际竞争格局 [J]. 学习与探索，2020（12）：121 – 129.

陈旭芳，傅培华，李胜定. 德国现代服务业与先进制造业融合发展启示 [J]. 浙江经济，2019（24）：2.

陈燕宁. 政府补助、税收优惠对企业研发投入的激励效应分析——基于信息技术产业上市公司经验数据 [J]. 商业经济，2020（7）：144 – 147.

陈元. 后经济危机阶段：加速发展路径的强制性变迁 [J]. 管理世界，2009（9）：1 – 7.

陈运森，孟庆玉，袁淳. 关系型税收优惠与税收政策的有效性：隐性税收视角 [J]. 会计研究，2018（2）：41 – 47.

成新轩，杨博. 中国自由贸易区的空间效应与制造业国际竞争力的提升——基于空间计量模型的分析 [J]. 国际贸易问题，2021（10）：54 – 72.

程华，董丽丽，胡征月. 技术创新效率与产业竞争力的协调性研究——基于浙江省制造业的研究 [J]. 科技与经济，2012，25（5）：6 – 10.

程翔，张瑞，张峰. 科技金融政策是否提升了企业竞争力？——来自高新技术上市公司的证据 [J]. 经济与管理研究，2020，41（8）：131 – 144.

池仁勇，梅小苗，阮鸿鹏. 智能制造与中小企业组织变革如何匹配？[J]. 科学学研究，2020，38（7）：1244 – 1250 + 1324.

迟国泰，郑杏果，杨中原. 基于主成分分析的国有商业银行竞争力评价研究 [J]. 管理学报，2009，6（2）：228 – 233.

储德银，杨姗，宋根苗. 财政补贴、税收优惠与战略性新兴产业创新投入 [J]. 财贸研究，2016，27（5）：83 – 89.

邓慧慧，李慧榕. 区域一体化与企业成长——基于国内大循环的微观视角 [J]. 经济评论，2021（3）：3 – 17.

丁纯，陈腾瀚. 中美欧制造业竞争：现状、政策应对与前景 [J]. 欧洲研究，2021，39（5）：6 – 35 + 5 – 6.

董黎明，邵军，王悦. 税收优惠对信息通信业企业研发投入的影响效应研究——基于流转税和所得税视角的比较 [J]. 税务研究，2020

（9）：126 – 131.

董一一，宋宇. 经济复杂度与"双循环"：基于产品空间理论的实证检验
　　[J]. 统计与决策，2022，38（9）：104 – 109.

杜勇，鄢波，陈建英. 研发投入对高新技术企业经营绩效的影响研究
　　[J]. 科技进步与对策，2014，31（2）：87 – 92.

杜运周，贾良定. 组态视角与定性比较分析（QCA）：管理学研究的一条
　　新道路 [J]. 管理世界，2017（6）：155 – 167.

傅贤治. 公司治理泛化与企业竞争力衰退 [J]. 管理世界，2006（4）：
　　154 – 155.

高雷，宋顺林. 治理环境、治理结构与代理成本——来自国有上市公司
　　面板数据的经验证据 [J]. 经济评论，2007（3）：35 – 40.

高艳，马珊，张成军. 产业集聚视角下制造业国际竞争力研究 [J]. 统计
　　与决策，2019，35（21）：131 – 134.

谷军健，赵玉林. 中国海外研发投资与制造业绿色高质量发展研究 [J].
　　数量经济技术经济研究，2020，37（1）：41 – 61.

顾雪玲，王盼. 政府补助和税收激励对高新技术企业技术创新的影响
　　[J]. 西部财会，2017（8）：13 – 16.

郭凯明. 人工智能发展、产业结构转型升级与劳动收入份额变动 [J]. 管
　　理世界，2019（7）：60 – 77 + 202 – 203.

郭巍，林汉川. 北京市发展先进制造业的行业评析与研究 [J]. 北京工商
　　大学学报（社会科学版），2010，25（6）：103 – 109.

韩海燕，任保平. 黄河流域高质量发展中制造业发展及竞争力评价研究
　　[J]. 经济问题，2020（8）：1 – 9.

韩晶，陈曦. 新形势下构建"双循环"新发展格局的路径解析 [J]. 理
　　论学刊，2021（2）：25 – 33.

韩美琳，徐索菲，徐充. 东北地区制造业智能化转型升级的制约因素及
　　对策思考 [J]. 经济纵横，2020（4）：104 – 109.

韩永辉，罗晓斐，邹建华. 中国与西亚地区贸易合作的竞争性和互补性
　　研究——以"一带一路"战略为背景 [J]. 世界经济研究，2015
　　（3）：89 – 98.

郝凤霞，郑婷婷. 产权性质、财政补贴与企业价值研究 [J]. 工业工程与

管理, 2019, 24 (4): 160 – 166.

何红渠, 刘家祯. 产权性质、政府补助与企业盈利能力——基于机械、设备及仪表上市企业的实证检验 [J]. 中南大学学报 (社会科学版), 2016, 22 (2): 76 – 83.

洪群联. 中国先进制造业和现代服务业融合发展现状与"十四五"战略重点 [J]. 当代经济管理, 2021, 43 (10): 74 – 81.

侯雪, 陆平. 基于数据包络模型的前沿新兴产业竞争力测度研究 [J]. 科学技术与工程, 2019, 19 (24): 248 – 253.

胡国良, 邢宇. 经济恢复背景下人民币汇率波动对中国制造业竞争力影响分析 [J]. 现代经济探讨, 2022 (11): 46 – 51.

胡平, 温春龙, 潘迪波. 外部网络、内部资源与企业竞争力关系研究 [J]. 科研管理, 2013, 34 (4): 90 – 98.

黄晖. 宁波发展先进制造业的行业选择 [J]. 经济地理, 2011, 31 (3): 458 – 463.

黄辉. 高管薪酬的外部不公平、内部差距与企业绩效 [J]. 经济管理, 2012, 34 (7): 81 – 92.

黄建康, 吴玉娟. 基于 DEA 模型的我国上市商业银行竞争力分析 [J]. 工业技术经济, 2017, 36 (7): 49 – 55.

黄键斌, 宋铁波, 姚浩. 智能制造政策能否提升企业全要素生产率? [J]. 科学学研究, 2022, 40 (3): 433 – 442.

黄俊, 郭耿轩, 刘敏, 秦颖. 动态能力视阈下我国汽车制造企业智能化转型升级路径研究——对 3 家本土自主品牌车企的跨案例探讨 [J]. 科技进步与对策, 2018, 35 (23): 121 – 129.

黄卫东, 林辰芳, 朱震龙. 关于新时期浦东空间发展战略的思考 [J]. 城市规划学刊, 2010 (S1): 161 – 164.

纪良纲. 提高我国商业规模效益研究 [J]. 河北经贸大学学报, 1996 (5): 59 – 63.

季良玉. 中国制造业智能化水平的测度及区域差异分析 [J]. 统计与决策, 2021, 37 (13): 92 – 95.

贾佳. 财政支持、税收优惠对工业企业技术创新绩效的影响和优化路径 [J]. 工业技术经济, 2017, 36 (11): 133 – 138.

简晓彬，陈宏伟．先进制造业的培育机制及路径——以江苏省为例［J］. 科技管理研究，2018，38（7）：148－156.

蒋选，周怡．先进制造业选择标准及建设制造强国的发展路径［J］. 理论探讨，2018（3）：102－108.

金碚等．竞争力经济学［M］. 广州：广东经济出版社，2003.

金碚，李钢，陈志．中国制造业国际竞争力现状分析及提升对策［J］. 财贸经济，2007（3）：3－10＋128.

金碚．论企业竞争力的性质［J］. 中国工业经济，2001（10）：5－10.

金碚．企业竞争力测评的理论与方法［J］. 中国工业经济，2003a（3）：5－13.

金碚．中国企业竞争力报告（2003）——竞争力的性质和源泉［M］. 北京：社科文献出版社，2003b.

金玉．长株潭区域企业科技创新的税收政策研究［D］. 湖南大学，2010.

孔庆峰，董虹蔚．"一带一路"国家的贸易便利化水平测算与贸易潜力研究［J］. 国际贸易问题，2015（12）：158－168.

寇小萱，赵春妮，孙艳丽．企业社会责任对竞争力影响的实证研究［J］. 统计与决策，2014（15）：179－181.

李冬伟，李建良．基于企业生命周期的智力资本对企业价值影响研究［J］. 管理学报，2012，9（5）：706－714.

李钢．财务指标对企业竞争力影响的实证分析［J］. 管理科学，2004（2）：72－77.

李浩研，崔景华．税收优惠和直接补贴的协调模式对创新的驱动效应［J］. 税务研究，2014（3）：85－89.

李健旋．中国制造业智能化程度评价及其影响因素研究［J］. 中国软科学，2020（1）：154－163.

李金华．"十四五"初期中国建设制造强国供给力分析［J］. 浙江工商大学学报，2021（6）：128－140.

李金华．新工业革命行动计划下中国先进制造业的发展现实与路径［J］. 吉林大学社会科学学报，2017，57（3）：31－40＋204.

李金华．中国建设制造强国进程中制造业竞争力的国际比较［J］. 财经问题研究，2022（5）：38－45.

李金华. 中国建设制造强国进程中制造业竞争力的国际比较 [J]. 财经问题研究, 2022 (5): 38 – 45.

李金华. 中国先进制造业的发展现实与未来路径思考 [J]. 人文杂志, 2020 (1): 22 – 32.

李靖, 胡振红. 基于技术创新的企业核心竞争力分析 [J]. 现代管理科学, 2008 (2): 50 – 51.

李廉水, 鲍怡发, 刘军. 智能化对中国制造业全要素生产率的影响研究 [J]. 科学学研究, 2020 (4): 609 – 618 + 722.

李玲玉. 基于人力资本视角的战略性人力资源管理研究 [J]. 中国市场, 2014 (27): 55 – 56.

李凌雁, 刘丽娟. 河北省先进制造业发展水平测度及优化对策 [J]. 河北经贸大学学报 (综合版), 2018, 18 (4): 81 – 86.

李梅, 高燕, 徐鑫亮. 管理者过度自信、投资偏好与企业竞争力 [J]. 财会通讯, 2019 (24): 43 – 48.

李倩, 潘玉香. 智能制造企业无形资产结构与经营绩效相关性研究 [J]. 东南大学学报 (哲学社会科学版), 2020, 22 (S1): 19 – 26.

李蓉. 会计税务处理差异、税负水平与企业竞争力 [J]. 财会通讯, 2021 (5): 31 – 35.

李姝, 谢晓嫣. 民营企业社会责任、政治关联与债务融资 [J]. 南开管理评论, 2014 (6): 11 – 20.

李苏苏, 段军山, 叶祥松. 中国工业行业间的资源错配与效率损失研究 [J]. 南方经济, 2022 (5): 78 – 100.

李拓晨, 丁莹莹. FDI 技术溢出对我国高技术产业国际竞争力作用机理研究 [J]. 现代财经 (天津财经大学学报), 2013, 33 (7): 107 – 116 + 129.

李婉红, 王帆. 智能化转型、成本粘性与企业绩效——基于传统制造企业的实证检验 [J]. 科学学研究, 2022, 40 (1): 91 – 102.

李卫军, 邢延, 蔡述庭, 杨其宇. 面向多学科融合的自动化类人才培养模式探索与实践 [J]. 高等工程教育研究, 2021 (6): 31 – 37.

李文茜, 刘益. 技术创新、企业社会责任与企业竞争力——基于上市公司数据的实证分析 [J]. 科学学与科学技术管理, 2017, 38 (1): 154 – 165.

李新，汤恒运，陶东杰，孙小军．研发费用加计扣除政策对企业研发投入的影响研究——来自中国上市公司的证据［J］．宏观经济研究，2019（8）：81 –93 +169.

李丫丫，王磊，彭永涛．物流产业智能化发展与产业绩效提升——基于WIOD 数据及回归模型的实证检验［J］．中国流通经济，2018，32（3）：36 –43.

李亚杰，李沛浓．研发投资、技术并购对装备制造企业持续竞争力的影响［J］．辽宁大学学报（哲学社会科学版），2019，47（6）：76 –85.

李远慧，徐一鸣．税收优惠对先进制造业企业创新水平的影响［J］．税务研究，2021（5）：31 –39.

梁上坤，张宇，王彦超．内部薪酬差距与公司价值——基于生命周期理论的新探索［J］．金融研究，2019，466（4）：188 –206.

廖萌．"一带一路"建设背景下我国企业"走出去"的机遇与挑战［J］．经济纵横，2015（9）：30 –33.

林苍松，张向前．中国培育具有全球影响力的先进制造业基地动力机制研究［J］．科技管理研究，2018，38（2）：161 –170.

刘斌，潘彤．人工智能对制造业价值链分工的影响效应研究［J］．数量经济技术经济研究，2020，37（10）：24 –44.

刘朝阳．经济全球化背景下提升我国企业竞争力的政策探索［J］．兰州大学学报（社会科学版），2008（3）：128 –131.

刘洪铎，蔡晓珊．中国与"一带一路"沿线国家的双边贸易成本研究［J］．经济学家，2016（7）：92 –100.

刘佳，代明，易顺．先进制造业与现代服务业融合：实现机理及路径选择［J］．学习与实践，2014（6）：23 –34.

刘进，万志强．智能化转型与劳动力成本粘性——来自制造业上市公司的经验证据［J］．安徽大学学报（哲学社会科学版），2023，47（3）：133 –144.

刘璟．基于原创性创新价值网的产业高质量发展动力重塑研究［J］．广西社会科学，2021（5）：109 –119.

刘军，曹雅茹，鲍怡发，招玉辉．制造业智能化对收入差距的影响研究［J］．中国软科学，2021（3）：43 –52.

刘军，钱宇，曹雅茹，李廉水. 中国制造业智能化驱动因素及其区域差异 [J]. 中国科技论坛，2022 (1)：84 – 93.

刘瑞明，赵仁杰. 西部大开发：增长驱动还是政策陷阱——基于 PSM-DID 方法的研究 [J]. 中国工业经济，2015 (6)：32 – 43.

刘奇林. 提升我国企业核心竞争力的途径 [J]. 山西财经大学学报，2008 (S2)：28.

刘婷婷，高凯. 产业政策如何影响长三角地区企业竞争力？ [J]. 产业经济研究，2020 (1)：71 – 83.

刘霞. 高管晋升激励、税收规避与企业价值 [J]. 财会通讯，2020 (16)：47 – 50.

柳光强. 税收优惠、财政补贴政策的激励效应分析——基于信息不对称理论视角的实证研究 [J]. 管理世界，2016 (10)：62 – 71.

鲁小伟，毕功兵. 基于主成分分析法的区域文化产业效率评价 [J]. 统计与决策，2014 (1)：63 – 65.

陆江源，相伟，谷宇辰. "双循环" 理论综合及其在我国的应用实践 [J]. 财贸经济，2022，43 (2)：54 – 67.

吕越，谷玮，包群. 人工智能与中国企业参与全球价值链分工 [J]. 中国工业经济，2020 (5)：80 – 98.

伦蕊. 中国高端制造企业竞争力生成的驱动因素与协同机制 [J]. 深圳大学学报 (人文社会科学版)，2020，37 (6)：83 – 94.

罗义成. 如何提高我国民营企业核心竞争力 [J]. 经济纵横，2006 (13)：56 – 58.

马千里. 制造业与服务业的融合及其意义——评《产业融合——中国生产性服务业与制造业竞争力研究》 [J]. 广东财经大学学报，2019，34 (1)：116.

马述忠，房超，梁银锋. 数字贸易及其时代价值与研究展望 [J]. 国际贸易问题，2018 (10)：16 – 30.

毛德凤，彭飞. 中国企业融资难的破解路径：基于减税的视角 [J]. 广东财经大学学报，2020，35 (1)：87 – 100 + 11.

孟凡生，于建雅. 新能源装备智造发展影响因素作用机理研究 [J]. 科研管理，2019，40 (5)：57 – 70.

孟凡生, 赵刚. 创新柔性对制造企业智能化转型影响机制研究 [J]. 科研管理, 2019, 40 (4): 74-82.

孟凡生, 赵刚, 徐野. 基于数字化的高端装备制造企业智能化转型升级演化博弈研究 [J]. 科学管理研究, 2019, 37 (5): 89-97.

孟祺. 基于 "一带一路" 的制造业全球价值链构建 [J]. 财经科学, 2016 (2): 72-81.

明星, 胡立君, 王亦民. 基于聚类分析的区域装备制造业竞争力评价研究 [J]. 宏观经济研究, 2020 (6): 114-121.

倪一宁, 马野青, 王自锋. 企业高管薪酬存在智能化红利吗 [J]. 当代财经, 2023 (9): 97-110.

牛欢, 彭说龙. 中美服务贸易国际竞争力比较 [J]. 统计与决策, 2021, 37 (6): 122-126.

裴长洪, 刘斌, 杨志远. 综合竞争合作优势: 中国制造业国际竞争力持久不衰的理论解释 [J]. 财贸经济, 2021, 42 (5): 14-30.

彭洋, 许明, 卢娟. 区域一体化对僵尸企业的影响——以撤县设区为例 [J]. 经济科学, 2019 (6): 80-91.

朴庆秀, 孙新波, 苏钟海, 董凌云, 张金隆. 制造企业智能制造平台化转型过程机理研究 [J]. 管理学报, 2020, 17 (6): 814-823.

权小锋, 李闯. 智能制造与成本粘性——来自中国智能制造示范项目的准自然实验 [J]. 经济研究, 2022, 57 (4): 68-84.

任永泰, 于浩然, 刘慧, 王会英. 基于因子分析与灰色关联的生态农业经济竞争力评价——以黑龙江省为例 [J]. 生态经济, 2020, 36 (12): 85-92+153.

任宇, 陈和. 基于人力资本存量视角的企业核心竞争力研究 [J]. 现代管理科学, 2010 (12): 114-116.

上海社会科学院经济研究所课题组. 创新驱动发展与上海 "四个中心" 建设关系研究 [J]. 上海经济研究, 2014 (10): 3-15.

尚洪涛, 房丹. 政府补贴、风险承担与企业技术创新——以民营科技企业为例 [J]. 管理学刊, 2021, 34 (6): 45-62.

沈洋, 魏丹琪, 周鹏飞. 数字经济、人工智能制造与劳动力错配 [J]. 统计与决策, 2022, 38 (3): 28-33.

沈悦，赵强，朱雅玲．产业智能化对消费升级的作用机制研究——理论
分析与实证检验［J］.经济纵横，2021（3）：78－88.

盛安琪，汪顺，盛明泉．产融结合与实体企业竞争力——来自制造业样
本的实证分析［J］.广东财经大学学报，2018，33（1）：15－26.

盛朝迅．实施深度工业化战略促进"双循环"的思考与建议［J］.中国
发展观察，2020（17）：29－31.

盛明泉，郭倩梅，张春强．高管团队内部薪酬差距对企业竞争力的影
响——基于锦标赛视角下的实证研究［J］.云南财经大学学报，2017，
33（5）：150－160.

盛明泉，张敏，马黎珺，李昊．国有产权、预算软约束与资本结构动态
调整［J］.管理世界，2012（3）：151－157.

史红英．人力资本视角下中小企业核心竞争力培育研究［J］.商业经济研
究，2015（27）：90－91.

史永乐，严良．智能制造高质量发展的"技术能力"：框架及验证——基
于 CPS 理论与实践的二维视野［J］.经济学家，2019（9）：83－92.

史竹琴，薛耀文．自主创新与企业核心竞争力关系的实证研究［J］.科学
学研究，2008，26（S2）：471－477＋456.

宋旭光，左马华青．工业机器人投入、劳动力供给与劳动生产率［J］.改
革，2019（9）：45－54.

宋岩．税收激励对企业自主创新能力作用机理研究［D］.中国海洋大
学，2009.

宋玉臣，任浩锋，张炎炎．股权再融资促进制造业企业创新了吗？基于
竞争视角的解释［J］.南开管理评论，2022（5）：41－55.

苏杭．"一带一路"战略下我国制造业海外转移问题研究［J］.国际贸
易，2015（3）：18－21.

孙冰，林婷婷．我国高技术产业竞争力与技术创新能力的关联分析——
基于 2003—2008 年省域面板数据的实证研究［J］.科技与经济，
2011，24（5）：48－52.

孙南申．"一带一路"背景下对外投资 PPP 项目的风险应对机制［J］.法
治现代化研究，2018，2（3）：32－40.

孙少勤，邱璐．全球价值链视角下中国装备制造业国际竞争力的测度及

其影响因素研究 [J].东南大学学报（哲学社会科学版），2018，20
　　（1）：61 - 68 + 147.

孙晓.中、美、日、韩互联网与通信产业国际竞争力比较研究 [D].吉
　　林大学，2015.

孙焱林，覃飞."一带一路"倡议降低了企业对外直接投资风险吗 [J].
　　国际贸易问题，2018 （8）：66 - 79.

孙莹，顾晓敏.税收激励与企业创新：述评与展望 [J].会计与经济研
　　究，2020，34 （3）：114 - 128.

孙早，侯玉琳.工业智能化如何重塑劳动力就业结构 [J].中国工业经
　　济，2019 （5）：61 - 79.

谭蓉娟，谭媛元，陈树杰.产业位势视角下中国先进制造业竞争力维度
　　结构研究 [J].科技进步与对策，2015，32 （16）：43 - 49.

汤铎铎.大国经济崛起与双循环：国际经验 [J].学习与探索，2022
　　（2）：83 - 94.

唐国华，陈祖华.技术创新路径、动态比较优势与产业竞争力提升 [J].
　　科技进步与对策，2012，29 （10）：11 - 15.

唐红祥，李银昌.税收优惠与企业绩效：营商环境和企业性质的调节效
　　应 [J].税务研究，2020 （12）：115 - 121.

唐清泉，巫岑.银行业结构与企业创新活动的融资约束 [J].金融研究，
　　2015 （7）：116 - 134.

唐晓华等.我国先进制造业发展战略研究 [M].北京：经济科学出版
　　社，2020.

王兵，王启超.全要素生产率、资源错配与工业智能化战略——基于广
　　东企业的分析 [J].广东社会科学，2019 （5）：17 - 26.

王昌林.新发展格局——国内大循环为主体，国内国际双循环相互促进
　　[M].北京：中信出版集团，2021.

王桂军，卢潇潇."一带一路"倡议可以促进中国企业创新吗？ [J].财
　　经研究，2019，45 （1）：19 - 34.

王克敏，刘静，李晓溪.产业政策、政府支持与公司投资效率研究 [J].
　　管理世界，2017 （3）：113 - 124.

王林辉，姜昊，董直庆.工业智能化会重塑企业地理格局吗 [J].中国工

业经济，2022（2）：137 – 155.

王伶．湖北省 17 市（州、区）区域工业竞争力的动态评价——基于全局
　　主成分分析法的测算［J］.湖北社会科学，2021（3）：77 – 83.

王淼，刘通，王梦曦．企业竞争性战略联盟稳定性研究——基于层次分
　　析法［J］.企业经济，2016（10）：41 – 49.

王茹．新技术时代制造业转型升级的方向和政策路径［J］.福建论坛（人
　　文社会科学版），2018（11）：42 – 48.

王恕立，吴楚豪．双边经济的带动效应加速了技术追赶吗？［J］.产经评
　　论，2020，11（1）：82 – 95.

王维，李娜，王则仁，齐秀辉．政府补助、探索式创新意愿与企业市场
　　竞争力的关系研究［J］.科技管理研究，2020，40（5）：15 – 22.

王德显，王跃生．美德先进制造业发展战略运行机制及其启示［J］.中州
　　学刊，2016（2）：33 – 37.

王义桅，廖欢．改变自己，影响世界 2.0——双循环战略背景下的中国与
　　世界［J］.新疆师范大学学报（哲学社会科学版），2022，43（5）：
　　35 – 46 + 2.

王永德，王晶．区域经济质量、企业社会责任与财务竞争力［J］.财会通
　　讯，2021（6）：66 – 70.

王玉冬，李俊龙．创新投入、内部控制与高新技术企业绩效［J］.财会月
　　刊，2015（24）：34 – 37.

魏明海，柳建华．国企分红、治理因素与过度投资［J］.管理世界，2007
　　（4）：88 – 95.

魏守华，周斌．中国高技术产业国际竞争力研究——基于技术进步与规
　　模经济融合的视角［J］.南京大学学报（哲学·人文科学·社会科
　　学），2015，52（5）：15 – 26.

温素彬，张金泉，焦然．智能制造、市场化程度与企业运营效率——基
　　于 A 股制造业上市公司年报的文本分析［J］.会计研究，2022
　　（11）：102 – 117.

吴非，胡慧芝，林慧妍等．企业数字化转型与资本市场表现——来自股
　　票流动性的经验证据［J］.管理世界，2021，37：130 – 144 + 110.

吴敏洁，徐常萍，唐磊．中国区域智能制造发展水平评价研究［J］.经济

体制改革, 2020 (2): 60 – 65.

肖红军, 阳镇, 刘美玉. 企业数字化的社会责任促进效应: 内外双重路径的检验 [J]. 经济管理, 2021, 43 (11): 52 – 69.

肖进杰, 杨文武. "一带一路" 建设中的制造业产能合作研究 [J]. 青海社会科学, 2018 (6): 31 – 36.

谢子远, 张海波. 产业集聚影响制造业国际竞争力的内在机理——基于中介变量的检验 [J]. 国际贸易问题, 2014 (9): 24 – 35.

辛清泉, 林斌, 王彦超. 政府控制、经理薪酬与资本投资 [J]. 经济研究, 2007 (8): 110 – 122.

辛清泉, 郑国坚, 杨德明. 企业集团、政府控制与投资效率 [J]. 金融研究, 2007 (10): 123 – 142.

徐思, 何晓怡, 钟凯. "一带一路" 倡议与中国企业融资约束 [J]. 中国工业经济, 2019 (7): 155 – 173.

徐天舒. 企业社会责任对企业竞争力影响的实证检验 [J]. 统计与决策, 2020, 36 (9): 164 – 168.

徐晔, 朱婕, 陶长琪. 智能制造、劳动力技能结构与出口技术复杂度 [J]. 财贸研究, 2022, 33 (3): 16 – 27.

徐一民, 张志宏. 产品市场竞争、政府控制与投资效率 [J]. 软科学, 2010, 24 (12): 19 – 23.

许统生, 梁肖. 中国加总贸易成本的测算及对制造业出口结构的影响 [J]. 财贸经济, 2016 (3): 123 – 137.

许照成, 侯经川. 知识与企业竞争力的定量关系研究 [J]. 工业技术经济, 2020, 39 (12): 110 – 120.

宣善文. 全球价值链视角下中国服务贸易国际竞争力研究 [J]. 统计与决策, 2020, 36 (17): 101 – 105.

宣旸, 张万里. 产业智能化、收入分配与产业结构升级 [J]. 财经科学, 2021 (5): 103 – 118.

闫世刚. 基于层次分析 – 模糊综合评价的北京市新能源产业竞争力研究 [J]. 科技管理研究, 2017, 37 (7): 93 – 97.

闫雪凌, 朱博楷, 马超. 工业机器人使用与制造业就业: 来自中国的证据 [J]. 统计研究, 2020, 37 (1): 74 – 87.

杨成玉.中欧高端制造业国际竞争力比较研究——基于上市公司层面的实证分析 [J].欧洲研究,2018,36 (3):61-86+6.

杨飞.产业智能化如何影响劳动报酬份额——基于产业内效应与产业关联效应的研究 [J].统计研究,2022,39 (2):1-16.

杨国超,芮萌.高新技术企业税收减免政策的激励效应与迎合效应 [J].经济研究,2020,55 (9):174-191.

杨继生,黎娇龙.制约民营制造企业的关键因素:用工成本还是宏观税负? [J].经济研究,2018,53 (5):103-117.

杨乐.政府信任关系、企业社会责任与企业竞争力 [J].征信,2021,39 (5):13-20.

杨新洪.先进制造业与现代服务业融合发展评价研究——以广东省为例 [J].调研世界,2021 (4):3-9.

杨兴全,尹兴强,孟庆玺.谁更趋多元化经营:产业政策扶持企业抑或非扶持企业? [J].经济研究,2018 (9):133-150.

杨艳红.政府补助、市场化改革与我国企业出口竞争力——基于中国战略性新兴产业的经验证据 [J].福建论坛 (人文社会科学版),2021 (5):45-57.

杨杨,杨兵.税收优惠、企业家市场信心与企业投资——基于上市公司年报文本挖掘的实证 [J].税务研究,2020 (7):86-94.

杨勇.全球价值链要素收入与中国制造业竞争力研究 [J].统计研究,2019,36 (12):5-14.

姚海鑫,孙梦男,赵利娟.政治关联、企业社会责任与竞争力研究——基于中国建筑业上市公司的面板数据 [J].技术经济与管理研究,2016 (7):49-54.

姚维保,张翼飞.研发税收优惠必然提升企业绩效吗? ——基于上市医药企业面板数据的实证研究 [J].税务研究,2020 (7):95-101.

于乐乐.大数据背景下传统制造业智能化影响因素研究 [J].今日财富,2021 (22):10-12.

余博,戴淑庚,管超.汇率波动与制造业国际竞争力关系研究——基于国别面板 VAR 模型 [J].经济问题探索,2021 (2):167-177.

袁辰,张晓嘉,姜丙利,张兆安.人口老龄化对中国制造业国际竞争力

的影响研究——基于贸易增加值的视角 [J].上海经济研究，2021
（11）：59 - 68.

袁惠爱，赵丽红，岳宏志.数字经济发展与共同富裕促进："做大蛋糕"
　　与"分好蛋糕"辩证思考 [J].现代财经（天津财经大学学报），
　　2023，43（1）：50 - 67.

袁卫秋，黄旭.货币政策、财务柔性与企业投资 [J].云南财经大学学
　　报，2016，32（6）：77 - 89.

袁新涛."一带一路"建设的国家战略分析 [J].理论月刊，2014，（11）：
　　5 - 9.

岳宇君，顾萌.制造业企业智能化转型影响企业业绩实证研究 [J].中央
　　财经大学学报，2023（2）：114 - 128.

翟黎明，夏显力，吴爱娣.政府不同介入场景下农地流转对农户生计资
　　本的影响——基于 PSM-DID 的计量分析 [J].中国农村经济，2017
　　（2）：2 - 15.

张富禄.先进制造业基本特征与发展路径探析 [J].中州学刊，2018
　　（5）：33 - 39.

张海燕，郑亚莉."一带一路"框架下产业合作的关联扩散效应分析——
　　以中捷产业合作为例 [J].浙江学刊，2018（5）：108 - 115.

张海洋，刘超，胡宝贵.基于层次分析法分析北京市蔬菜合作社品牌竞
　　争力影响因素 [J].北方园艺，2020（12）：155 - 164.

张会丽，吴有红.超额现金持有水平与产品市场竞争优势——来自中国
　　上市公司的经验证据 [J].金融研究，2012（2）：183 - 195.

张金若，隆雨."双循环"格局下制造业转型升级的成本核算与列报问
　　题研究 [J].苏州大学学报（哲学社会科学版），2022，43（1）：
　　49 - 59.

张进财，左小德.企业竞争力评价指标体系的构建 [J].管理世界，2013
　　（10）：172 - 173.

张伦伦，蔡伊娜.促进先进制造业发展的增值税优惠政策设计 [J].税务
　　研究，2018（10）：53 - 57.

张佩，赵作权.世界级先进制造业集群竞争力提升机制及启示——以德国
　　工业 4.0 旗舰集群为例 [J].区域经济评论，2020（5）：131 - 139.

张树山，胡化广，孙磊，张雷．智能制造如何影响企业绩效？——基于"智能制造试点示范专项行动"的准自然实验［J］．科学学与科学技术管理，2021a，42（11）：120 – 136.

张树山，胡化广，孙磊．智能制造有利于增加企业技术创新投入吗——基于智能制造试点的准自然实验［J］．科技进步与对策，2021b，38（23）：76 – 85.

张新民，张婷婷，陈德球．产业政策、融资约束与企业投资效率［J］．会计研究，2017（4）：12 – 18.

张旭，宋超，孙亚玲．企业社会责任与竞争力关系的实证分析［J］．科研管理，2010，31（3）：149 – 157.

赵宸宇．数字化转型对企业社会责任的影响研究［J］．当代经济科学，2022，44（2）：109 – 116.

赵雪阳，刘超，胡宝贵．北京市"一村一品"发展竞争力评价研究——基于因子分析法［J］．中国农业资源与区划，2019，40（10）：250 – 255.

郑丹青．对外直接投资与全球价值链分工地位——来自中国微观企业的经验证据［J］．国际贸易问题，2019（8）：109 – 123.

郑瑛琨．经济高质量发展视角下先进制造业数字化赋能研究［J］．理论探讨，2020（6）：134 – 137.

中国教育科学研究院课题组．完善先进制造业重点领域人才培养体系研究［J］．教育研究，2016，37（1）：4 – 16.

中国社会科学院工业经济研究所课题组．新工业化与"十四五"时期中国制造业发展方向选择［J］．China Economist，2020，15（4）：38 – 63.

周凯歌，庄宁．"双循环"战略下先进制造业发展态势及促进策略［J］．中国工业和信息化，2020（11）：12 – 19.

周丽，范德成，刘青．劳动力成本上升对我国制造业竞争力的影响及对策［J］．经济纵横，2013（11）：50 – 52.

周荣荣．长三角区域经济发展的定位研究［J］．现代经济探讨，2010（12）：9 – 13.

周五七．长三角城市制造业竞争力动态评价研究［J］．经济问题探索，2018（4）：66 – 72.

朱兰亭，杨蓉．研发投入、技术创新产出与企业国际竞争力——基于我国高新技术企业的实证研究 [J]. 云南财经大学学报, 2019, 35 (7): 105 – 112.

朱焱, 张孟昌. 企业管理团队人力资本、研发投入与企业绩效的实证研究 [J]. 会计研究, 2013 (11): 45 – 52 + 96.

朱玥腾. 人力资本与中小企业的核心竞争力 [J]. 经济导刊, 2010 (10): 62 – 63.

朱志红, 高洁, 徐平. 新能源上市公司政府补助、研发投入对财务竞争力的影响研究 [J]. 牡丹江大学学报, 2019, 28 (12): 13 – 20 + 48.

邹超, 王欣亮. 企业核心竞争力的文献综述 [J]. 兰州大学学报 (社会科学版), 2011, 39 (2): 110 – 115.

邹颖, 谢恒. 研发投入、企业竞争力与股权资本成本 [J]. 山西大学学报 (哲学社会科学版), 2020, 43 (4): 69 – 77.

Acemoglu D, Restrepo P. The Race between Machine and Man: Implications of Technology for Growth, Factor Shares and Employment [J]. American Economic Review, 2018, 108 (6): 1488 – 1542.

Al-Ahmari A M, Ur-Rehman A, Ali S. Decision Support System for the Selection of Advanced Manufacturing Technologies [J]. Journal of Engineering Research, 2016, 4 (4).

Baker S R, Bloom N, Davis S J. Measuring Economic Policy Uncertainty [J]. The Quarterly Journal of Economics, 2016, 131 (4): 1593 – 1636.

Barney J. Firm Resources and Sustained Competitive Advantage [J]. Journal of Management, 1991, 17 (1): 99 – 120.

Behn B K, Choi J H, Kang T. Audit Quality and Properties of Analyst Earnings Forecasts [J]. The Accounting Review, 2008, 83 (2): 327 – 349.

Bentley K A, Omer T C, Sharp N Y. Business Strategy, Financial Reporting Irregularities, and Audit Effort [J]. Contemporary Accounting Research, 2013, 30 (2): 780 – 817.

Bertrand M, Duflo E, Mullainathan S. How Much Should We Trust Differences-in-Differences Estimates? [J]. The Quarterly Journal of Economics, 2004, 119 (1): 249 – 275.

Bloom N, Griffith R, Reenen J V. Do R&D Tax Credits Work? Evidence from a

Panel of Countries 1979 – 1997 [J]. Journal of Public Economics, 2002.

Bonnard R, Arantes M D S, Lorbieski R, et al. Big Data Platform for Industry 4. 0 Implementation in Advanced Manufacturing Context [J]. The International Journal of Advanced Manufacturing Technology, 2021, 117 (5): 1959 – 1973.

Busom I, Corchuelo B, Martínez-Ros E. Tax Incentives or Subsidies for Business R&D? [J]. Small Business Economics, 2014, 43 (3): 571 – 596.

Campello M, Graham J, Harvey C. The Real Effects of Financial Constraints: Evidence from a Financial Crisis [J]. Journal of Financial Economics, 2010, 97 (3): 470 – 487.

Chamberlin E H. The Theory of Monopolistic Competition [M]. Cambridge: Harvard University Press, 1933.

Collis D J, Montgomery C A. Competing on Resources: Strategy in the 1990s [J]. Knowledge and Strategy, 1995: 25 – 40.

Czarnitzki D, Hanel P, Rosa J M. Evaluating the Impact of R&D Tax Credits on Innovation: A Microeconometric Study on Canadian Firms [J]. Research Policy, 2011, 40 (2): 217 – 229.

Dhrymes P J, Kurz M. Investment, Dividend, and External Finance Behavior of Firms [R]. Determinants of Investment Behavior, NBER, 1967: 427 – 485.

Dong N T, Diem T, Chinh B, et al. The Interaction between Labor Productivity and Competitiveness in Vietnam [J]. Journal of Asian Finance Economics and Business, 2020, 7 (11): 619 – 627.

Dou Z, Wu B B, Sun Y, et al. The Competitiveness of Manufacturing and Its Driving Factors: A Case Study of G20 Participating Countries [J]. Sustainability, 2021, 13 (3): 1143.

Ernst C. What the Design of an R&D Tax Incentive Tells About Its Effectiveness: A Simulation of R&D Tax Incentives in the European Union [J]. The Journal of Technology Transfer, 2011, 36 (3): 233 – 256.

Fallon T. The New Silk Road: Xi Jinping's Grand Strategy for Eurasia [J]. American Foreign Policy Interests, 2015, 37 (3): 140 – 147.

Fiss P C. Building Better Causal Theories: A Fuzzy Set Approach to Typologies in Organization Research [J]. Academy of Management Journal, 2011, 54 (2): 393 – 420.

Froot K A, Scharfstein D S, Stein J C. Risk Management: Coordinating Corporate Investment and Financing Policies [J]. The Journal of Finance, 1993, 48 (5): 1629 – 1658.

Fukao K, Ikeuchi K, Kim Y, et al. International Competitiveness: A Comparison of the Manufacturing Sectors in Korea and Japan [J]. Seoul Journal of Economics, 2016, 29 (1): 43 – 68.

Ghalayini A M, Noble J S, Crowe T J. An Integrated Dynamic Performance Measurement System for Improving Manufacturing Competitiveness [J]. International Journal of Production Economics, 1997, 48 (3): 207 – 225.

Ghate C, Pandey R, Patnaik I. Has India Emerged? Business Cycle Stylized Facts from a Transitioning Economy [J]. Structural Change and Economic Dynamics, 2013, 24: 157 – 172.

Goonatilake L, Jayawardene P, Munasinghe L. Enhancing Developing Country Industrial Competitiveness Through Appropriate Computer Application—A Case Study [J]. Industrial Management & Data Systems, 1998, 98 (5): 219 – 225.

Grant R M. The Resource-based Theory of Competitive Advantage: Implications for Strategy Formulation [J]. California Management Review, 1991, 33 (3): 114 – 135.

Gulen H, Ion M. Policy Uncertainty and Corporate Investment [J]. The Review of Financial Studies, 2016, 29 (3): 523 – 564.

Hannan M T, Freeman J. The Population Ecology of Organizations [J]. American Journal of Sociology, 1977, 82 (5): 929 – 964.

Heckman J J, Ichimura H, Todd P E. Matching as an Econometric Evaluation Estimator: Evidence from Evaluating a Job Training Programme [J]. The Review of Economic Studies, 1997, 64 (4): 605 – 654.

Hervas-Oliver J L, Rojas R, Martins B M, et al. The Overlapping of National IC and Innovation Systems [J]. Journal of Intellectual Capital, 2011, 12

（1）：111 – 131.

Hidayati A, Fanani Z, Prasetyo K, et al. The Impact of Intangible Asset on Firm's Competitive Advantage and Market Value：Empirical Examination from Emerging Market［R］. Working Paper, 2011.

Hilmola O P, Lorentz H, Hilletofth P, et al. Manufacturing Strategy in SMEs and Its Performance Implications［J］. Industrial Management & Data Systems, 2015.

Huang Y. Understanding China's Belt & Road Initiative：Motivation, Framework and Assessment［J］. China Economic Review, 2016, 40：314 – 321.

Ittner C D, Larcker D F, Rajan M V. The Choice of Performance Measures in Annual Bonus Contracts［J］. The Accounting Review, 1997, 72（2）：231 – 255.

Itzkowitz J. Customers and Cash：How Relationships Affect Suppliers' Cash Holdings［J］. Journal of Corporate Finance, 2013, 19：159 – 180.

Johansson I, Mardan N, Cornelis E, et al. Designing Policies and Programmes for Improved Energy Efficiency in Industrial SMEs［J］. Energies, 2019, 12（7）：1338.

John J A, Draper N R. An Alternative Family of Transformations［J］. Journal of the Royal Statistical Society：Series C（Applied Statistics）, 1980, 29（2）：190 – 197.

Julin A. European Quality Promotion Policy for Improving the Competitiveness of European Industry［J］. Accreditation and Quality Assurance, 1998, 3（5）：208 – 210.

Jung B, Lee W J, Weber D P. Financial Reporting Quality and Labor Investment Efficiency［J］. Contemporary Accounting Research, 2014, 31（4）：1047 – 1076.

Klassen K J, Pittman J A, Reed M P, Fortin S. A Cross-national Comparison of R&D Expenditure Decisions：Tax Incentives and Financial Constraints［J］. Contemporary Accounting Research, 2004, 21（3）：639 – 680.

Klassen K J, Pittman J A, Reed M P, et al. A Cross-national Comparison of R&D Expenditure Decisions：Tax Incentives and Financial Constraints

[J]. Contemporary Accounting Research, 2004, 21 (3): 639 – 680.

Kler R. Government R&D Subsidies as a Signal for Private Investors [J]. Research Policy, 2010, 39 (10): 1361 – 1374.

Lazear E P, Rosen S. Rank-order Tournaments as Optimum Labor Contracts [J]. Journal of Political Economy, 1981, 89 (5): 841 – 864.

Le E, Walker M, Zeng C. Do Chinese Government Subsidies Affect Firm Value [J]. Acounting, Organizations and Society, 2014, 39 (3): 149 – 169.

Lee E Y, Cin B C. The Effect of Risk-Sharing Government Subsidy on Corporate R&D Investment: Empirical Evidence from Korea [J]. Technological Forecasting and Social Change, 2010, 77 (6): 881 – 890.

Liang X Y, Lu X W, Wang L H. Outward Internationalization of Private Enterprises in China: The Effect of Competitive Advantages and Disadvantages Compared to Home Market Rivals [J]. Journal of World Business, 2012, 47 (1): 134 – 144.

Liu J, Chang H, Forrest J Y L, et al. Influence of Artificial Intelligence on Technological Innovation: Evidence from the Panel Data of China's Manufacturing Sectors [J]. Technological Forecasting and Social Change, 2020, 158: 120142.

Liu J, Yang Y, Cao Y, et al. Stimulating Effects of Intelligent Policy on the Performance of Listed Manufacturing Companies in China [J]. Journal of Policy Modeling, 2021, 43 (3): 558 – 573.

Low J M W, Lee B K. Effects of Internal Resources on Airline Competitiveness [J]. Journal of Air Transport Management, 2014, 36: 23 – 32.

Lyandres E. Capital Structure and Interaction among Firm Sin Out-put Markets: Theory and Evidence [J]. Journal of Business, 2006, 79 (5): 2381 – 2421.

Masso J, Vahter P. The Link between Innovation and Productivity in Estonia's Services Sector [J]. Service Industries Journal, 2012, 32 (16): 2527 – 2541.

Ma X, Shahbakhti M, Chigan C. Connected Vehicle Based Distributed Meta-Learning for Online Adaptive Engine/Powertrain Fuel Consumption Modeling [J]. Ieee Transactions on Vehicular Technology, 2020, 69 (9): 9553 – 9565.

Neicu D. Evaluating the Effects of an R&D Policy Mix of Subsidies and Tax Credits [J]. Management and Economics Review, 2019 (4): 192 – 216.

Nemcova E. Industrial Policy of the European Union and Competitiveness [J]. Ekonomick Casopis, 2006, 54 (8): 803 – 815.

Olczyk M, Kordalska A. International Competitiveness of Czech Manufacturing—A Sectoral Approach with Error Correction Model [J]. Prague Economic Papers, 2017 (2): 213 – 226.

Phusavat K, Comepa N, Sitkolutek A, et al. Intellectual Capital: National Implications for Industrial Competitiveness [J]. Industrial Management & Data Systems, 2012, 112 (6): 866 – 890.

Porter M E, Kramer M R. The Competitive Advantage of Corporate Philanthropy [J]. Harvard Business Review, 2002, 80 (12): 56 – 68.

Porter M E. Competitive Advantage of Nations [M]. New York: The Free Press, 1990.

Prahalad C K, Hamel G. The Core Competence of the Corporation [J]. Harvard Business Review, 1990, 68: 275 – 292.

Richardson S. Over-investment of Free Cash Flow [J]. Review of Accounting Studies, 2006, 11 (2): 159 – 189.

Rosenbaum P R, Rubin D B. The Central Role of the Propensity Score in Observational Studies for Causal Effects [J]. Biometrika, 1983, 70 (1): 41 – 55.

Sala-i-Martin X. Cross-sectional Regressions and the Empirics of Economic Growth [J]. European Economic Review, 1994, 38 (3 – 4): 739 – 747.

Soderblom A, Samuelson M, Wiklund J, et al. Inside the Black Box of Outcome Additionality: Effects of Early-stage Government Subsidies on Resource Acumulation and New Venture Performance [J]. Research Policy, 2015, 44 (8): 1501 – 1512.

Spanos Y E, Lioukas S. An Examination into the Causal Logic of Rent Generation: Contrasting Porter's Competitive Strategy Framework and the Resource-based Perspective [J]. Strategic Management Journal, 2001, 22 (10): 907 – 934.

Stavropoulos P, Foteinopoulos P. Modelling of Additive Manufacturing Processes: A Review and Classification [J]. Manufacturing Review, 2018, 5: 2.

Stigler G J. The Organization of Industry [M]. Chicago: University of Chicago Press, 1983.

Tan F. Financial Performance of Intelligent Manufacturing Enterprises Based on Fuzzy Neural Network and Data Twinning [J]. Journal of Intelligent and Fuzzy Systems, 2020, 40 (10): 1 – 13.

Teece D J, Pisano G, Shuen A. Dynamic Capabilities and Strategic Management [J]. Strategic Management Journal, 1997, 18 (7): 509 – 533.

Trigueiros D. Improving the Effectiveness of Predictors in Accounting-based Models [J]. Journal of Applied Accounting Research, 2019, 20 (2): 207 – 226.

Udo G J, Ehie I C. Critical Success Factors for Advanced Manufacturing Systems [J]. Computers & Industrial Engineering, 1996, 31 (1 – 2): 91 – 94.

Wan J F, Li X M, Dai H N, et al. Artificial-Intelligence-Driven Customized Manufacturing Factory: Key Technologies, Applications, and Challenges [J]. Proceedings of the Ieee, 2021, 109 (4): 377 – 398.

Wernerfelt B. A Resource-based View of the Firm [J]. Strategic Management Journal, 1984, 5 (2): 171 – 180.

Wren C. The Industrial Policy of Competitiveness: A Review of Recent Developments in the UK [J]. Regional Studies, 2001, 35 (9): 847 – 860.

Yang J, Ying L, Gao M. The Influence of Intelligent Manufacturing on Financial Performance and Innovation Performance: The Case of China [J]. Enterprise Information Systems, 2020, 14 (6): 812 – 832.

Youndt M A, Subramaniam M, Snell S A. Intellectual Capital Profiles: An Examination of Investments and Returns [J]. Journal of Management Studies, 2004, 41 (2): 335 – 361.

Yu C, Tang D, Tenkorang A P, et al. The Impact of the Opening of Producer

Services on the International Competitiveness of Manufacturing Industry [J]. Sustainability, 2021, 13 (20): 11224.

Zhang C, Zhou G, Li H, et al. Manufacturing Blockchain of Things for the Configuration of a Data-and Knowledge-driven Digital Twin Manufacturing Cell [J]. IEEE Internet of Things Journal, 2020, 7 (12): 11884 – 11894.

Zhou G, Zhang C, Li Z, et al. Knowledge-Driven Digital Twin Manufacturing Cell Towards Intelligent Manufacturing [J]. International Journal of Production Research, 2020, 58 (4): 1034 – 1051.

Zhou J, Zhou Y, Wang B, et al. Human-Cyber-Physical Systems (HCPSs) in the Context of New-Generation Intelligent Manufacturing [J]. Engineering, 2019a, 5 (4): 624 – 636.

Zhou Y, Zang J, Miao Z, et al. Upgrading Pathways of Intelligent Manufacturing in China: Transitioning Across Technological Paradigms [J]. Engineering, 2019b, 5 (4): 691 – 701.

后 记

书稿完成之际，既有喜悦也有忐忑。先进制造业竞争力这个话题关注多年，本书更多从财务角度来观察和理解产业发展，先进制造业创新发展的更多问题还需从多种角度才能更好解读。

在本书撰写过程中，研究生团队中22级姚远、杜彤，21级赵冰青，20级万志强、崔敏丝，19级孙苏璐、杨柳，中国科学技术大学姚振玖，以及南开大学的李霆威博士等付出了宝贵的时间和精力，正是他们的努力令本书得以完善。此外，特别要感谢周方召、李峰和王雷老师多年来的指导和支持，他们对研究领域的指引，拓宽了我的研究视野，并令研究方向不断聚焦。

具有国际竞争力的先进制造业是实现社会主义现代化强国目标的根本经济基础和重要支撑。本书还有继续探索的空间，今后将围绕先进制造业的创新发展问题，从先进制造业智能化转型和绿色投资等方面进行更加深入的研究。

图书在版编目（CIP）数据

先进制造业竞争力研究 / 刘进著. -- 北京：社会
科学文献出版社，2023.10
国家社科基金后期资助项目
ISBN 978 - 7 - 5228 - 2733 - 9

Ⅰ.①先⋯　Ⅱ.①刘⋯　Ⅲ.①制造工业 - 竞争力 - 研
究 - 中国　Ⅳ.①F426.4

中国国家版本馆 CIP 数据核字（2023）第 206642 号

国家社科基金后期资助项目

先进制造业竞争力研究

著　　者 / 刘　进

出 版 人 / 冀祥德
责任编辑 / 孙美子
文稿编辑 / 王红平
责任印制 / 王京美

出　　版 / 社会科学文献出版社
　　　　　　地址：北京市北三环中路甲 29 号院华龙大厦　邮编：100029
　　　　　　网址：www. ssap. com. cn
发　　行 / 社会科学文献出版社（010）59367028
印　　装 / 三河市龙林印务有限公司

规　　格 / 开　本：787mm × 1092mm　1/16
　　　　　　印　张：18　字　数：285 千字
版　　次 / 2023 年 10 月第 1 版　2023 年 10 月第 1 次印刷
书　　号 / ISBN 978 - 7 - 5228 - 2733 - 9
定　　价 / 98.00 元

读者服务电话：4008918866